CRIANDO MAGIA

LEE COCKERELL

CRIANDO MAGIA

10 estratégias de liderança desenvolvidas ao longo de uma vida na Disney

Tradução
Carolina Alfaro

Benvirá

Copyright © Lee Cockerell, 2008

Título original: *Creating Magic*
Publicado originalmente pela Doubleday, um selo do The Doubleday Publishing Group, uma divisão da Random House, Inc, Nova York

Revisão Laila Guilherme e Vivian Miwa Matsushita
Diagramação Eduardo Amaral
Capa Caio Cardoso
Impressão e acabamento Gráfica Paym

Dados Internacionais de Catalogação na Publicação (CIP)
Bibliotecária responsável: Aline Graziele Benitez CRB8/9922

C595c   Cockerell, Lee

1.ed.   Criando magia: 10 estratégias de liderança desenvolvidas   ao longo de uma vida na Disney / Lee Cockerell, tradução Carolina Alfaro. – 1.ed. – São Paulo: Benvirá, 2017.

Inclui bibliografia.

ISBN: 978-85-5717-079-7

1. Liderança. 2. Gestão. 3. Carreira. 4. Negócio. I. Alfaro, Carolina. II. Título.

CDD 303.34

Índice para catálogo sistemático:
1. Liderança: negócio   303.34

1ª edição, 2017 | 4ª tiragem, **abril de 2024**

Nenhuma parte desta publicação poderá ser reproduzida por qualquer meio ou forma sem a prévia autorização da Saraiva Educação. A violação dos direitos autorais é crime estabelecido na lei nº 9.610/98 e punido pelo artigo 184 do Código Penal.

Todos os direitos reservados à Benvirá, um selo da Saraiva Educação.
Av. Paulista, 901, 4º andar
Bela Vista - São Paulo - SP - CEP: 01311-100

SAC: sac.sets@saraivaeducacao.com.br

CÓDIGO DA OBRA   15747   CL   650878   CAE   609701   OP   236254

Para
Jullian Charles Cockerell, 13 anos
Margot Sunshine Cockerell, 10 anos
Tristan Lee Cockerell, 7 anos
Vocês são os líderes de amanhã.

E me inspiram continuamente
a ser um líder e um exemplo melhor.
Amo vocês.
— Vovô

Sumário

Prefácio 9

Agradecimentos 13

Capítulo 1 | Fazendo mágica 17

Capítulo 2 | A viagem que fiz da fazenda
ao reino encantado 37

Capítulo 3 | Estratégia nº 1
Lembre-se de que todos são importantes 57

Capítulo 4 | Estratégia nº 2
Quebre o molde 87

Capítulo 5 | Estratégia nº 3
Faça da sua equipe sua marca registrada 123

Capítulo 6 | Estratégia nº 4
Crie mágica por meio da capacitação 160

Capítulo 7 | Estratégia nº 5
Elimine inconvenientes.. 196

Capítulo 8 | Estratégia nº 6
Saiba a verdade.. 228

Capítulo 9 | Estratégia nº 7
Use combustível grátis.. 252

Capítulo 10 | Estratégia nº 8
Mantenha-se na dianteira....................................... 278

Capítulo 11 | Estratégia nº 9
Cuidado com aquilo que você diz e faz 305

Capítulo 12 | Estratégia nº 10
Desenvolva o caráter.. 326

Capítulo 13 | A liderança do futuro............................... 341

Apêndice 347
Para saber mais 351

Prefácio

Criando magia, o novo livro de Lee Cockerell, faz exatamente isso. Como vice-presidente executivo responsável pelas operações do *Walt Disney World*® Resort, Lee esteve à frente, durante 10 anos, de 40 mil Membros do Elenco (e não de "funcionários"), cujo desafio diário era criar magia para os milhões de pessoas que visitavam os parques e hotéis. Com este livro, ele nos conduz por uma aventura de liderança, não só na teoria – é uma viagem real, na qual você aprenderá a desenvolver uma equipe motivada, com integrantes que acreditam que "Não é com mágica que se faz um bom trabalho; é com um bom trabalho que se faz mágica". Este livro não fala da teoria da magia, mas da experiência viva e concreta de um ícone nesse setor: Lee Cockerell.

Este notável relato de uma viagem pela liderança está repleto de lições sobre como criar magia – e podemos transferi-las para nossa própria vida profissional, cultura empresarial ou visão do futuro que almejamos. Lee explica como, na Disney, a liderança começa com o respeito por todas as pessoas, sejam Membros do Elenco, sejam Convidados (e não "visitantes"). Sua abordagem nos traz à mente a filosofia de Peter Drucker: "Eles não são seus empregados, são suas pessoas". Lee destila as lições que aprendeu em mensagens curtas e vigorosas que unem, inspiram e motivam.

As Estratégias dos Grandes Líderes da Disney que Lee elaborou são a base para este livro dedicado aos líderes do futuro. Como sua própria trajetória mostra, promover, em todos os níveis do mundo Disney, a participação, o envolvimento e o sentimento de propriedade gerou grande motivação, alta produtividade e resultados concretos. A história de Lee fala da transformação de uma antiga hierarquia em uma estrutura voltada para a inclusão, flexível e fluida, em que se deixou de "mandar" para "pedir". Esses valores, missões e estratégias fizeram da Disney uma excelente organização de aprendizagem – o Disney Institute congrega pessoas de todo o mundo, ensinando-as a ser líderes melhores.

A história de Lee Cockerell começa em uma antiga fazenda no estado de Oklahoma. As lições que ele foi aprendendo pelo caminho – da fazenda à faculdade, no Exército dos Estados Unidos e nos setores de hospitalidade e entretenimento – lhe transmitiram os valores indispensáveis para o líder que viria a ser.

Lee descobriu o poder da inclusão, que depois passou a ser chamada de RAVE ["vibre", em inglês], sigla para respeitar (*respect*), apreciar (*appreciate*) e valorizar todas as pessoas (*value everyone*). Suas 10 estratégias para criar uma cultura voltada para a inclusão fornecem orientações claras e eficazes. Ao longo deste livro, você compreenderá o valor dos profissionais e aprenderá a redefinir o futuro, garantindo qualidade, caráter, verdade, comunicação, aprendizado, coragem e integridade a tudo o que fizer.

Até mesmo nos agradecimentos, Lee faz menção aos Membros do Elenco da Disney World: "Por tudo o que me ensinaram ao longo dos anos. Vocês é que são a magia". Sua liderança nunca está centrada nele, e sim nas pessoas. Diante de um futuro incerto, Lee faz um chamado a líderes eficazes, éticos e íntegros para que não se repitam as estratégias e filosofias do passado, mas para que se redefina o futuro – as oportunidades, os desafios e as ambiguidades. As lições extraídas da sua vida nos proporcionam um mapa, um manual que nos ajudará na jornada rumo à liderança. Os líderes de amanhã, conclamados a liderar em tempos de incerteza, adotarão este livro como seu próprio guia para o futuro.

As lições transmitidas aqui se aplicam a líderes de todos os níveis em todos os tipos de organização no mundo inteiro. As estratégias sensatas de Lee auxiliarão as pessoas a compreender que a liderança não é um título nem uma posição, mas uma responsabilidade pessoal.

Garanto que este livro contribuirá para que você crie magia em sua vida empresarial, social e pessoal.

Lee viaja, dá palestras, escreve, envolve-se em projetos e compartilha sua experiência pessoalmente com a mesma generosidade que adota neste livro.

FRANCES HESSELBEIN
Presidente do Conselho Diretivo e
presidente fundadora do Leader to Leader Institute

FRANCES HESSELBEIN preside o Conselho Diretivo do Leader to Leader Institute (originalmente, Peter F. Drucker Foundation for Nonprofit Management) e foi sua presidente fundadora. Em 1998, recebeu a Medalha da Liberdade, a mais alta honra civil dos Estados Unidos, em reconhecimento por sua liderança como CEO da Girls Scouts [Federação das Bandeirantes] entre 1976 e 1990 e seu papel como presidente fundadora da Drucker Foundation. Ao outorgar a medalha, o ex-presidente dos Estados Unidos Bill Clinton disse: "A sra. Hesselbein é uma pioneira em prol das mulheres, da diversidade e da inclusão". Suas contribuições também foram reconhecidas pelo ex-presidente George H. W. Bush, que a indicou para duas comissões presidenciais voltadas a serviços comunitários e nacionais.

Agradecimentos

Sou grato e devo muito a várias pessoas por suas contribuições para este livro e para minha vida. Todas elas são importantes, e quero que saibam disso.

Em primeiro lugar, agradeço à minha esposa, Priscilla: você me ensinou a lição fundamental sobre liderança ao me dizer, anos atrás: "Lee, cuidado com o que você diz e faz. Eles estão observando e julgando você". Obrigado por isso, por sua confiança e seu apoio inabaláveis e pelos 40 anos maravilhosos em que enfrentamos altos e baixos juntos.

Ao restante da minha família: nosso filho, Daniel, e sua esposa, Valerie, ambos grandes líderes em casa e no trabalho; nossos netos, Jullian, Margot e Tristan, que todos os dias me ensinam lições valiosas; minha sogra, Sunshine Payne, cujo nome ["luz do sol"] descreve o que ela trouxe para nossa vida; e todos os meus parentes próximos e distantes: os Cockerell, os Payne, os Kenaga, os Cook, os Howard e os Vettard.

A Philip Goldberg: obrigado por receber meu manuscrito original e tudo o que escrevi ao longo dos anos, além das minhas reflexões e dos meus conceitos sobre liderança, e depois elevar este livro a outro patamar. Escrevê-lo junto com você fez com que passássemos de conhecidos a amigos. (Phil agradece à esposa, Lori Deutsch, por estimulá-lo a aceitar este projeto e por sempre apoiá-lo com entusiasmo.)

À minha agente, Lynn Franklin: agradeço pelos 40 anos de amizade, por insistir para que eu realizasse este projeto, por me apresentar a Phil Goldberg e pela sua orientação profissional para que este livro fosse publicado em todo o mundo.

Ao meu advogado em Nova York, Stephen Sheppard, por me manter sempre livre de problemas e por tantos contratos bem-feitos.

Aos meus parceiros na Disney: Bob Gall, pela orientação e por fazer com que avançássemos na direção certa; George Aguel, pelo apoio na elaboração deste livro; Thomas Katheder, pelas ótimas opiniões jurídicas, pelos conselhos e pelas excelentes recomendações sobre o conteúdo e a edição; Chris Ambrose, Amy Groff, Bruce Jones, Sara Jones, Cynthia Michalos-Baker, Ken Miratsky, Rob Morton, Tom Nabbe, Jeff Noel, Joanne Recek, Mary Ellen Starnes, Beth Stevens e Chris Szydlo, pelos conselhos sobre conteúdo e divulgação.

A todos os Membros do Elenco do *Walt Disney World*® Resort: obrigado por tudo o que me ensinaram ao longo dos anos. Vocês é que são a magia.

Aos clientes do Disney Institute, provenientes de várias empresas, que contribuíram com suas histórias ou me ajudaram a coletar casos de outras pessoas: Jeff Adler, Bruce Cummings, Johan De Beer, Melanie French, John Kelly, Marylynne Kelts, Laurie Kotas, Stuart McDonald, Anton Potgieter, Jim Purvis, Frank Richards e Bill Valk. Obrigado a todos pelo entusiasmo e pela generosidade.

A Chris Moore, boa amiga e ex-colega de trabalho, pela explicação histórica sobre o nascimento da liderança e as mudanças culturais que Judson Green criou na Walt Disney World.

A Trish Hunt, grande amiga e minha atual vice-presidente de marketing, pelas reflexões e histórias sobre o impacto que as Estratégias dos Grandes Líderes da Disney tiveram na sua carreira.

À equipe da Doubleday: Roger Scholl, por reconhecer o potencial do livro e pelo entusiasmo e incentivo constantes; Talia Krohn, pelas opiniões profissionais francas e pela excelente edição (Phil e eu adoramos trabalhar com você); Meredith McGinnis e Jillian Wohlfarth, pelo excelente plano de marketing; e Elizabeth Hazelton, pelo trabalho de divulgação.

1

Fazendo mágica

"Não é com mágica que se faz um bom trabalho; é com um bom trabalho que se faz mágica." Todos aqueles que trabalham no *Walt Disney World*® Resort aprendem esse princípio, e o resultado tem sido magia para os Convidados e os negócios. Agora você também pode criar magia – para sua organização, sua família e sua comunidade – seguindo as estratégias de liderança apresentadas neste livro.

Durante os 16 anos em que atuei como alto executivo da Disney, repeti essa frase sobre fazer mágica centenas de vezes. E a plena magnitude do seu significado me atingiu com a força de um furacão – literalmente – no verão de 2004. Foi quando a Disney World foi castigada por dois grandes furacões em menos de um mês. Em geral, as tempestades tropicais não provocam danos graves em Orlando, que fica a cerca de 80 quilômetros dos dois litorais do estado da Flórida. Aliás, fazia 44 anos que a cidade não era diretamente atingida. Então, em 2004, veio o duplo ataque do Charley e do Frances.

Em agosto, o furacão Charley assolou Orlando na sexta--feira 13, com rajadas de vento de até 170 quilômetros por hora, arrancando árvores e postes de energia e levando os telhados de casas e prédios. A região ainda não estava totalmente recuperada quando, duas semanas depois, o Frances chegou com força total – para piorar, em um feriado, quando havia 75 mil Convidados na Disney World. Fomos obrigados a fechar os parques temáticos nas duas ocasiões, algo que só ocorrera duas vezes antes: em 11 de setembro de 2001 e em 1999, com a passagem do furacão Floyd, que felizmente se desviou no último minuto. Dessa vez, porém, precisamos "fechar as escotilhas". E, quando as escotilhas se estendem por 122 quilômetros quadrados, trata-se de uma tarefa monumental.

A lembrança mais marcante que tenho da situação não é a assombrosa ventania nem as noites em claro no centro de operações de emergência (COE), onde minha equipe e eu ficamos reunidos fazendo planos para garantir a segurança dos Convidados e dos outros Membros do Elenco[1]. Minha recordação mais forte é a dedicação da equipe, a precisão da nossa comunicação e a forma serena como todos cumpriram suas tarefas, mesmo sem nunca terem enfrentado aquilo antes. Havia grupos de pessoas prendendo lustres, empilhando e amarrando mesas e cadeiras e fixando carrocinhas de comida ao chão. Ainda me lembro de ver Mickey, Minnie, Cinderela e Pateta entretendo crianças assustadas na recepção do hotel. Acima de tudo,

---

1. A Walt Disney World grafa expressões como "Membros do Elenco" (termo usado para designar seus funcionários) e "Convidados" (visitantes) com maiúsculas para lembrar a todos sua importância fundamental. Sigo a mesma convenção neste livro.

não me esqueço dos mais de 5 mil Membros do Elenco que passaram as noites de tempestade na propriedade da empresa para que pudessem ajudar a qualquer momento e de todas as formas possíveis, além das incontáveis pessoas que apareceram arregaçando as mangas assim que conseguiram sair de casa em segurança.

Também me lembro disto: quando a força do Charley finalmente amainou, por volta da meia-noite, Membros do Elenco, exaustos, trabalharam pelo resto da noite recolhendo detritos, levando suprimentos para onde houvesse necessidade e removendo milhares de árvores caídas. Foi um esforço monumental em que todos agiram em uníssono para deixar os parques prontos para receber os Convidados, alguns dos quais haviam passado 18 horas confinados nos quartos. Na manhã seguinte, as portas se abriram no horário previsto. As famílias, que chegavam em grande número, ficaram abismadas ao verem os parques temáticos iluminados pelo sol, impecáveis e funcionando como se nada tivesse acontecido. O que elas não presenciaram foi o trabalho hercúleo realizado nos bastidores que tornou tudo aquilo possível. Também não viram tensão nem cansaço por trás dos rostos sorridentes que as recebiam. Enquanto muitas outras atrações e empresas da região central da Flórida permaneciam fechadas e os municípios trabalhavam para restaurar a energia elétrica e limpar as ruas, a Disney fazia mágica.

Como vice-presidente executivo responsável pelas operações da Disney World, eu não poderia estar mais orgulhoso. O trabalho que meus colegas e eu havíamos realizado, no

Fazendo mágica   19

sentido de introduzir sólidos valores de liderança em todos os níveis da empresa, surtira efeito. Já sabíamos que nossos princípios básicos davam certo, mas é fácil pensar que se está indo bem em épocas de tranquilidade. O verdadeiro teste acontece nos momentos de crise, e nossa reação àquele episódio crítico em particular validou tudo o que eu tinha aprendido e procurado ensinar às pessoas. Graças à firmeza das estruturas e dos processos que havíamos instituído, todos sabiam exatamente para onde ir e o que fazer. E o mais importante é que cada Membro do Elenco estava preparado em termos mentais e emocionais para deixar que a visão da Disney World governasse todas as suas ações: tratar os Convidados como se fossem amigos, superar suas expectativas e lhes proporcionar férias incomparáveis. Todos, dos altos executivos aos novatos, adotaram esse preceito com uma dedicação notável.

E eu logo ficaria ainda mais orgulhoso. Nossa empresa começou imediatamente a ajudar Membros do Elenco e moradores da região que haviam sofrido grandes perdas em decorrência dos furacões. Membros do Elenco de todos os níveis colaboraram, tanto com doações diretas quanto com a venda de dias de férias para arrecadar dinheiro. Com esses recursos e os outros milhões doados pela própria Walt Disney Company, conseguimos fornecer um auxílio financeiro significativo, além de suprimentos, acomodação, atendimento a crianças e outros serviços aos necessitados.

Em suma, o que vimos naquele período tumultuado foi o tipo de comprometimento e desempenho excepcional que qualquer organização é capaz de ter, desde que seus líderes tratem as pessoas com respeito e as unam em torno de um propósito comum. Quando tudo voltou ao normal e eu li as centenas de cartas de agradecimento que recebemos dos Convidados, tomei uma decisão pessoal: no minuto em que me aposentasse, eu escreveria um livro sobre as estratégias de liderança da Disney, para que pessoas de todos os setores e de todas as ocupações e classes sociais pudessem aprender a criar esse mesmo tipo de magia em suas empresas e em sua vida. Este é o livro que prometi, e tenho certeza de que, não importa qual seja seu cargo – talvez tenha acabado de conseguir seu primeiro emprego ou seja o presidente de uma corporação multinacional –, você será um líder melhor seguindo as 10 estratégias que apresento nos capítulos a seguir.

O mundo mágico

O reino encantado chamado Walt Disney World é o maior destino turístico do mundo e um dos maiores locais do planeta para convenções. Em seus 10 mil hectares estão localizados 32 hotéis com mais de 31 mil quartos, centenas de áreas de alimentação e vendas, quatro grandes parques temáticos, um complexo de esportes e recreação, uma vila com shopping e entretenimento e 270 quilômetros de ruas. Com 59 mil Membros do Elenco, é a empresa que tem mais colaboradores atuando em um só local. E minha função era saber o que estava acontecendo em cada canto recôndito desse vasto domínio.

Durante 10 anos, fui responsável por garantir que tudo – da coleta do lixo à operação de brinquedos e atrações –

funcionasse com a precisão de um relógio suíço. Para realizar meu trabalho, eu tinha que saber o que nossos Convidados pensavam sobre o tempo que passavam conosco. Assim, ao longo dos anos, fui lendo as cartas que nos enviavam, milhares delas, e posso dizer sem sombra de dúvida que não são apenas o clima excelente, os espetáculos fabulosos e as atrações emocionantes que levam milhões de pessoas à Disney World. Esses fatores são extremamente importantes, mas o que *de fato* faz a magia é um atendimento extraordinário. E como a Disney mantém esse alto nível de qualidade? Cada um dos 59 mil Membros do Elenco está preparado para interagir com os Convidados com o máximo de atenção e respeito. E esse comportamento é coerente, pois eles são tratados da mesma maneira pelos líderes da Disney: com o máximo de atenção e respeito.

Pode ser que tudo isso lhe pareça o comercial de um filme leve e feliz da Disney, mas garanto que não é. Essa é uma estratégia de negócios racional, vigorosa e sensata. E seus efeitos se refletem nos sólidos resultados financeiros da empresa, sem falar na impressionante taxa de retorno dos visitantes – 70% – e no menor índice de rotatividade de funcionários entre as grandes empresas do setor de hospitalidade. A fórmula é simples: líderes comprometidos, responsáveis e motivadores criam uma cultura de cuidado e atenção que produz um serviço de qualidade, o qual proporciona satisfação aos Convidados, o que, por sua vez, gera resultados financeiros significativos e uma grande vantagem competitiva.

É muito fácil copiar produtos e serviços. Se a vantagem competitiva da sua empresa se baseia somente nesses dois itens, você corre riscos. No entanto, caso ela esteja fundamentada em produtos, serviços e em um *atendimento de qualidade*, você terá uma vantagem competitiva difícil de igualar. E só é possível prestar um atendimento de alto nível criando uma cultura de atenção e respeito centrada nas pessoas que formam a empresa. Cuide delas e elas cuidarão dos seus negócios, não só porque é uma obrigação, mas porque *desejarão* isso.

Adaptando-se às mudanças

Foi o próprio Walt Disney quem criou o modelo de atendimento de qualidade ao vislumbrar os parques temáticos há mais de um século. Depois, em 1982, a reputação da empresa recebeu um enorme impulso quando Tom Peters a elogiou no livro *Vencendo a crise*, um megassucesso editorial. Depois que Peters destacou os métodos de treinamento da Disney, executivos e gerentes de outras organizações começaram a se perguntar de que maneira poderiam reproduzir essas técnicas.

Na década de 1980, a Disney World continuou a progredir financeiramente. Mas o início dos anos 1990 trouxe mudanças. Os concorrentes estavam cada vez mais próximos. Além disso, certos aspectos do estilo de administração da empresa começaram a se mostrar ultrapassados. A abordagem de liderança empregada no passado – autocrática e exercida de cima para baixo – era cada vez menos bem-vista no novo panorama social. Especialistas em administração previam que a nova geração de funcionários e gerentes alcançaria melhores resultados em um ambiente mais democrático e participativo. Um líder de visão que captou bem a mensagem foi Judson Green, então presidente da divisão de Parques Temáticos e Resorts. Ele compreendeu que, para se adaptar ao processo de evolução da sociedade e preservar sua supremacia no mercado, a Walt Disney World precisaria transformar sua cultura corporativa.

Intuitivamente, Judson percebeu que o segredo para manter o sucesso financeiro era proporcionar aos Convidados uma experiência maravilhosa, de modo que eles voltassem sempre e recomendassem o local a parentes e amigos. E concluiu que a satisfação dessas pessoas dependia da qualidade do serviço que elas recebiam. Afinal, estudos realizados em diversas áreas demonstravam que não é apenas o produto que contribui para a satisfação dos clientes – a maneira como eles são tratados também é fundamental nesse aspecto. Judson sabia ainda o que eu também aprendi ao longo da minha carreira: se quisermos que as pessoas prestem um atendimento excelente, temos que lhes fornecer uma liderança nesse mesmo nível. Anos mais tarde, verificamos essa teoria de forma analítica com a realização de um estudo. Os resultados mostraram que havia uma possibilidade muito maior de que os Convidados retornassem se ficassem contentes com a visita. Além disso, seu nível de satisfação era mais alto quando haviam interagido positivamente com Membros do Elenco. E qual é o segredo para conseguir isso? Uma liderança eficiente. O estudo revelou que as unidades de negócios que recebiam as notas mais altas dos Convidados em termos de satisfação eram as mesmas cujos líderes recebiam as notas mais altas de seus colaboradores diretos por terem qualidades como saber ouvir, saber monitorar, saber delegar decisões e reconhecer o esforço das pessoas. Em resumo: a ótima liderança conduz à excelência dos funcionários, que gera a satisfação dos clientes e sólidos resultados financeiros. Em outras palavras, não é o cliente que vem em primeiro lugar, e sim a *liderança*.

A FÓRMULA DE SUCESSO DA DISNEY

Liderança ➤ Excelência do
Elenco (Funcionários) ➤ Satisfação dos
Convidados (Clientes) ➤ Resultados dos Negócios

Assim, Judson Green e Al Weiss, o novo vice-presidente executivo, dedicaram-se a implementar essa fórmula reestruturando o estilo de gestão da Walt Disney World. Foi nesse momento que eu entrei na história.

Em maio de 1993, eu era vice-presidente de operações de resort na Euro Disney (hoje Disneylândia Paris). Minha esposa, Priscilla, e eu morávamos na França. Estávamos nos preparando para o casamento do nosso filho, Daniel, quando fui convidado a ocupar o cargo de vice-presidente de operações de resort na Walt Disney World, respondendo diretamente a Al Weiss. Sei que um dos motivos dessa promoção foi minha paixão pela excelência em liderança. Judson, com quem eu já tinha trabalhado em Paris, sabia que eu estudara o assunto durante anos e que havia

Fazendo mágica   25

implementado princípios fundamentais de liderança na empresa e também na rede Marriott, uma das organizações onde eu trabalhara.

Assim, Priscilla e eu nos mudamos para a Flórida. Pouco depois, eu já estava desempenhando um papel importante na transformação da cultura corporativa do resort de maior sucesso do mundo. As instruções eram claras: naquela época de mudanças rápidas, nosso estilo de gestão tinha que ser tão criativo quanto os filmes produzidos pelos animadores da Disney e tão inovador quanto as atrações concebidas pelos *Imagineers*, ou designers criativos, da empresa. Precisávamos de líderes capazes de administrar os negócios e inspirar os Membros do Elenco a se adaptar às exigências do século XXI.

Tempo de transição

Na época, a Disney já era conceituada por seus excelentes métodos de treinamento e capacitação, porém eles não incluíam liderança. Isso estava prestes a mudar. Nossa diretriz então seria promover a excelência dos Membros do Elenco, apresentando expectativas claras e oferecendo instrução permanente. E isso valeria para *todos*. A ideia era alcançar a excelência em liderança disseminando responsabilidade e autoridade em todos os níveis da organização. Acreditávamos que todas as pessoas – dos integrantes das equipes de paisagismo e limpeza ao CEO – poderiam atuar como líderes e deixar uma marca positiva. Informamos que a avaliação de gerentes e executivos levaria em conta

26   Criando magia

não somente os resultados financeiros, mas também a maneira como eles haviam sido alcançados. Todos deveriam passar a agir em sintonia com valores e ideais específicos. A política "Tudo tem que ser do meu jeito" seria substituída por "O que você acha?", pois um líder deve se mostrar receptivo a opiniões e deixar claro aos Membros do Elenco que suas ideias são valorizadas e suas necessidades, levadas a sério.

O caminho para a excelência em desempenho foi um pouco tortuoso no começo. Sempre existe resistência a mudanças, e aquela experiência não foi exceção. Alguns integrantes da velha guarda estavam determinados a manter seus métodos e não queriam ou não conseguiam aderir àquela proposta. Ouvimos muitas variações da frase "Em time que está ganhando não se mexe". Perdemos gerentes ao longo do processo – alguns líderes deixaram a empresa nos primeiros 18 meses. Porém, a nova direção acabou se estabelecendo com sucesso.

A maioria dos líderes reconheceu o mérito do que estávamos fazendo e aprendeu a se adaptar, embora às vezes não fosse fácil. Um bom exemplo é Tom Nabbe. Ele começou a trabalhar na Disneylândia, em Anaheim, Califórnia, quando ainda estava no ensino médio, logo após a inauguração do parque. Ruivo e sardento, foi o primeiro "Tom Sawyer" da Ilha de Tom Sawyer. Depois assumiu cargos de supervisão e, em 1971, foi transferido para Orlando. Mais tarde, tornou-se gerente de serviços de distribuição no setor de almoxarifado. Com mais de 30 anos de trabalho na Disney, Tom estava habituado ao antigo modelo de

Fazendo mágica   27

gestão, segundo o qual os supervisores dão instruções e seus colaboradores devem executá-las exatamente como haviam sido orientados. Agora, como todos os gerentes, Tom fora aconselhado a ceder mais espaço às pessoas, soltar as rédeas e motivar a equipe a desenvolver seus próprios métodos e descobrir soluções por si mesmas. "Foi um momento de introspecção para mim", ele diz. "No início eu estava um pouco cético, mas a filosofia por trás da campanha Excelência em Desempenho começou a fazer sentido. Aprendi a desenvolver um autêntico trabalho em equipe. Tudo o que realizávamos tinha que fortalecer o que chamávamos de 'banco de três pernas': os Convidados, os Membros do Elenco e os resultados financeiros da empresa. Eu me aperfeiçoei como líder, e tudo passou a ser executado de maneira melhor, mais rápida e mais barata."

Tom, que se aposentou em 2003, após 47 anos na organização, lembra-se da época em que o processo de distribuição de materiais foi atualizado com a introdução de uma nova tecnologia. No antigo modelo de gestão, a automatização de um sistema importante enfrentaria forte resistência por parte de funcionários insatisfeitos. Em vez disso, nesse caso a equipe se dispôs a encarar o desafio. Por estarem envolvidos no projeto – da concepção à execução –, os Membros do Elenco não só se sentiram parcialmente donos do novo sistema como forneceram ideias que se mostraram valiosas. Assim, os produtos passaram a seguir do almoxarifado para os usuários muito mais depressa, o que garantiu à equipe de Tom elogios por parte de publicações e especialistas da área.

Assim que as mudanças começaram a ser adotadas, tivemos provas concretas dos resultados, fato que convenceu Tom e outros gerentes de que estávamos na direção certa. As notas médias da nossa pesquisa anual sobre liderança aumentaram e continuaram a subir em um ritmo que os analistas de mercado consideraram "incrível".

As Estratégias dos Grandes Líderes

Dois anos mais tarde, em 1995, percebi que a nova filosofia de liderança não estava sendo implementada de forma tão rápida e universal quanto esperávamos, então decidi tornar os conceitos fundamentais mais concretos. Com base em tudo o que havia aprendido em mais de 35 anos no setor de hospitalidade e com a ajuda do consultor em administração, e meu amigo, Jamie Conglose, redigi tópicos de maneira clara, simples e fácil de seguir. O resultado foi o que acabou sendo chamado de Estratégias dos Grandes Líderes da Disney, e elas logo se transformaram nos princípios fundamentais que regem os 7 mil líderes da empresa. São essas mesmas estratégias que agora constituem a estrutura deste livro.

Após a implementação dos princípios, os resultados financeiros surgiram rapidamente: a porcentagem de Convidados que retornavam passou a aumentar de modo constante; as notas das avaliações sobre liderança subiram de forma substancial a cada ano; a rotatividade dos funcionários caiu até o nível atual – o mais baixo do setor de hospitalidade e um terço da média do mercado. A introdução dos conceitos levou apenas oito semanas. Comecei apresentando cada uma das estratégias e táticas aos meus colaboradores diretos. Eles as discutiram em detalhes durante duas semanas com suas próprias equipes. O processo continuou até que os gerentes tivessem examinado todas elas. Depois encaminhamos cópias aos demais Membros do Elenco, para que soubessem que tipo de comportamento poderiam esperar de seus gerentes. (As estratégias foram também gravadas em CDs que as pessoas podiam comprar ou pedir emprestados.) Visto que todos os Membros do Elenco – de assistentes a supervisores e diretores – aprenderam as estratégias, eles se comprometeram com um objetivo comum: fazer o máximo possível para que cada Convidado tivesse os momentos mais felizes da sua vida.

Sem esses valores fortes e um treinamento completo dos líderes para implementá-los, talvez a Walt Disney World não tivesse superado a tumultuada década de 1990 com a notável reputação e o diferencial competitivo que mantém até hoje.

Garanto a você que essas estratégias não se aplicam somente a parques temáticos e resorts e não dão certo apenas com marcas mundialmente famosas, como a Disney. Elas proporcionam resultado em *todos* os níveis de todos os negócios, seja o que for – uma lojinha de bairro ou uma rede varejista; um hospital ou uma pista de boliche; Wall Street ou o Vale do Silício; um banco londrino ou uma montadora de carros alemã; uma empresa de eletrônicos no Japão ou um centro de atendimento ao cliente em Bangalore, na Índia. Elas se aplicam ainda não só ao mundo empresarial, mas também ao terceiro setor. E podem ser adotadas em qualquer tipo de organização – de escolas a grupos religiosos –, bem como em atividades comunitárias, nas forças armadas e até mesmo na criação de filhos. Afinal, a Disney é como qualquer outro negócio, inclusive o seu, seja ele qual for: precisa gerar lucro, precisa lidar com problemas financeiros, precisa enfrentar uma forte competição e seu principal concorrente é sua própria reputação.

Ao longo de muitos anos e durante centenas de seminários e palestras, ensinei esses mesmos princípios a líderes de todos os continentes pertencentes às mais variadas culturas e nunca encontrei ninguém, em nenhum lugar, que não reconhecesse sua validade. Em resumo, as estratégias apresentadas neste livro podem beneficiar todos aqueles que querem fazer a diferença e deixar um legado de liderança positiva.

Minha ex-colega Trish Hunt é um bom exemplo de alguém que usou as Estratégias dos Grandes Líderes (EGL) como um mapa para alcançar o sucesso em várias áreas. Seu primeiro contato com esses conceitos ocorreu na época em que ela trabalhava no setor de recursos humanos da Walt Disney World. Depois, aplicou-os quando ocupava cargos executivos na Cooperstown Dreams Park e em duas grandes instituições financeiras. "Se eu não tivesse as Estratégias dos Grandes Líderes como referência, não teria sido tão bem-sucedida quanto fui", disse ela. "A implementação do que aprendi sobre liderança, o acompanhamento de cada etapa e o compartilhamento dessas ideias facilitaram minha interação com outros executivos e com minha equipe. Essas estratégias proporcionam alto desempenho e produtividade. Nos três anos em que trabalhei em um banco, nenhum dos meus colaboradores diretos foi demitido ou se demitiu, a satisfação dos clientes aumentou gradativamente e eu reduzi meu orçamento em vários milhões de dólares aplicando ferramentas específicas das EGL." Ao longo deste livro, você lerá relatos de outros líderes que tiveram êxito com a adoção desses princípios em suas organizações.

O Disney Institute

Quando alguém faz algo muito bem, a notícia se espalha. Em pouco tempo, cada vez mais organizações nos procuravam para aprender os métodos de treinamento da Disney. Por isso, foi criada uma instituição dedicada à promoção do desenvolvimento profissional completo, o Disney Institute (DI), que atrai mais de 100 mil pessoas todo ano, com cursos livres e programas elaborados sob medida. Profissionais de todos os tipos de empresa, provenientes de diferentes países, inscrevem-se nessas atividades para melhorar suas aptidões como líderes, as práticas que adotam nos negócios, seu ambiente de trabalho e os serviços que prestam aos clientes.

O DI atrai participantes de uma grande variedade de setores, como o de saúde, o financeiro e o industrial, e de praticamente todos os países que têm uma economia moderna. Em um dos seminários, por exemplo, havia profissionais das mais diversas organizações, como uma mineradora da África do Sul, uma rede canadense de restaurantes, a administradora de um parque no deserto da Califórnia, uma pequena faculdade da Pensilvânia, uma firma internacional de investimentos, uma agência de adoção, uma pequena revendedora de carros do Mississippi, uma grande instituição da área da saúde, o Hall da Fama e o Museu do Rock and Roll, a Hewlett-Packard e a Agência de Segurança Nacional dos Estados Unidos.

De fato, na época em que eu estava trabalhando na edição deste livro, o jornal *Washington Post* relatou que 2 mil funcionários do Walter Reed Army Medical Center fariam um programa de capacitação no DI. Esse hospital do Exército está implementando mudanças abrangentes na cultura hierárquica, para garantir que todos os que forem recebidos ali tenham uma experiência positiva. A qualidade dos serviços médicos prestados aos pacientes nunca esteve em questão, mas as instalações inadequadas e os frustrantes procedimentos burocráticos para a avaliação de condições incapacitantes originaram queixas de pacientes e familiares que acabaram se tornando públicas. Para realizar essa transformação, o hospital procurou a Disney. A coronela Patricia D. Horoho, que dirige o sistema de saúde do Walter Reed, explica o motivo: "Queremos que a experiência do paciente aqui seja a melhor possível".

Ao perceber quanto as Estratégias dos Grandes Líderes eram eficazes na prática, o DI começou a incluí-las nos seus programas de capacitação. Hoje, elas constituem a base do seu currículo central, fornecendo fundamentos para cursos como Excelência em Liderança, Serviço de

Qualidade e Criatividade Organizacional. Em essência, o instituto utiliza tanto instruções em sala de aula quanto demonstrações reais do funcionamento da Disney para ensinar empresas de todos os tipos a adequar essa abordagem a seu próprio negócio ou setor. Os cursos conduzem as pessoas da teoria à prática de forma tão integrada e rápida que, assim que a capacitação é concluída, os participantes podem começar a implementar as estratégias, tornando-se líderes melhores em suas organizações. (Veja mais informações sobre o DI no apêndice, p. 347.)

O fato é que esses programas proporcionam a cada um dos participantes um nível de capacitação maior para liderar sua organização em busca de melhores resultados. Por quê? Porque todos os problemas empresariais se resumem a questões de liderança. A realização de tudo o que desejamos é conduzida por uma liderança altamente qualificada. E as estratégias para isso são as mesmas, não importa o segmento em que a empresa atua, o continente onde está, os produtos ou serviços que oferece, nem o número de colaboradores.

As ideias que apresento nos próximos capítulos são simples e, ao mesmo tempo, muito profundas. Elas nos trazem à mente o velho e comum bom senso e, de fato, são sensatas. Porém, *não* são comuns. Ao longo da vida, conheci muitos executivos poderosos e altamente competentes. A maioria deles é capaz de descrever em detalhes sua estratégia de negócios, mas tem pouco a dizer sobre sua estratégia de liderança. E muitos entre os que falam como se fossem especialistas no assunto não fazem o que pregam. Eles preparam as pessoas para serem bons gerentes, mas não compreendem a diferença fundamental entre gestão e liderança. Aprendi do jeito mais difícil que a habilidade administrativa é essencial para alcançarmos resultados. No entanto, não é suficiente para gerar *excelência* – esta requer uma liderança de bom senso.

Um dos grandes equívocos a respeito da liderança é a crença de que ela é um dom inato, que não pode ser ensinado. As pessoas pressupõem que os líderes já nascem assim, não são formados. Outro erro é a ideia de que liderança é sinônimo de título, cargo e nível salarial. Não é. Liderança é mais do que um papel – é uma responsabilidade. E das grandes. Ser líder significa fazer o que deve ser feito, quando deve ser feito, da maneira como deve ser feito, goste você ou não, gostem *os outros* ou não. Significa obter o melhor que a equipe é capaz de dar e, assim, fazer as coisas certas acontecer. Costumo dizer que os bons líderes são ambientalistas. A responsabilidade deles é criar um ambiente empresarial sustentável – calmo, bem demarcado, transparente e limpo, sem poluição, toxinas e lixo, em que todos progridam.

Qualquer um é capaz de exercer esse tipo de liderança. Os princípios descritos neste livro podem ser ensinados a pessoas de todos os níveis em qualquer organização, com resultados previsíveis: maior confiança, motivação e integração, além de um vínculo emocional que repercute em todo o ambiente, passando de um funcionário a outro e deles para a mente e o coração dos clientes.

É isso que faz a diferença entre o desempenho comum e a magia. Vi diversas vezes como as estratégias deste livro são capazes de transformar gerentes em líderes, líderes fracos em líderes bons e líderes bons em grandes líderes, capazes de criar o tipo de ambiente em que todos sonham em trabalhar e ao qual os clientes retornam cada vez mais.

O objetivo deste livro é oferecer aos líderes em potencial e aos atuais as mesmas sólidas estratégias que têm feito mágica na Disney World e proporcionado esse mesmo resultado aos clientes do Disney Institute. Duas das 10 estratégias enfatizam conceitos básicos relativos à estrutura organizacional e a procedimentos de negócios. As demais se concentram nas pessoas. Essa relação 80/20 reflete a importância vital de inspirar, motivar e ensinar, entre outros procedimentos considerados fáceis. Como costumo explicar em minhas apresentações, essas ações fáceis são, na realidade, a parte difícil. No entanto, quando são bem entendidas e executadas, todas as outras coisas se encaixam, e o conjunto deixa de ser tão difícil quanto parece.

Muitas vezes desejei ter conhecido essas verdades sobre liderança no início da minha vida profissional. (Na realidade, minha mãe e minha avó me ensinaram tudo isso, mas me esqueci dessas lições quando entrei para o mundo corporativo.) Se tivesse me lembrado, teria evitado muitos erros penosos. Entretanto, aprendi com minhas falhas e fico feliz em saber que este livro ajudará outros líderes a prevenir problemas idênticos. Mas, antes de mergulharmos nas estratégias de liderança propriamente ditas, quero contar como minha vida e minha carreira me conduziram a esses princípios.

2

A viagem que fiz da fazenda ao reino encantado

Se meus colegas e professores do ensino médio soubessem da minha carreira, com certeza ficariam surpresos. Eles provavelmente imaginaram que eu acabaria administrando uma lojinha de bairro, não um empreendimento multibilionário com 59 mil funcionários. Na verdade, eu também fico admirado. Nunca tive um plano de carreira. Jamais tracei metas de cinco anos. Apenas trabalhei da melhor forma possível. Esforcei-me muito e procurei ser responsável, paciente, disciplinado e positivo. Nesse processo, as oportunidades foram surgindo justamente no momento em que eu estava preparado para agarrá-las.

Porém, entre todos os fatores que me levaram de uma velha fazenda em Oklahoma aos degraus mais altos da escada corporativa, o principal foi este: durante toda a minha carreira, me esforcei para aprender o máximo possível sobre liderança. Não sou acadêmico. Não fiz faculdade de administração. Não tive aulas de psicologia organizacional nem de gestão de negócios. Meu aprendizado foi nas trincheiras, vendo bons líderes se superarem e maus líderes entrarem em enrascadas, e observando os efeitos que o comportamento deles exercia sobre os negócios.

Na fazenda onde cresci, entre o fim dos anos 1940 e o começo da década de 1950, não havia água encanada. Todos na minha família trabalhavam muitas horas, sete dias por semana, para garantir o sustento. A partir dos oito anos de idade, passei a ordenhar uma vaca todas as manhãs antes de ir para a escola, que só tinha uma sala. Levava o leite para nossos vizinhos do outro lado da rua, o sr. e a sra. Thompson, que me pagavam meio dólar e me davam alguns pêssegos quando era época – uma lição precoce sobre as recompensas por um bom trabalho. No verão, meu irmão Jerry e eu ajudávamos andando na traseira da enfardadeira, para garantir que os feixes de feno ficassem amarrados corretamente enquanto nosso avô dirigia o trator. Achávamos essa atividade divertida. Outras tarefas – como limpar o estábulo após a ordenha – não eram *tão* bacanas, e sim trabalho duro. A verdade é que só vim a saber o que eram férias quando já tinha mais de 20 anos, época em que comecei a servir refeições em restaurantes de hotéis.

Naquele tempo, minha vida familiar era tão instável quanto a renda da minha família. Quando terminei o ensino médio, minha mãe já havia se casado quatro vezes (depois se casaria mais uma). Apesar disso, ela era inabalável feito uma rocha. Embora eu não tenha percebido isso, ela foi um dos maiores líderes que já conheci: firme e decidida, embora gentil e sensível. Além de expor com total clareza tudo o que esperava de mim e do meu irmão, ela explicava *por que* fazia questão de que seguíssemos aqueles

38   Criando magia

padrões e nos deixava cientes das consequências que enfrentaríamos caso não correspondêssemos a eles. É exatamente isso que um líder empresarial deve fazer. É por esse motivo que realizo uma palestra intitulada "Gerencie como uma mãe". A verdadeira missão de um líder no mundo dos negócios, assim como a de uma mãe, é ajudar as pessoas a ser o melhor que elas conseguirem. Em vez de esperarem que as equipes os sirvam, os bons líderes servem seus colaboradores, assim como as mães fazem com os filhos. Por causa disso, as pessoas prestam um atendimento melhor aos clientes, permitindo que a obtenção de resultados excelentes seja tão certa quanto as famílias bem estruturadas que resultam de uma criação sólida.

Quem me dera ter assimilado melhor essas lições sobre liderança naquela época.

Na adolescência, realizei os mais variados tipos de serviço trabalhando apenas meio expediente: desde descarregar cimento, compensado e madeira de trens até entregar pedidos de farmácia. Como meu último padrasto era médico e tinha condições de pagar minha faculdade, pude frequentar a Oklahoma State. Eu não estava entre os alunos mais brilhantes. Aprendo melhor na prática, então adquiri muito mais conhecimento por meio daqueles empregos e de outros que conseguia nas férias de verão do que na sala de aula. Como supervisor de cozinha na associação dos estudantes, aprendi a atender as pessoas e, sobretudo, a trabalhar em equipe.

Dois anos depois, quando percebi que a faculdade não era para mim, desisti do curso e entrei para o Exército.

Nessa instituição, fui encaminhado para a escola de culinária. Entre outras coisas, aprendi a respeitar processos e procedimentos – mais uma Estratégia dos Grandes Líderes da Disney. Certa vez, ao preparar a massa de 300 pães de hambúrguer, não prestei atenção no modo e no momento corretos de acrescentar o fermento. O resultado não foi nada bom. Passei os dias seguintes lavando pratos e descascando batatas. Mas foi uma oportunidade de aprimoramento, pois a situação me ensinou a lidar com as adversidades e a aprender com os erros. Felizmente, os descascadores de batata elétricos estavam com defeito, então aproveitei a oportunidade para recuperar meu antigo posto de cozinheiro, descascando batatas mais rápido e melhor do que nunca e sempre mantendo uma atitude positiva.

Entrando para o setor de hospitalidade

Terminei o curso de culinária como o segundo colocado da turma. Quem ficou em primeiro lugar foi um cozinheiro profissional da Inglaterra, meu amigo Terrence Biggs. Aprendi muito com ele, inclusive a importância da companhia de pessoas que têm algo a nos ensinar.

Quando nosso tempo no serviço militar estava chegando ao fim, Terrence me disse que conseguira trabalho no novo hotel Hilton em Washington, D. C. e que poderia arranjar uma vaga para mim também. Aos 20 anos de idade e sem nada melhor para fazer, aproveitei a oportunidade. Nunca vou me esquecer da nossa primeira noite na cidade. Ficamos em um minúsculo hotel de beira de estrada chamado

Twin Bridges Marriott, que cobrava 8 dólares pela diária. Naquela época, se uma pessoa me dissesse que no futuro eu ajudaria a Marriott a se tornar uma das grandes potências do ramo, eu teria afirmado que ela estava louca.

O gerente de recursos humanos do Hilton me perguntou que tipo de trabalho eu queria. Eu não fazia ideia. Jamais havia pisado em um hotel antes. Nunca tinha visto guardanapos de linho, quanto mais um serviço de mesa com mais de um garfo (na minha casa, lambíamos o garfo após o jantar para então usá-lo para a sobremesa). Quando o gerente se ofereceu para me transformar em garçom de um serviço de bufê, eu disse "ótimo", sem fazer ideia do que seria o trabalho.

Quando bati os olhos no salão de festas do Hilton, fiquei tão impressionado que quase tive um infarto. Era um espaço para 3 mil pessoas. Mas minha ética de trabalhador rural e a disciplina de soldado me ajudaram a superar os obstáculos e me fizeram conquistar a simpatia de um dos coordenadores do serviço de bufê, que me "adotou". Com ele, aprendi não só a dobrar guardanapos, estender toalhas de mesa e servir o vinho correto na taça certa, como também a importância de treinar e aperfeiçoar os integrantes da equipe – um dos princípios-chave de liderança que abordarei no capítulo 6. Ele me ensinou ainda que é fundamental parecer e se comportar como um profissional, mesmo que eu estivesse tão exausto a ponto de quase dormir em pé.

No Hilton, interagi com colegas e hóspedes provenientes de todas as partes do mundo, o que me fez aprender sobre diversidade muito antes de os cientistas sociais pensarem em realizar cursos sobre isso. Esse emprego também me ensinou bastante sobre como tratar as pessoas. Servi presidentes, senadores, autoridades estrangeiras, celebridades e outras figuras poderosas. Alguns deles se dirigiam a nós, funcionários rasos, como se fôssemos lixo. Outros nos tratavam com dignidade – e percebi que esses eram os líderes que todos respeitavam.

Foram necessários muitos anos e uma boa quantidade de erros até que eu assimilasse essas importantes lições. Mas as recordações da minha vida nos degraus mais baixos da escada hierárquica se revelaram extremamente valiosas quando comecei a pensar no que é a verdadeira liderança.

Promovido a gerente

Após alguns anos como garçom do serviço de bufê, senti necessidade de ter um emprego com horários mais fixos e definidos e um tipo de experiência que me desse uma carreira mais estável. Por isso, quando soube de uma vaga para uma função administrativa na sala de controle de alimentos e bebidas, logo me candidatei. O salário era de apenas 80 dólares por semana, bem menos do que eu ganhava. No entanto, meu objetivo era receber o treinamento e ter horários razoáveis. Então, fui trabalhar como garçom em um restaurante francês à noite para complementar a renda e pagar o aluguel. Eu me considerava mal remunerado, não me sentia reconhecido e vivia sobrecarregado. Porém, com uma rotina profissional tão corrida, aprendi muito sobre a importância de ser organizado. Anos mais tarde, me tornei conhecido por incentivar e ensinar técnicas de gerenciamento de tempo, além de célebre pelo uso de listas de pendências e de uma agenda da marca Day--Timer, que até hoje é minha melhor amiga.

Eu já estava trabalhando no escritório havia oito meses quando a empresa anunciou que iria promover um treinamento para gerência. Fui selecionado e, após uma semana de curso com Jim McGonigle (que acabou se tornando o padrinho de meu filho e um grande amigo), passei a ser controlador assistente de alimentos e bebidas. Oficialmente, eu já estava ocupando um cargo de gerência, embora ainda não houvesse nenhum colaborador respondendo a mim.

A melhor decisão que tomei naquele emprego foi passar a ocupar a sala que ficava ao lado da de Peter Kleiser, o chef executivo. Ele era um autêntico professor e tratava todo mundo com respeito. Certa vez, ao planejar um jantar para 3 mil pessoas, encomendei melões de uma variedade errada. Peter não me repreendeu nem me demitiu, mas disse: "Lee, você pode ser tolo só uma vez ou a vida inteira. Quando não souber alguma coisa, pergunte. Assim será tolo apenas uma vez".

A lição: os bons líderes são humildes o suficiente para admitir que não sabem algo, enquanto os *grandes* líderes estão sempre em busca de novas informações. Só mais tarde, ao me lembrar dessa época, percebi que Peter havia posicionado as janelas das nossas salas de um modo que nos permitia ver a cozinha. Dessa maneira, eu e a equipe pudemos nos conhecer. Aprendi coisas novas observando o que eles faziam. Mesmo sendo o supervisor daquelas pessoas, ainda tinha muito a aprender com elas. Essa lição foi mais valiosa do que ler mil livros sobre gestão.

Meu emprego seguinte foi em Chicago, como controlador de alimentos e bebidas do Conrad Hilton Hotel, com 2 mil quartos. Eu e Priscilla havíamos acabado de nos casar. Nós nos conhecemos quando trabalhávamos no Hilton de Washington. A sala dela era ao lado da minha, e ela vivia aparecendo para usar meu apontador de lápis. Fiquei completamente apaixonado. Após tentar por um ano inteiro, consegui convencê-la a largar o namorado e sair comigo. Quarenta anos, 12 transferências e muitos altos e baixos depois, estou mais feliz do que nunca por Priscilla ter me escolhido em vez de ficar com aquele cara e seu carro esportivo vermelho.

Assim, aquela nova posição e o recente casamento me ajudaram a aprender mais uma lição importante: de nada adianta a autoridade – ou o que *acreditamos* que ela seja – sem a habilidade para desenvolver bons relacionamentos. No Conrad Hilton de Chicago, cometi um erro ao entrar de sola e impor mudanças sem estabelecer primeiro um bom entrosamento com o chef executivo, que já ocupava o cargo antes mesmo de eu nascer. Ele ficou tão furioso com minha arrogância e falta de respeito que me expulsou da cozinha. Essa experiência me fez ver que as situações de discordância em uma empresa são muito parecidas com as que acontecem em um casamento. Priscilla me ensinou uma série de vezes que não dá para resolver conflitos e diferenças de opinião quando a relação não está firmemente ancorada em confiança e respeito mútuos.

Em Nova York

Era 1969, o ano do pouso na Lua, de Woodstock e da vitória dos Mets no campeonato mundial de beisebol – uma época incrível para um rapaz de 25 anos, nascido no interior, estar em Nova York. Eu acabara de me tornar controlador de alimentos e bebidas do mais célebre hotel de Nova York e talvez até do mundo: o lendário Waldorf--Astoria. Foi lá que conheci o homem que viria a ser uma das figuras mais importantes da minha carreira: Eugene Scanlon, meu supervisor. As normas de desempenho e profissionalismo do Waldorf eram rigorosas, e Gene não só as deixava muito claras como também enumerava as consequências de não segui-las. Graças a ele, aprendi que ser transparente quanto às suas expectativas é exatamente o que o líder deve fazer se quiser que a equipe tenha um bom desempenho. O meu foi tão bom que, um ano depois, me tornei assistente de Gene.

Foi nessa época que o valor de um autêntico orientador se tornou ainda mais evidente para mim. Gene me fez comparecer a todos os jantares e comer em todos os restaurantes do hotel para que eu aprendesse os detalhes do serviço. Toda segunda-feira, ele me levava para jantar com Bill Wilkinson, outro jovem gerente, em um restaurante diferente, onde pedia refeições e vinhos específicos e nos explicava como eram preparados os pratos especiais. Ele até providenciou a minha inscrição e a do meu colega e amigo Dennis O'Toole em um curso de vinhos e o pagou para nós. Sua generosidade e determinação em me

A viagem que fiz da fazenda ao reino encantado   45

fazer progredir reforçaram dois princípios que se tornariam centrais na maneira como abordo o trabalho e, por fim, nas Estratégias dos Grandes Líderes da Disney: treine e desenvolva seu pessoal e sempre procure uma forma melhor de fazer as coisas.

Aquela foi uma escola fantástica, embora eu tenha demorado para assimilar algumas das lições sobre liderança. Certa noite, um dos clientes do restaurante acusou um barman de adulterar a conta e cobrar a mais. Corri até o barman e, sem lhe dar a oportunidade de se defender, exigi que me mostrasse todas as comandas do cliente. Nunca vou me esquecer de como a mão dele tremia ao pegar a garrafa de Budweiser da bandeja e arremessá-la no meu rosto. Levei seis pontos no supercílio direito, o que deveria ter me ensinado a tratar *todos os colaboradores* com respeito.

Depois disso, minha carreira passou por um período de altos e baixos. Em 1972, troquei a grandiosidade do Waldorf pela elegância simples do Hilton Inn em Tarrytown, Nova York. Como gerente executivo adjunto e diretor de alimentos e bebidas, finalmente eu era responsável por alguma coisa. O hotel tinha apenas 205 quartos. Seus restaurantes desfrutavam de ótima reputação, enquanto os clientes eram ricos e exigentes. Lidar com esse público me ensinou uma lição vital: algumas pessoas fazem questão de receber um serviço excepcional, entretanto *todas* querem e *todas* merecem um atendimento assim. Embora eu estivesse gostando do novo emprego e das responsabilidades, meu supervisor tratava os funcionários muito mal e vivia gritando. Então fui trabalhar em outro Hilton, mas lá o gerente geral, a quem eu respondia, tinha um estilo idêntico. Farto de atender aos caprichos de um supervisor que me menosprezava, aceitei um cargo em um pequeno hotel em Lancaster, Pensilvânia. Priscilla me pediu que não fizesse isso, porém não lhe dei ouvidos. Noventa dias depois, o hotel faliu, e eu perdi o emprego.

Era 1973, e os Estados Unidos estavam em recessão. Obrigado a ir morar com minha esposa na casa de meus sogros, eu estava ficando tão deprimido quanto a economia. Foi quando entrei em contato com uma pessoa de quem eu ouvira falar bem quando estava no Hilton: Bud Davis. Ele era agora vice-presidente de alimentos e bebidas da rede Marriott e me ofereceu o cargo de diretor de restaurantes de um hotel na Filadélfia. A empresa havia crescido desde aquela noite em que me hospedara em um hotel de beira de estrada em Washington, embora ainda fosse pequena e até certo ponto desconhecida, com somente 32 hotéis. Amigos do ramo me desaconselharam a trabalhar lá, dizendo que a Marriott nunca se tornaria uma organização respeitável. Entretanto, decidi que comer mal era melhor do que passar fome e aceitei o emprego. Felizmente, meus amigos estavam enganados, e essa decisão acabou se revelando excelente para minha carreira.

Progredindo na Marriott

Nos 17 anos seguintes, ajudei a Marriott a se expandir até se tornar uma gigante do mercado. Fui galgando posições, e a cada novo cargo minha área de influência crescia.

Conquistei a reputação de ser um ótimo gerente, recebendo as mais altas notas ano após ano. Era considerado capacitado e extremamente organizado, além de alguém que sabia gerar resultados.

Um motivo para esse sucesso é que tornei o aperfeiçoamento pessoal parte da minha rotina. Eu vivia ouvindo gravações e lendo livros sobre administração. Porém, o que se mostrou ainda mais valioso foram as lições vitais que aprendi no trabalho. Quando alcancei cargos mais altos, passei a viajar muito para inaugurar hotéis e percebi que, apesar da incrível variedade de seres humanos nos mais diferentes lugares, o que todo mundo quer é se sentir especial, ser tratado com respeito e visto como indivíduo. O setor de hospitalidade é uma prova perfeita disso. Pense bem. Em hotéis e restaurantes, os clientes não estão em uma loja distante que vende barato, nem no destino final de um caminhão de entregas. Estão bem ali na sua frente. Eles surgem com todo tipo de humor e condições físicas imagináveis, exigindo comida, acomodações e diversão no padrão que lhes pareça o melhor. E o retorno é instantâneo. Às vezes, penso que todas as pessoas deveriam trabalhar como garçom em algum momento da vida para aprender essas lições valiosas. É preciso estar sempre alerta e pronto para agir, além de fornecer o melhor em termos de atendimento ao cliente, excelência no serviço e relacionamento com a equipe. Como aprendemos no Disney Institute, e este livro lhe mostrará isso, esses princípios não se limitam ao setor de hospitalidade – eles se aplicam a todo tipo de área.

Contudo, por mais ansioso que eu estivesse por me aprimorar, nunca ouvi uma palavra sequer nas empresas Hilton e Marriott sobre a responsabilidade da liderança. Ninguém jamais me explicou a diferença entre administrar e liderar. Se isso tivesse ocorrido, teria me poupado muita angústia.

Infelizmente, aquele incidente com a garrafa de cerveja anos antes não fora suficiente para me ensinar de uma vez por todas que a intimidação não é a melhor maneira de gerenciar pessoas – talvez produza resultados a curto prazo, mas com o tempo o tiro sai pela culatra e pode tirar dos trilhos uma carreira promissora. Não aprendi essa lição nem mesmo após um segundo incidente, dessa vez envolvendo um funcionário problemático que fora acusado de fazer comentários racistas. Eu o confrontei, levantei o dedo diante do seu nariz e lhe disse que ele agira mal. Ele reagiu me derrubando da cadeira e acertando minha cabeça com uma prancheta. Isso confirmou o que eu queria dizer sobre o comportamento dele, porém à custa de mais 14 pontos. Naquela noite, Priscilla me perguntou: "Lee, você acha que isso acontece por causa do jeito como você fala com as pessoas?".

Ela estava certa, é claro, mas foi necessário mais um incidente para que eu captasse totalmente a mensagem. Quando era vice-presidente de área de alimentos e bebidas da Marriott, fui a El Paso, no Texas, visitar um dos hotéis. Para minha surpresa, fiquei sabendo que a pessoa com quem eu iria me encontrar lá, o diretor de alimentos e bebidas, não estava presente. A secretária me informou que ele estava no hospital. Tinha ficado tão nervoso porque *Lee Cockerell estava a caminho* que desmaiara e caíra da cadeira! Esse foi um ponto baixo na minha vida. Eu era tão assustador assim? Por sorte, o diretor se recuperou. Na noite seguinte, jantamos juntos. Ele revelou que eu era conhecido como um linha-dura que deixava corpos pelo caminho. Pouco depois, soube que eu não recebera a promoção que estava esperando porque tinha a fama de agir como um tirano.

Tive uma longa conversa comigo mesmo. Eu havia conseguido ir além dos meus sonhos porque era um bom gerente, mas era evidente que minha carreira iria pelo ralo, a menos que eu mudasse meu comportamento implacável. Então decidi aprender a *liderar,* em vez de apenas administrar. Inscrevi-me em uma conferência de três dias sobre liderança na Universidade de Kentucky. Devorei livros sobre grandes líderes de negócios e personalidades públicas que realizaram atos extraordinários, como o dr. Martin Luther King, Mahatma Gandhi e Nelson Mandela. Comecei a ver lições sobre liderança em toda parte. Elas transbordavam dos jornais – na primeira página, na seção de negócios, no caderno de esportes e até no espaço dedicado ao lazer –, pois praticamente todos os problemas e conflitos do mundo estão relacionados a uma falha de liderança. Aprendi a identificar grandes líderes à primeira vista e a reparar em pequenos detalhes. Percebi, por exemplo, que os grandes líderes se concentram nos outros, não em si mesmos. Contratam as pessoas certas, as preparam, confiam nelas, as respeitam, ouvem o que têm a dizer e estão sempre à disposição quando elas precisam.

Quando um líder faz isso, a equipe se empenha. De fato, é muito simples. Não importa quanto os produtos e serviços de uma empresa sejam bons, é imprescindível contar com profissionais comprometidos em todos os níveis, que se sintam envolvidos por suas atividades, valorizados e orgulhosos do que fazem. Se o líder os tratar bem e os ajudar a concretizar suas aspirações, eles darão o melhor de si.

Gradativamente, comecei a registrar esses conceitos na forma de estratégias de liderança concretas dirigidas à ação. Em 1988, tornei-me gerente geral do hotel Marriott de Springfield, Massachusetts. Era um edifício pequeno, velho e em mau estado, mas topei a proposta porque nunca administrara um hotel antes e achei que o título cairia muito bem no meu currículo. Acima de tudo, porém, aceitei porque esse cargo era uma ótima maneira de testar os princípios sobre liderança que eu havia aprendido.

Mudanças no estilo de liderança

Minha transformação de gerente autoritário e controlador em líder que adota o princípio da inclusão (você lerá mais sobre esse conceito no próximo capítulo) produziu resultados imediatos em termos de cooperação, motivação e produtividade. A primeira coisa que fiz em Springfield foi transferir minha sala do quarto andar para o térreo, com saída para o balcão de atendimento. Eu deixava a porta aberta na maior parte do tempo e avisei à equipe que me chamasse a qualquer momento para resolver eventuais problemas ou ouvir queixas de hóspedes. Isso deixou

A viagem que fiz da fazenda ao reino encantado   51

claro que eu não era somente o supervisor, mas também parte daquele grupo, o que estabeleceu o tom para um período muito bem-sucedido. Quando deixei a empresa, em 1990, Priscilla e eu fomos homenageados com uma festa. Gerentes e recepcionistas juntaram dinheiro e alugaram um salão para realizar o evento. É evidente que isso foi muito melhor do que ver um colaborador atirar objetos na minha cabeça ou desmaiar só de pensar em me encontrar. Além disso, como os funcionários estavam felizes e motivados, os resultados financeiros foram muito melhores.

Mas, então, por que eu saí de lá? Duas palavras: Disney e França. Um executivo da Disney chamado Sanjay Varma, com quem eu trabalhara anos antes na Marriott, estava planejando uma nova Disneylândia em Paris. A inauguração seria dali a dois anos, e Sanjay, que ainda é um bom amigo, queria que eu coordenasse todas as operações relativas a alimentos e bebidas.

Eu levava uma vida boa em Springfield. Havíamos acabado de concluir uma reforma de 12 milhões de dólares no hotel, que ficou o máximo. Minha equipe era fantástica. Graças à nova abordagem que eu adotara como líder, eu estava indo muito bem e adorava ter que aprimorar minhas habilidades todos os dias. Além disso, ganhava mais do que receberia na Disney. Por isso, esperava que Priscilla me convencesse a recusar o convite. Mas não foi o que aconteceu. "Vamos. Se você não fizer isso, daqui a cinco anos vai estar arrependido", ela disse.

Como sempre, minha esposa estava certa: era uma oferta que eu não podia recusar. A Disney representava o

52   Criando magia

padrão mais alto em excelência de serviços. Na realidade, eu havia emitido uma instrução no Marriott de Springfield para que fosse contratado qualquer candidato a emprego que já tivesse trabalhado na Disney. Além disso, no verão anterior, meu filho, Daniel, frequentara o College Program do *Walt Disney World*® Resort e voltara radiante com o treinamento recebido. Por fim, não resisti ao convite da Disney. E Priscilla não resistiu a Paris. Até hoje digo que foi meu filho quem me conseguiu o emprego na Disney, uma vez que ele trabalhara lá antes de mim.

Logo que cheguei à França, tive que lidar com uma sucessão de prazos apertados e toneladas de detalhes em cinco línguas diferentes, ao mesmo tempo que tentava reproduzir a cultura de excelência, cortesia e simpatia que caracteriza a Disney. Nos sete meses que precederam a inauguração, trabalhei 17 horas por dia, de seis a sete dias por semana. Mas tudo isso pareceu valer a pena quando, no dia 12 de abril de 1992, promovemos uma festa de inauguração para 10 mil pessoas. Só a comida custou mais de 1 milhão de dólares. Compramos praticamente todos os morangos e camarões disponíveis na Europa. Foi um enorme sucesso, e todos vibraram com o ótimo trabalho que havíamos feito. Estávamos preparados e prontos para atender a multidão esperada.

Mas ela não apareceu.

Chamei esse período de "o verão de Hades". Tínhamos um parque temático maravilhoso e um serviço excelente, porém os negócios não se concretizavam como esperávamos. O dinheiro estava saindo aos borbotões – e, quando a receita diminui, o nervosismo aumenta. Gerentes e diretores estavam se demitindo, pedindo transferência e sendo despedidos a torto e a direito. Eu já havia enfrentado situações difíceis antes e sabia que os líderes precisam dar o tom, mantendo-se calmos e unidos quando estão sob pressão. Não importa o que aconteça, eles devem se concentrar unicamente em fazer o melhor possível com o que têm em vez de culpar alguém, reclamar ou apenas desejar que aquilo mude. Foi o que eu fiz e, três meses após a inauguração, fui promovido a vice-presidente. Passei a ser responsável pelas operações de seis resorts com mil quartos cada um.

Era só o começo da minha jornada na Disney. Passei três anos intensos em Paris, até que Judson Green e Al Weiss me transferiram para Orlando, na Flórida. Como vice-presidente sênior de operações de todos os hotéis da Walt Disney World, eu teria a oportunidade de aplicar tudo o que aprendera sobre liderança como um dos executivos do destino de férias mais famoso do mundo. Entrei em casa e gritei para Priscilla: "Estamos indo para a Disney World!".

Novamente, as circunstâncias eram desafiadoras. Cheguei à Walt Disney World em meio a um período muito ruim nos negócios. Tínhamos longas reuniões quase todas as noites, na tentativa de descobrir meios de reduzir os custos mantendo a mesma satisfação dos Convidados. Naquela época, fiz um esforço especial para me aproximar dos Membros do Elenco, conhecê-los e mostrar quem eu era, como trabalhava e o que era importante para mim.

54   Criando magia

Comecei dando aulas de gerenciamento de tempo, tanto para ajudá-los a atuar de forma mais eficiente quanto para fomentar um bom entrosamento da equipe. Eu agendava reuniões à noite com 200 a 300 pessoas de cada vez para que elas pudessem ver meu rosto e ouvir minha voz. Disse--lhes que poderiam me enviar perguntas e sugestões por fax e respondi a cada uma delas. Graças a esses esforços, conseguimos instituir ao longo do tempo várias mudanças positivas. De fato, algumas das ideias apresentadas por Membros do Elenco estão em vigor até hoje.

Em pouco tempo, tornei-me vice-presidente executivo de operações, responsável por 20 resorts que tinham no total 25 mil quartos, quatro parques temáticos, três parques aquáticos e cinco campos de golfe, além de shoppings, áreas de recreação e um complexo esportivo, mais as atividades de apoio desses empreendimentos. Foi nesse período, em 1995, que escrevi as Estratégias dos Grandes Líderes da Disney. Para isso, baseei-me em todo o aprendizado que havia feito até aquele ponto: os altos e baixos de lidar com os negócios na vida real, meus triunfos e meus erros, a experiência de ser bem tratado e maltratado, os líderes ruins, bons e excelentes que conheci.

Essas estratégias sensatas, que logo se tornaram a base para o currículo do Disney Institute, serviram-me de guia ao longo de toda a minha carreira. Porém, minhas lições sobre liderança não terminaram ali. Durante todo o meu tempo de trabalho na Disney, aprendi tanto com os Convidados quanto com os Membros do Elenco. Ainda hoje, continuo aprendendo e crescendo enquanto ensino no Disney Institute e realizo palestras em todo o mundo. Como dizemos na Disney, "Em tempos de mudanças drásticas, são os aprendizes que herdam o futuro". É disso que se trata a liderança.

3

Estratégia nº 1
Lembre-se de que todos
são importantes

No *Walt Disney World*® Resort, o que muitos conhecem por "serviços de lavanderia" é chamado de Serviços Têxteis. São três instalações imensas e separadas: uma para os mais de 2 milhões de fantasias usadas pelos Membros do Elenco, outra para as peças de linho utilizadas nos 255 locais de alimentação, além da área de manutenção, destinada a lençóis, fronhas, toalhas e panos de prato de todos os resorts. Os Membros do Elenco lavam, secam, passam e dobram quase 110 mil quilos de tecido por dia, o que corresponde a cerca de 1 milhão de itens por semana. Muitos hotéis terceirizam esse tipo de serviço; a Disney, porém, descobriu que realizar todo esse trabalho internamente é menos dispendioso e mais eficiente, graças sobretudo às estratégias de liderança que motivam cada Membro do Elenco a usar seu poder de decisão para alcançar o melhor desempenho possível.

Em meados dos anos 1990, a equipe de gerência dos Serviços Têxteis participou de um seminário de três dias sobre como incluir Membros do Elenco de todos os níveis no processo decisório. No entanto, quando os gerentes anunciaram que o Elenco daquele setor passaria a ter liberdade de buscar meios de aprimorar o trabalho em grupo, a produtividade e a qualidade do produto final, as pessoas tiveram uma reação diferente da que eles esperavam. Em resumo, elas disseram: "De jeito nenhum!". Pensaram que, assumindo a responsabilidade pelas decisões, elas seriam acusadas e punidas quando algo desse errado. A mensagem estava clara: não havia confiança na gerência.

De imediato, os gerentes reconheceram o erro: por ironia, ao formularem o plano para incluir mais gente no processo decisório, eles haviam se esquecido de consultar justamente aqueles a quem pretendiam tornar mais independentes. Depois, ao voltarem a se reunir para pensar em novas ideias, convidaram vários Membros do Elenco. O resultado foi um plano de ação que ganhou o entusiasmado apoio dessas pessoas e, por fim, a aprovação dos céticos representantes do sindicato. Com o novo plano, ficou estabelecido que os Membros do Elenco aprenderiam a missão e os valores da Walt Disney World, conheceriam o impacto dos Serviços Têxteis nas estatísticas de satisfação dos Convidados, seriam envolvidos no planejamento da área de manutenção e participariam de um programa de intercâmbio de funções com Membros do Elenco de outros setores do resort. Todos os aspectos do plano foram estruturados no sentido de aumentar sua participação e seu empenho.

Cerca de um ano após a introdução das novas diretrizes, tudo estava indo tão bem que o Elenco teve liberdade para fixar suas próprias metas de produtividade. Os gerentes acreditavam que as pessoas tomariam decisões mais apropriadas se soubessem exatamente como seu trabalho afetava o orçamento e os resultados financeiros da empresa. Na época, permitir que os próprios Membros do Elenco determinassem a produtividade era algo inédito, pois achava-se que eles estabeleceriam metas baixas demais. Porém, quase todos os departamentos definiram metas *mais altas*, mesmo sabendo que seriam cobrados pela conquista desses objetivos. O resultado? Eles nos deram uma lição: a produtividade excedeu em muito a expectativa da gerência.

Foi um trabalho árduo que exigiu mais investimentos em capacitação; no entanto, a transformação do setor de Serviços Têxteis logo apresentou resultados mensuráveis não só em termos de produtividade como também em inovação e satisfação dos colaboradores. Os Membros do Elenco continuaram a sugerir novas formas de aprimorar seu trabalho, encontrando soluções criativas para problemas que a gerência jamais resolveria por conta própria. Você verá algumas delas mais adiante neste livro. Com o tempo, o índice de rotatividade do setor de Serviços Têxteis foi caindo. Hoje, a perda anual entre os que atuam em suas instalações em tempo integral é de apenas 5% a 7%, um patamar muito baixo para qualquer organização, sobretudo quando se trata de profissionais que realizam tarefas físicas cansativas. Esse setor é agora uma das joias da empresa, sempre citado no Disney Institute como um exemplo brilhante do impacto que uma excelente estratégia de liderança pode produzir.

Estratégia nº 1 | Lembre-se de que todos são importantes   59

A verdadeira inclusão

A transformação do setor de Serviços Têxteis é um primoroso exemplo do primeiro e mais importante princípio de liderança: a inclusão. "Inclusão" é hoje uma palavra-chave nos negócios. Costumamos relacioná-la à diversidade étnica, racial, religiosa e sexual e à formação das equipes de trabalho com representantes de todas as categorias demográficas. Sem dúvida, uma iniciativa nobre e relevante. Por esse motivo, tenho orgulho de, ao longo da minha carreira na Walt Disney World, termos criado um ambiente aberto a Membros do Elenco de todas as culturas, religiões, raças, etnias, condições físicas e orientações sexuais. Porém, a inclusão não é algo que se refere somente à política de contratação ou ao respeito às diferenças entre pessoas de origens e culturas diversas. Trata-se de criar um comprometimento com os colaboradores, fazer com que se sintam parte da empresa e demonstrar que cada um deles é importante. À primeira vista, um ambiente de trabalho pode parecer tão diversificado quanto as Nações Unidas. No entanto, se as pessoas não forem realmente respeitadas, valorizadas, vistas como parte da organização e tratadas com dignidade, o que teremos ali é uma bonita fotografia, mas não inclusão de verdade.

A inclusão é essencial por um motivo simples: quando *todas as pessoas são importantes e sabem disso*, elas chegam felizes ao trabalho e ficam ansiosas por retribuir com energia, criatividade e lealdade. O resultado é previsível: mais produtividade e satisfação; menos abstenção e rotatividade.

Por outro lado, quando não se sentem incluídas, elas se tornam apáticas e apresentam um desempenho inferior à sua capacidade. Em síntese, todo colaborador quer o mesmo que você: ser aceito, ouvido, respeitado e considerado parte da organização. Saber que sua opinião é levada em conta. Sentir-se valorizado. Ser reconhecido como um indivíduo e tratado como tal. É por isso que os grandes líderes se esforçam para que todos no ambiente de trabalho, independentemente do cargo e da hierarquia, se sintam incluídos e ninguém seja deixado de lado.

Na Disney, definimos nossa visão de inclusão por meio da sigla RAVE ["vibre", em inglês], que significa respeitar (*respect*), apreciar (*appreciate*) e valorizar todas as pessoas (*value everyone*). Quando uma empresa respeita, aprecia e valoriza os colaboradores, a notícia corre. O resultado disso é que os profissionais fazem fila para pleitear uma vaga nessa organização, enquanto seus funcionários atuais não desejam sair. Foi o que aconteceu na Walt Disney World quando começamos a implementar as Estratégias dos Grandes Líderes. Os Membros do Elenco convenceram amigos e familiares a se mudar para Orlando e se candidatar a empregos. Também é graças a isso que a empresa tem o menor índice de rotatividade entre todas as organizações de grande porte do setor de hospitalidade.

Durante os anos em que trabalhei para a Disney, sinto orgulho por ter conquistado a reputação de ser um líder que adota o princípio da inclusão. Dieter Hannig, a quem promovi a vice-presidente sênior de alimentos e bebidas, disse certa vez a uma revista: "Lee sabe se relacionar com pessoas de todos os níveis, não importa de onde venham – do rapaz de Santo Domingo que lava panelas à camareira do Haiti. Ele tem a habilidade de emocioná-los e motivá-los. É um dom". Menciono isso não para me gabar, mas porque Dieter se enganou. A habilidade a que ele se refere não é um dom. É um comportamento adquirido. Como ressaltei antes, o bom relacionamento com as pessoas nem sempre esteve entre meus pontos fortes. Foi por meio de lições dolorosas que aprendi a tratar *todo mundo* com respeito e dignidade. Esforcei-me muito e, com o tempo, passei a dominar essa qualidade. Depois, ajudei a ensiná-la a outros líderes.

Você também pode criar uma cultura de inclusão na sua organização ou equipe aplicando as estratégias que apresento a seguir. Elas mostram como promover um ambiente em que os colaboradores se sintam engajados, motivados e plenamente comprometidos com os objetivos da empresa, do mesmo modo como fizemos na Disney.

1. Deixe claro que todos são importantes e certifique-se de que eles saibam disso. A liderança no mundo dos negócios tem muito em comum com ser pai ou mãe: não basta manter os funcionários felizes, é necessário também criar um ambiente que lhes permita se destacar no que fazem. Assim como os bons pais dão atenção a todos os membros da família, os grandes líderes se preocupam com todos na organização, aumentando cada vez mais a autoestima e a autoconfiança deles. Se todos se sentirem reconhecidos, apreciados e valorizados, todos desejarão aproveitar cada nova oportunidade de aprender e crescer.

Em meus anos na Disney, eu sempre repetia esta ideia básica: cada um dos Membros do Elenco é importante para nossa empresa. E não se tratava apenas de um recurso motivacional nem de uma estratégia para ganhar popularidade, mas sim de uma prática empresarial eficaz e de resultado imediato. Quando as pessoas se sentem valorizadas pelos talentos e pelas habilidades que levam à equipe, seu nível de comprometimento se multiplica. E profissionais comprometidos estabelecem um forte vínculo pessoal com o trabalho que realizam e com os grupos dos quais fazem parte, além de se sentirem responsáveis por eles. Consequentemente, como líder, você recrutará e manterá os melhores e mais dedicados funcionários, fazendo com que os níveis de rotatividade, de problemas disciplinares e de faltas permaneçam baixos. Trata-se apenas de bom senso? Sim. Mas é uma prática comum? Não.

O princípio de que todos são importantes tem outra vantagem clara: ele é verdadeiro! Se uma tarefa *não* tivesse relevância, por que nos daríamos ao trabalho de contratar alguém para executá-la? Como você pode imaginar, a qualidade da batata frita na Walt Disney World é um elemento de peso na satisfação dos Convidados. Quem você acha que é mais importante: a pessoa que calcula a quantidade de batata que deve ser comprada, a que faz o pedido ao fornecedor, a que descarrega os sacos, a que frita as batatas ou a que as serve? A resposta que sempre dei aos Membros do Elenco é: *todas* são igualmente valiosas. Se uma delas não executar seu trabalho direito, o Convidado não terá uma experiência satisfatória e o negócio sofrerá com isso. Aprendi essa lição no início da carreira, quando era responsável por remover a gordura das chapas na cozinha do Harvey's Hotel & Casino, em Lake Tahoe, Nevada. Eu era tratado com desdém. Porém, percebi que, sem mim, a gordura dos recipientes transbordaria, impedindo o mecanismo de fechamento das chapas. Sem alguém para cuidar daquilo, não haveria hambúrgueres, sem hambúrgueres não haveria clientes, e sem clientes não haveria restaurante.

Moral da história: as pessoas que limpam o banheiro, varrem o chão e retiram o lixo são tão importantes quanto os gerentes, supervisores, diretores e outros altos executivos. Talvez até *mais*. Isso também se aplica aos funcionários que recebem os ingressos, aos assistentes de estacionamento e recepcionistas. Imagine quantos Convidados da Disney World prefeririam viajar para outro lugar se os banheiros e pisos estivessem sujos ou se as pessoas responsáveis por criar as primeiras impressões ali fossem rudes ou pouco prestativas. *Todos* são importantes. E esse princípio não vale somente para parques temáticos e resorts, mas para organizações de todas as partes do mundo, incluindo a sua.

2. Conheça sua equipe. Se você tem filhos, afilhados ou sobrinhos, sabe como é importante tratar cada criança de modo que a faça se sentir especial. E é provável que você também tenha consciência de que a melhor maneira de fazê-la se sentir especial pode não ser aquela que produz esse mesmo efeito em outra criança. Para os pais, é fácil entender cada filho como um indivíduo, pois eles tiveram tempo para descobrir o que torna única cada uma das suas crianças e como apreciá-las por sua singularidade. Por que não fazer o mesmo com seus colaboradores?

Todos os profissionais têm motivações, prioridades, preferências e sonhos diferentes, assim como provêm de criações e regiões distintas. Para fazer com que se sintam especiais, é preciso conhecer cada um deles. De que maneira? Procurando saber mais sobre suas experiências de trabalho anteriores, suas aspirações e aptidões, seus talentos e objetivos a curto e longo prazos. Conhecendo também seus interesses pessoais e perguntando sobre a família. Eles ficam muito alegres quando você se lembra de um detalhe aparentemente sem importância a respeito da vida deles. Depois, vá além: use essas informações para descobrir formas de maximizar suas aptidões e ajude-os a realizar seus objetivos e sonhos.

Quando eu trabalhava na Walt Disney World e precisava me encontrar com gerentes que estavam sob minha supervisão, muitas vezes eu ia até a sala deles. Alguns imaginavam que, como eu ocupava uma posição mais alta na hierarquia da empresa, o procedimento adequado seria eles irem até mim. Porém, inverter o protocolo me dava a oportunidade de conhecer cada um deles melhor e interagir com seus colegas mais próximos. Aprende-se muito sobre os funcionários observando as fotografias que eles têm na mesa, os quadros que penduram nas paredes e o modo como interagem com aqueles à sua volta.

Conhecer bem uma pessoa não é um processo fácil nem acontece da noite para o dia. Mas pode acreditar:

vale muito a pena. (Vamos rever esse assunto importante em outro contexto, no capítulo 8.)

3. Permita que sua equipe conheça você. Não se esqueça de que um ambiente de trabalho voltado para a inclusão também envolve você. São muitos os líderes que mantêm distância dos funcionários, tanto física quanto emocionalmente. Acreditando que não podem administrar bem sem projetar uma imagem de poder inabalável, eles ocultam sua humanidade, sobretudo os pontos fracos. Mas, garanto, você conquistará muito mais respeito se permitir que as pessoas o conheçam de verdade.

Não estou dizendo que você deve alardear seus segredos mais cabeludos. Apenas permita que as pessoas à sua volta saibam o que o motiva e o entusiasma, que conheçam as coisas que você aprecia em especial e até mesmo aquelas com as quais tem dificuldade em lidar. Isso tem a ver principalmente com assumir seus erros e admitir que não sabe alguma coisa – duas questões que costumam ser difíceis para os líderes. Muitos temem que agir dessa forma possa diminuir sua autoridade ou fazer com que as pessoas percam a confiança neles e em sua capacidade. No entanto, descobri que é o contrário: quanto mais autêntico é um líder, mais seus funcionários e colegas o respeitam e levam suas opiniões em conta. Acredite: os colaboradores já sabem que ele é um ser humano e que comete erros. Portanto, não há atitude que os convença do contrário. As pessoas têm maior respeito pelo líder quando sentem que ele está sendo transparente e verdadeiro.

Independentemente de você estar interagindo com alguém de um nível mais baixo ou mais alto na escada corporativa, trate todos da mesma forma: com respeito. Do contrário, será considerado um farsante e perderá credibilidade. Você já deve ter visto líderes que agem de maneira totalmente diferente quando seus supervisores estão por perto e quando estão diante da equipe que gerenciam. Constatar essa diferença não o deixou desconfiado? Caso você perceba que seu modo de agir muda de acordo com quem está à sua frente, policie-se. Essa foi outra lição que aprendi do jeito mais difícil.

No começo da minha carreira, sentia dificuldade em equilibrar meu comportamento quando me via na mesma sala com meus supervisores e com membros da equipe que eu supervisionava. Minha vida ficou bem mais fácil quando comecei a ser eu mesmo 24 horas por dia, independentemente de qualquer coisa. Se você aprender a fazer isso e tiver confiança para manter essa atitude de forma sistemática, as pessoas falarão bem de você – tanto na sua frente quanto na sua ausência –, e sua eficácia como gerente e colaborador atingirá um patamar muito mais alto. Na maioria dos ambientes de trabalho, há um grande número de profissionais que se levam a sério demais. Leve a sua *responsabilidade* a sério, não você.

4. Cumprimente as pessoas com sinceridade. Muitos líderes obstinados desprezam esse conselho, pois ele soa como algo que as mães dizem quando mandam o filho para a escola. Alguns ficam tão envolvidos com o trabalho e preocupados em projetar uma imagem superior que passam pelas pessoas sem nem sequer cumprimentá-las ou, o que é pior, cumprimentam somente *algumas* delas – em geral, as mesmas, todos os dias. Posso lhe garantir que, se você passar pelas pessoas como se elas fossem invisíveis, elas perceberão e chegarão a conclusões nada enaltecedoras sobre o pouco valor que você lhes dá. Nunca subestime o poder de um simples ato como dizer "Oi" ou parar para conversar por alguns instantes. Porém, isso deve ser uma atitude sincera. Se você fizer gestos ensaiados, como um político que saúda o povo em busca de votos, todos perceberão na hora. Como diz o ditado: "As pessoas podem até se esquecer das suas palavras, mas não do que você as fez sentir".

Nas minhas caminhadas pela Walt Disney World, eu sempre parava e cumprimentava o maior número possível de Membros do Elenco. Nunca me esquecerei dos seus olhares quando eu perguntava por seus maridos ou esposas ou quando me lembrava de suas cidades natais ou de um de seus filhos que acabara de entrar para a faculdade. Também me recordo da mágoa de uma colaboradora ao me contar que seu gerente, com quem trabalhava havia 10 anos, não sabia se ela tinha um filho ou uma filha. Teria feito uma diferença tremenda no desempenho dessa mulher se seu supervisor demonstrasse interesse genuíno por sua família.

5. Leve em consideração todos os membros da equipe. Todos querem ser ouvidos e respeitados. É uma das necessidades humanas mais básicas. No entanto, ouvir todas as vozes não é fundamental somente para fomentar a autoestima e a autoconfiança – é uma fonte de informações crucial para o líder. Os grandes líderes estão cientes de que não sabem tudo. Vão aprendendo à medida que avançam e têm confiança suficiente para escutar pessoas de todos os níveis da organização. O resultado disso é que fazem escolhas melhores e cometem menos erros, além de inspirarem mais comprometimento e obterem mais apoio em suas decisões. Ao levar todos os membros da sua equipe em consideração, você se beneficia de uma variedade maior de perspectivas. Deixe claro que deseja conhecer a opinião de todos, independentemente da função e do cargo, e que quer que todos digam o que pensam. Peça às pessoas que deem opiniões e ideias, mesmo que elas não se ofereçam para fazer isso.

Nunca subestime a sabedoria e a versatilidade da equipe que lida diretamente com o público. Afinal, são esses colaboradores que passam os dias nas trincheiras vendo coisas que você não percebe e coletando informações a que você jamais teria acesso. Faça perguntas diretas a eles, como "Essa é a melhor maneira de fazer isso?" e "Há algo mais que eu precise saber antes de tomar essa decisão?". Deixe claro que você preza a opinião da pessoa, ainda que seja o contrário do que você estava imaginando, algo com que não concorde ou que preferiria não ouvir. Lembre-se de que seu cargo tende a intimidar os colaboradores. Portanto, faça com que se sintam à vontade e agradeça a sinceridade deles. Quantas vezes, logo após o surgimento de uma crise, você ouviu os líderes dizerem: "Por que ninguém me avisou?"? Provavelmente porque todos estavam com medo. Eles só lhe dirão a verdade se confiarem 100% em você.

Ao longo dos anos, vi diversos exemplos de como o ato de envolver pessoas de todos os níveis proporciona progressos contínuos em termos de produtividade, inovação e solução de problemas. Você lerá sobre alguns deles neste livro. Por exemplo, certa vez, na tentativa de reduzir os custos de um dos hotéis da Disney World, a administração decidiu eliminar os kits de costura que eram deixados nos quartos como brinde. O raciocínio era que ninguém precisava deles nem os usava, portanto sua falta não seria sentida. Mas os Convidados perceberam sua ausência, *sim*. E você não imagina a dor de cabeça que isso nos deu. Acontece que os kits vinham em latas decoradas com belas imagens vitorianas. Os Convidados não os usavam para costurar, mas gostavam de levá-los para casa como lembrança. O problema foi que os gerentes nem pensaram em pedir a opinião das camareiras, que de fato sabiam quais brindes os hóspedes apreciavam mais. Foram elas que nos alertaram, e rapidamente voltamos a colocá-los nos quartos. Se tivéssemos começado ouvindo quem entendia do assunto, nunca teríamos cometido esse erro.

Na próxima vez em que você for a um resort da Walt Disney World, preste atenção no serviço prestado e em como você e sua família serão tratados. É provável que detecte um clima especial, que não há em outros hotéis, restaurantes e parques temáticos. E é quase certo que muitas ideias originais tenham sido fornecidas por uma pessoa ou equipe de um nível hierárquico relativamente baixo.

Por exemplo, na Disney World, você notará que a cada manhã uma família diferente é escolhida para abrir o parque. Ouvirá motoristas de ônibus cantando ao levarem os Convidados de volta para o resort à noite, quando todos estão exaustos. Verá homens e mulheres encarregados da segurança recrutando crianças para serem seguranças convidados – até realizam uma cerimônia em que elas erguem a mão direita e juram se divertir. Todas essas ideias são de Membros do Elenco.

É provável que você queira comer no Whispering Canyon Café, no Wilderness Lodge. Saiba de antemão que é um local barulhento. Os garçons falam alto, gritam frases engraçadas e às vezes fazem piadas com os Convidados. E, quando menos se espera, um deles reúne todas as crianças e as conduz em uma cavalgada imaginária pelo restaurante. A qualquer momento pode começar uma cantoria. Tudo isso faz parte do espetáculo, e as crianças adoram. De onde surgiu esse conceito? Certamente não foi da alta administração. Ele veio dos Membros do Elenco, assim que o hotel foi inaugurado. Na época, a ideia pareceu estranha, mas os líderes tiveram a sabedoria de levá-la em consideração. Desde então, o Whispering Canyon se tornou um dos restaurantes mais populares da Disney World, e o Wilderness Lodge está classificado como o melhor hotel para famílias nos Estados Unidos.

6. Esteja sempre à disposição do seu pessoal. Faça tudo o que puder para estar disponível quando as pessoas precisarem de você. Assim como os bons pais, os grandes líderes estão sempre prontos para atender seu pessoal. Na Disney, eu deixava claro aos Membros do Elenco que ouviria todos os que necessitassem falar comigo sobre qualquer assunto – e cumpria a promessa abrindo espaço na agenda para quem pedisse uma reunião, independentemente de sua posição na empresa. Alguns executivos temem que uma atitude como essa os faça perder muito tempo. Descobri que isso me fez *economizar* tempo, pois ajudou a criar um ambiente mais produtivo e impediu a ocorrência de muitos problemas que teriam exigido minha total dedicação. Na realidade, muito menos pessoas do que você imagina solicitavam um contato comigo, porém só o fato de saberem que isso era possível às vezes surtia um grande efeito. E quando de fato conversávamos, o impacto era geralmente profundo.

Certos de que eu lhes daria atenção e cumpriria minhas promessas, os Membros do Elenco e gerentes da linha de frente me procuravam diretamente com preocupações e reclamações. Alguns, achavam que não estavam recebendo a merecida oportunidade de assumir um cargo mais alto. Outros me pediam conselhos para sanar dificuldades de relacionamento com seus supervisores. Ao ajudar a resolver essas questões antes que elas gerassem ressentimentos e rivalidades, tornávamos o ambiente de trabalho mais harmonioso e mantínhamos na empresa muita gente competente que talvez acabasse se demitindo. Além disso, essa política de portas abertas às vezes me permitia ter acesso a informações de suma importância. Foi o que ocorreu, por exemplo, quando um Membro do Elenco sentiu-se à vontade para me contar que um colega estava desviando comida da empresa e revendendo-a. "Sei que você vai cuidar disso", ele disse. E foi o que fiz em seguida, sem chamar atenção.

Em algumas ocasiões, eu ficava a par de questões pessoais que não tinham nenhuma relação com o trabalho. Um dia, uma moça que integrava a equipe de uma das lanchonetes do resort me procurou para dizer que sua mãe havia caído e necessitava de um andador. Ela não podia comprá-lo, pois tivera uma despesa altíssima com a instalação de rampas na casa e com consertos de estragos causados por um furacão recente. Como eu dissera que qualquer um poderia falar comigo se precisasse de alguma coisa, ela me pediu ajuda. Telefonei para a United Way, uma organização beneficente sem fins lucrativos, e, poucos dias depois, havia um andador na porta da casa dela. Essa iniciativa, que me custou menos de meia hora, gerou uma retribuição incalculável em lealdade e motivação.

Muitos líderes pensam que é perda de tempo ouvir os problemas dos funcionários que ocupam as posições mais baixas na hierarquia corporativa. Mas não é o meu caso. Ao longo da minha carreira, aprendi que, se cuidarmos de todas as pequenas questões, a ocorrência de grandes encrencas é bem menos provável. Por estar disponível, pude resolver rapidamente assuntos delicados antes que eles tomassem maiores proporções. Com isso, a empresa foi poupada de impasses demorados e complicações jurídicas. E, vendo que eu me empenhava muito em estar à disposição do pessoal, outros líderes da Disney seguiram o exemplo, fazendo com que essa prática se tornasse comum em todos os níveis da organização.

Portanto, deixe claro à sua equipe que todos poderão contar com você quando precisarem. E essa oferta tem que ser válida 24 horas por dia. Assim, dê a eles todos os seus números de telefone e reafirme que podem entrar em contato. Sim, é chato receber ligações em casa, e é horrível ser acordado no meio da noite, mas faz parte do pacote – e você não vai morrer por causa disso. Constatei que as pessoas raramente abusam desse privilégio e só telefonam quando se trata de algo muito importante. Além disso, esse simples gesto de sua parte transmite uma forte mensagem de que você se dispõe a falar com qualquer um a qualquer momento. Talvez as pessoas nunca liguem para sua casa; porém, só o fato de terem seu número as deixará muito mais à vontade para procurá-lo em sua sala ou enviar um e-mail com informações de seu interesse.

Quando você tomar conhecimento de uma preocupação de um integrante da equipe, tente conversar com ele assim que possível. Foi por isso que incluí esta dica essencial em meus seminários sobre gerenciamento de tempo: sempre reserve espaço na sua agenda para imprevistos, pois as situações inesperadas costumam ser mais importantes do que as programadas.

7. Ouça e procure compreender. Ficar disponível não passará de um gesto vazio se você não ouvir de verdade. É como diz Stephen Covey em *Os 7 hábitos das pessoas altamente eficazes:* "Procure primeiro compreender, para depois ser compreendido". São muitos os líderes que não conseguem se concentrar na pessoa com quem dialogam, pois estão pensando em outra coisa ou ensaiando o que dirão a seguir. Sua linguagem corporal praticamente grita: "Cale-se!". Os grandes líderes, por outro lado, esperam até que as pessoas expressem suas ideias. É preciso ter paciência. Muitas vezes, elas ficam nervosas e falam sem parar, sem conseguir chegar ao ponto importante. E, sim, volta e meia nos dão informações que já temos. No entanto, é fundamental aguentar firme, pois nunca se sabe quando uma ideia pode surgir. Se você se distrair, corre o risco de perder o relato de um caso ou de um problema crucial. E, mesmo que não receba nenhum dado valioso, prestar atenção enquanto as pessoas dizem o que pensam demonstra que você preza a opinião delas.

Há outro motivo para dar total atenção ao seu interlocutor: na maioria das vezes, o que as pessoas dizem e o que estão *tentando* dizer são coisas diferentes. Aprendemos muito observando a linguagem corporal e as omissões. Contudo, para compreender as "entrelinhas", é preciso estar concentrado. Não se distraia e evite todo tipo de interrupção. Enquanto você ouve, pode ser bom tomar notas para se lembrar daquilo depois (nem mesmo os melhores líderes conseguem guardar tudo na memória). E, quando a pessoa terminar de falar, uma boa ideia é repetir o que ela disse para garantir que você assimilou a mensagem. Diga: "Então, o que você quer dizer é..." ou "Segundo o que você disse, seu desejo é que eu..." ou "Você acha que há algo mais que eu precise saber?". Demonstrar que está se esforçando para entender plenamente as palavras do seu interlocutor o deixará à vontade e o estimulará a falar com franqueza. Graças a isso, você aumentará bastante a chance de ficar a par de toda a verdade.

E, por falar em deixar as pessoas à vontade, vou mencionar algo que deu certo comigo. Quando os Membros do Elenco iam me procurar na minha sala, eu saía para cumprimentá-los em vez de pedir à minha assistente que os fizesse entrar. Sentava-me ao lado deles no mesmo tipo de cadeira, e não na grande e confortável cadeira que ficava atrás da minha mesa. Na verdade, eu só usava minha mesa quando estava sozinho. No fim da reunião, acompanhava as pessoas até o lado de fora da sala e agradecia por sua presença. Em outras palavras, não só reservava tempo para recebê-las como me esforçava em demonstrar que me concentrava nelas enquanto estavam ali.

Aliás, eu sempre segurava a porta aberta para os visitantes até que eles tivessem passado – uma regra básica de cortesia que aprendi ainda na infância com minha mãe e da qual nunca me esqueci. Como líder, a colocava em prática de forma literal e metafórica, usando minha autoridade para abrir as portas para as pessoas, ajudando-as a atingir o máximo do seu potencial.

8. Comunique-se de forma clara, direta e sincera.
A boa comunicação se distingue por ser *clara*. Use uma linguagem simples e diga exatamente o que pretende. Do contrário, as pessoas ficarão mais confusas do que antes. E, nesse caso, você receberá em troca ineficiência e descrédito. Fazer rodeios aumenta a confusão, não a objetividade. Não tente "dourar a pílula", pois os funcionários

perceberão e deixarão de confiar em você, talvez para sempre. Procure se comunicar de forma direta e sincera. Desse modo, todos compreenderão o que você quer que eles saibam e façam e o verão como alguém confiável. Nem todo mundo vai gostar de ouvir o que você tem a dizer; mas, pelo menos, saberão que está sendo franco. Isso é a coisa mais importante para quem deseja ser um grande líder.

Sempre que puder, esforce-se para conversar pessoalmente com cada colaborador. Nada faz uma pessoa se sentir mais valorizada do que um encontro pessoal. A segunda melhor opção é o telefonema. Se isso não for possível, procure reunir grupos pequenos. Caso seja necessário recorrer a mensagens escritas, como e-mails, procure personalizá-las e torná-las agradáveis e interessantes. Sei que isso toma tempo e dá trabalho – ninguém disse que a boa comunicação é fácil –, porém o resultado é extraordinário.

9. Defenda os excluídos. Fique atento àqueles que, por algum motivo, se sentem excluídos, como um funcionário novo que esteja almoçando sozinho. O fato de alguém ser deixado à parte não costuma estar associado à sua capacidade, mas o isolamento *vai* acabar afetando seu desempenho. Talvez a pessoa seja tímida e encontre dificuldade em se expressar. Pode ser que tenha uma aparência ou um jeito diferente e isso a faça se sentir insegura. Ou, quem sabe, venha de uma cultura distante e os colegas não se considerem preparados para se relacionar com ela. Há uma infinidade de motivos pelos quais alguém pode se considerar excluído no ambiente de trabalho. Qualquer

Estratégia nº 1 | Lembre-se de que todos são importantes   77 que seja a causa, no instante em que você tomar conhecimento disso, adote medidas para corrigir a situação. Faça com que a equipe compreenda a importância de que todos ali – independentemente de raça, religião, sexo, orientação sexual e aparência física – se sintam incluídos. E comece sempre dando o bom exemplo.

Não se iluda: quem se *sente* excluído *está sendo* excluído. Aprendi essa lição no meu primeiro emprego. Lá estava eu, recém-saído do Exército, um rapaz do interior de Oklahoma trabalhando em um hotel chique na capital do país. Todos os outros garçons eram profissionais que haviam recebido treinamento nas melhores instituições da Europa. Eu não só não me qualificara formalmente como sequer havia concluído a faculdade. Sentia-me tão excluído que tinha vontade de pegar o primeiro ônibus de volta para casa. Minha autoestima e minha autoconfiança ficaram muito abaladas, o que afetou meu desempenho no trabalho.

Por sorte, meu supervisor, Kurt, fez com que eu me visse como parte do grupo. E até bem mais do que isso: tornou-se meu protetor e ajudou a transformar um garoto tímido – que nem ao menos imaginava por que era preciso colocar mais de um garfo na mesa e pensava que Sterno (marca do combustível de alguns rechôs) era um aperitivo – em um jovem confiante, cheio de vontade de aprender mais. Kurt era muito exigente. Fazia questão de que tudo fosse executado com perfeição. Porém, apesar dos meus erros frequentes, nunca fez eu me sentir burro nem me deixou constrangido na frente das pessoas. Discretamente, ele me mostrava o modo certo de executar as tarefas. Seu exemplo jamais me saiu da cabeça.

10. Ignore a ordem da linha hierárquica. Os dias do sistema hierárquico vertical como meio de realização de negócios chegaram ao fim. Os líderes que continuarem administrando as atividades dessa maneira estarão condenados ao fracasso, pois uma rígida estrutura de direção exercida de cima para baixo pode tornar a comunicação significativamente mais lenta e transmitir informações pouco confiáveis – principalmente no caso de questões emocionais, visto que sentimentos nunca são traduzidos ou repassados da forma adequada numa estrutura hierarquizada. Isso não significa que as pessoas não devam procurar primeiro seus supervisores imediatos quando surgirem problemas, mas um bom líder tem que orientar qualquer membro da organização, mesmo que ele não esteja sob sua supervisão direta.

É importante que os líderes digam claramente aos seus colaboradores diretos quais são as questões sobre as quais eles desejam ser informados e como esperam que esses dados sejam apresentados. Porém, nunca devem usar intimidação implícita. Não cabem comentários como "Por que você falou com ele antes de conversar comigo sobre isso?". Na Walt Disney World, ao longo dos anos, Al Weiss e eu aprendemos a ter flexibilidade quando se tratava da linha hierárquica. Meus colaboradores diretos falavam com ele ou com quem julgassem apropriado e, depois, deixavam um recado na minha secretária eletrônica resumindo a conversa ou me procuravam para relatá-la. Atribuo grande parte do nosso sucesso a esse estilo de liderança, pois a mensagem que ele envia é: "Temos confiança na sua capacidade de agir certo e de fazer as escolhas corretas".

É óbvio que esse tipo de flexibilidade exige uma boa dose de confiança. No entanto, uma vez que esse sentimento se estabeleça e o receio deixe de existir na equação, você perceberá que a probabilidade de que as informações cheguem a quem necessita delas – e no momento certo – aumentará muito.

11. Não concentre toda a liderança em suas mãos. Se você deseja perder seus melhores colaboradores num piscar de olhos, monitore-os o tempo todo e tome decisões no lugar deles. Por outro lado, se quiser ser um grande líder, aprenda a soltar as rédeas. Contrate ótimos profissionais, explique quais são as responsabilidades e o nível de autoridade deles e deixe-os trabalhar. Você pode ganhar mais do que seus funcionários diretos e ter um título mais pomposo, porém nada disso o torna mais inteligente do que eles. Sempre que precisava reforçar isso para alguém, eu me lembrava da seguinte frase que vi certa vez na camisa de Ken Blanchard, especialista em administração e liderança: "Nenhum de nós é mais inteligente do que todos nós".

É claro que há momentos de crise em que um líder tem que assumir o comando. No entanto, é o cúmulo da arrogância acreditar que ele é o único que pode estar no controle nas situações difíceis e tomar todas as decisões. Aliás, talvez a verdade seja o contrário. No capítulo 4, você verá pelo que passamos na Walt Disney World em 11 de setembro de 2001 e nos dias subsequentes aos atentados. Em meio àquela crise terrível, todos apresentaram um desempenho excepcional exatamente porque o papel de liderança foi *compartilhado*, como a ocasião exigia.

12. Planeje a cultura da empresa. O Disney Institute define cultura corporativa como "o sistema de valores e crenças de uma organização que motiva ações e comportamentos e influencia relacionamentos". Sua empresa tem uma cultura, não importa se você a reconhece ou não. Portanto, a questão não é se ela existe, mas de que tipo é. Ela trabalha a seu favor ou contra você? As culturas bem-sucedidas são estabelecidas de forma planejada, não por acaso. São claras, bem definidas e têm propósitos. Um deles deve ser criar e fomentar um ambiente voltado para a inclusão. Jamais foi tão importante quanto hoje que os líderes promovam, com palavras e ações, a inclusão em todos os níveis da organização.

Uma cultura que busca a inclusão não apresenta nenhuma desvantagem − ela gera benefícios para todos os setores do seu negócio e, sem dúvida, para o país e o mundo. Já testemunhei esse impacto em organizações de todos os tipos e portes − de gigantes como a Disney a modestos empreendimentos. Um exemplo é a Wishland, uma pequena empresa sem fins lucrativos do sul da Califórnia que trabalha com instituições que prestam assistência a crianças com doenças graves e suas famílias. Sua fundadora e CEO, Laurie Kotas, disse que, após participar de um seminário do Disney Institute, percebeu "a importância de definir e criar uma cultura que possa ser observada à medida que a organização cresce e que faça com que todos se sintam um elemento importante para sua magia e seu sucesso". Depois que Kotas começou a divulgar sua visão mais refinada de uma empresa que adota a ideia da inclusão e que tem uma missão, seus três funcionários, os diretores e o grupo de voluntários imediatamente "compraram" a ideia. O resultado foi uma explosão de entusiasmo, comprometimento e criatividade, além de um aumento no número de voluntários e de doações.

No extremo oposto, cito a Volvo, gigante internacional do setor de automóveis. Kevin Meeks, diretor de desenvolvimento de redes e de negócios da empresa no Reino Unido, declarou: "Uma das lições mais importantes que aprendemos em nosso período com a Disney foi a compreensão mais profunda do papel que todas as pessoas da organização desempenham na prestação de um serviço excelente ao cliente". Essa percepção inspirou a companhia a revisar seu sistema de treinamento de funcionários. O resultado foi o programa Volvo PRIDE ["orgulho", em inglês], sigla para paixão, respeito, integridade, determinação e energia. Destacando a cultura, a tradição e a reputação da empresa em termos de segurança, qualidade e preocupação com o meio ambiente, o programa é avaliado como "muito bom" e "excelente" por 95% dos participantes. "Ele gera paixão pela marca e demonstra quanto os colaboradores podem contribuir pessoalmente para o sucesso do negócio", explica Meeks. "Sabemos que o Volvo PRIDE está ajudando a fortalecer nossa marca e a experiência dos consumidores."

Independentemente de que maneira você meça o sucesso, planejar uma cultura voltada para a inclusão certamente produzirá bons resultados para sua organização. Não digo que seja uma tarefa simples. Aliás, é uma viagem que nunca chega ao fim e um exemplo perfeito do que afirmei antes: as ações fáceis é que são, na realidade, a parte difícil. Os gerentes costumam dizer que não têm tempo para esse tipo de preocupação, pois estão ocupados com tarefas "importantes", como ganhar dinheiro, aumentar a produtividade, cortar custos, aplicar regras, monitorar o cronograma de trabalho e outras atividades mensuráveis necessárias para a administração de um negócio. Porém, o fato é que, se você não realizar muito bem as ações fáceis, nunca alcançará o retorno que almeja para o que é difícil. Por isso, dá mais resultado dedicar-se primeiro às pessoas que integram a equipe e, depois, à papelada.

13. Trate os funcionários como você quer que seus clientes sejam tratados. A questão mais importante deste capítulo é que há uma correlação direta entre o modo como tratamos os colaboradores e a maneira como eles atendem os clientes. Os Membros do Elenco da Walt Disney World são preparados para satisfazer estas quatro Expectativas dos Convidados:

- Faça-me sentir especial.
- Trate-me como um indivíduo.
- Respeite a mim e a meus filhos.
- Seja um profissional qualificado.

Em resumo, é o que os clientes de todas as empresas desejam – bem mais até do que um produto de qualidade. A Disney treina os Membros do Elenco para atender essas expectativas tratando-os da mesma maneira. É a versão da empresa para a Regra de Ouro: os líderes interagem com os Membros do Elenco da forma como esperam que estes últimos se relacionem com os Convidados. O método dá certo porque as Quatro Expectativas do Elenco são fundamentalmente iguais:

- Faça-me sentir especial.
- Trate-me como um indivíduo.
- Respeite-me.
- Torne-me um profissional qualificado.

Seus funcionários têm essas mesmas quatro expectativas. Se você as atender, fará com que a autoestima e a confiança deles se multipliquem, e eles se comportarão de forma profissional e dedicada. E você já sabe o que isso proporciona: bons resultados nos negócios. Nunca é demais enfatizar esse ponto. Analisando pesquisas de satisfação dos Convidados na Walt Disney World, identifiquei uma tendência clara: as pessoas que dizem ter tido uma ótima interação com um Membro do Elenco costumam nos dar uma classificação excelente e são as mais propensas a retornar nas férias seguintes.

Esse raciocínio se aplica igualmente às pessoas que trabalham nos "bastidores", isto é, que não têm contato direto com os clientes. Se você as tratar do modo adequado,

84   Criando magia

elas também agirão assim com funcionários sob sua direção, fornecedores, supervisores e colegas. Faz parte da natureza humana: quando queremos que um indivíduo se comporte de determinada maneira, temos que servir de modelo tratando-o daquela forma.

Na Walt Disney World, eu e outros líderes fazíamos o melhor possível para que cada um dos Membros do Elenco se sentisse valorizado e respeitado. Ao mesmo tempo, eles se empenhavam ao máximo para que as crianças e os pais se sentissem importantes e valorizados. Sem isso, é pouco provável que a empresa se mantivesse como o destino turístico mais popular do mundo. Essa fórmula pode ajudar você e sua organização a alcançar um sucesso semelhante.

COLOCANDO EM PRÁTICA

- Sempre se pergunte o que você tem feito para demonstrar que todos são importantes e para que eles saibam disso.
- Crie um ambiente em que todos os colaboradores e clientes se sintam especiais.
- Trate cada pessoa como um indivíduo.
- Ofereça a todos seu respeito total e incondicional.
- Dedique-se a conhecer seus colaboradores.
- Dê a todo funcionário as informações e os recursos para que ele aprenda o que precisa saber e adquira as qualificações necessárias.

- Coloque-se verdadeiramente à disposição de todos os integrantes da sua equipe.
- Conceda a todos os colaboradores, seja qual for a posição hierárquica que ocupem, a oportunidade de serem ouvidos.
- Quando alguém falar com você, dedique toda a sua atenção à pessoa e a ouça de verdade.
- Seja você mesmo — não projete uma imagem que não seja autêntica.

4

Estratégia nº 2
Quebre o molde

Quando me mudei para a França a fim de ajudar a criar a Disneylândia Paris, logo compreendi que nosso sucesso dependeria em grande parte da qualidade dos restaurantes. Afinal de contas, os europeus adoram sua culinária, de modo que os 20 sofisticados restaurantes, com serviço completo, de nossos hotéis e centros de entretenimento seriam julgados por paladares muito exigentes. Eu sabia que o segredo seria contratar chefs e gerentes de renome internacional. Havia apenas um problema: normalmente, os profissionais desse nível não gostam de trabalhar em hotéis. Por meio de tentativas frustradas de admissão, aprendi que eles são artistas e que as cozinhas e os restaurantes são seus estúdios. E, assim como todos os artistas, esses profissionais expressam melhor sua criatividade quando dispõem de total liberdade. Não suportam supervisores observando-os e dizendo-lhes o que fazer e como fazer. Porém, como costuma ser isso o que encontram em grandes hotéis e resorts, quase sempre preferem atuar em restaurantes independentes.

Comecei a me perguntar como uma operação imensa como a nossa seria capaz de dar aos artistas culinários a liberdade e a autoridade de que necessitam para criar uma experiência gastronômica de alto nível. Então me passou pela cabeça que o problema talvez fosse estrutural. Tradicionalmente, os chefs de hotéis e os gerentes de restaurantes respondem a um diretor de alimentos e bebidas, que, por sua vez, está sob a supervisão do gerente geral do hotel. Porém, os chefs criativos me diziam que os diretores de alimentos e bebidas são sempre controladores demais. Eu não podia discordar; afinal, já tinha ocupado esse cargo e, diversas vezes, vetado boas ideias por questões de custo ou por medo de me afastar das práticas usuais. No entanto, e se quebrássemos o molde e eliminássemos esse nível intermediário? Se os chefs e gerentes de restaurantes prestassem contas ao gerente geral, talvez tivessem a autonomia que tanto prezam. Com menos interferência burocrática, poderiam tomar decisões criativas sobre os cardápios e o ambiente e ter autoridade para contratar quem desejassem. E, em situações em que os níveis mais altos da administração precisassem ser consultados, eles participariam do processo. Essa mudança estrutural também transmitiria a todos os integrantes da empresa a mensagem de que os chefs e os gerentes de restaurantes não eram fantoches dos diretores de alimentos e bebidas, e sim pessoas com poder de decisão, que deveriam ser tratadas como membros fundamentais da equipe.

Foi uma mudança estrutural enorme para a Disney e extremamente anticonvencional para o setor de resorts –

e se mostrou uma das decisões mais acertadas que já tomei. Dessa forma, pude garantir a chefs e gerentes de altíssimo gabarito que trabalhar na empresa seria como estar em um restaurante independente, onde a única pessoa à qual prestariam contas seria o proprietário. Assim, conseguimos os talentos de que precisávamos, e eles tiveram à disposição um ambiente que lhes dava condições de realizar um trabalho com o mais alto nível de qualidade possível. Quando os resorts foram inaugurados, a crítica disse que nossa comida era tão extraordinária quanto a dos melhores restaurantes de Paris.

Experiências como essa chamaram minha atenção para um componente crucial da liderança: a estrutura organizacional. Podemos contratar os melhores profissionais existentes, motivá-los e pagar tudo o que valem. Mas, se eles não tiverem à disposição uma estrutura de alta qualidade para trabalhar, não serão capazes de apresentar um desempenho excelente. Além disso, um ambiente de trabalho esquematizado para maximizar o potencial criativo dos funcionários proporciona uma enorme vantagem competitiva. Não importa em que ramo ou organização você esteja: com relação à estrutura, é preciso estar disposto a quebrar o molde.

Como líder, sua tarefa é descobrir que configuração a organização *deveria* ter, e não apenas fazer o melhor possível dentro do formato em vigor. Infelizmente, muitos líderes consideram os detalhes organizacionais maçantes, enquanto outros acham que realizar mudanças estruturais não compensa o trabalho que elas dão. Contudo, posso

Estratégia nº 2 | Quebre o molde   89

garantir que uma boa arquitetura organizacional não somente ajuda a controlar custos e maximizar a eficiência como também otimiza o processo decisório, aumenta a satisfação dos funcionários e fomenta a criatividade e a inovação em todos os níveis.

Reimaginando a Walt Disney World

Embora o aprimoramento da estrutura hierárquica dos restaurantes da Disney tenha se revelado uma mudança estrutural positiva, ele foi relativamente pequeno. Dois anos após minha transferência para o *Walt Disney World*® Resort em Orlando, Al Weiss e eu (com o apoio do nosso líder, Judson Green) fomos chamados para reelaborar toda a estrutura organizacional. A ideia era melhorar de forma significativa o funcionamento dos parques temáticos e dos resorts. Desde a inauguração das instalações em Orlando, em 1971, as divisões Parques e Resorts eram administradas como duas empresas separadas. Cada uma delas tinha sua própria estrutura: diretoria executiva, equipe financeira, departamento de recursos humanos etc. Como você pode imaginar, dobrar esforços era algo comum. Além disso, as boas ideias quase nunca eram compartilhadas pelos dois grupos. As pessoas trabalhavam em uma divisão ou na outra, e era raro alguém cruzar as fronteiras. Os gerentes dessas áreas tinham tão pouco contato entre si que era como se pertencessem a organizações diferentes.

Quando cheguei a Orlando, ouvi histórias como a de Thomas Katheder, hoje vice-presidente do departamento jurídico. Ele começou a carreira na Disney como advogado, em 1990. Após concluir o programa de orientação para novos funcionários, que tinha duração de uma semana, seguiu com os outros participantes para uma sala onde foram instruídos a formar uma fila. "Quando cheguei ao início da fila, uma mulher atrás de uma mesa me perguntou: 'Parques ou Resorts?'. Ela estava distribuindo broches com os ícones da Disney gravados. Tínhamos que prender um deles no crachá para nos identificarmos como funcionários de uma das duas divisões. Expliquei que, como integrante do departamento jurídico, eu lidaria com *ambas*. 'Parques ou Resorts?', ela repetiu. Rapidamente, peguei um broche de cada e saí. Fui para minha sala me perguntando se havia tomado a decisão certa ao fazer uma mudança de 1,6 mil quilômetros para trabalhar na Disney", conta ele.

Felizmente para a empresa, Thomas ficou e se destacou, assim como muitos outros que se questionaram sobre a lógica de manter a separação entre as duas divisões. Não era a forma mais eficiente de uma empresa utilizar recursos e ideias. Porém, diante de sólidos resultados financeiros e da satisfação dos Convidados, nenhum dirigente julgara necessário alterar a estrutura. Judson, Al e eu tínhamos uma perspectiva diferente. Nosso objetivo principal era dar autonomia a todos os Membros do Elenco e maximizar seu talento. Acreditávamos que enfatizar a importância de fatores como responsabilidade, autoridade e comprometimento aumentaria muito nossas chances de sucesso. Assim, decidimos reunir as divisões Parques e Resorts sob a supervisão geral de Al.

No início, essa medida gerou resistência e provocou aborrecimentos. A mudança alteraria os planos de carreira de um número significativo de gerentes, o que não lhes agradava nem um pouco. E, sim, perdemos alguns bons Membros do Elenco. Uns não gostaram das novas atribuições, outros não aceitaram ser supervisionados por alguém que havia sido seu colega, e outros se sentiam inseguros em relação a seu futuro na empresa. Ainda assim, as baixas de pessoal foram mínimas, e quem ficou não perdeu um centavo do salário. Para a maioria das pessoas, a mudança representou um grande estímulo. Novos horizontes profissionais se abriram para todos, pois agora eles podiam mudar de cargo nas duas divisões. Jovens Membros do Elenco teriam uma experiência mais abrangente no início da carreira, e aqueles que haviam permanecido muitos anos no mesmo departamento estariam livres para testar seu desempenho em setores diferentes. Foi criado um sistema centralizado para lidar com as transferências e proporcionar capacitação nas áreas desejadas. No passado, alguém da divisão Parques nem sequer saberia da existência de uma vaga em um dos resorts, muito menos receberia um convite para se candidatar a ela. Agora, durante a alta temporada de fim de ano e em outras épocas movimentadas nos hotéis, um colaborador que trabalhasse na manutenção dos parques tinha a opção de atuar na cozinha de um resort, assim como uma camareira tinha a chance de interagir com crianças se desempenhasse uma função em uma lanchonete no Magic Kingdom.

Houve também um aumento no potencial de progresso na carreira, pois os mais ambiciosos poderiam aproveitar oportunidades em qualquer uma das divisões. Mim Flynn e Liz Clark são bons exemplos disso. No sistema antigo, como gerente no Magic Kingdom, Liz não tinha muitas chances de promoção na divisão Parques. Depois, conseguiu assumir um cargo mais alto na divisão Resorts: gerente de operações de alimentos no Wide World of Sports. Ela realizou um excelente trabalho e teve uma experiência preciosa que lhe permitiu voltar ao Magic Kingdom em uma posição ainda melhor, como executiva sênior do setor de alimentos. Liz substituiu Mim Flynn, que trabalhara ao longo de toda a carreira na divisão Parques e fora promovida a executiva sênior de alimentos e bebidas no setor dos resorts. As transições que impulsionaram a carreira de ambas não teriam sido possíveis sem a mudança implementada na estrutura organizacional. Ainda hoje, elas são duas importantes executivas na Disney.

Vemos, portanto, que a nova estrutura permitiu que a administração utilizasse os talentos individuais com mais versatilidade. As pessoas começaram a ser encaminhadas para ajudar onde fossem mais necessárias. Por exemplo, os restaurantes dos hotéis ficam extremamente movimentados no café da manhã e calmos no almoço, enquanto nos parques acontece o contrário. Agora, um Membro do Elenco pode trabalhar em um hotel no turno da manhã e dar uma força em um restaurante dos parques na hora do almoço. A empresa também passou a se ajustar com mais rapidez a situações imprevistas. Por exemplo, quando chove e milhares de Convidados correm dos parques para os hotéis, na mesma hora destacamos funcionários dos parques para ajudar. Além disso, economizamos um bom dinheiro eliminando duplicações desnecessárias de pessoal e recursos. Agora há somente um executivo com uma equipe de apoio para cada departamento em vez de dois e também apenas um único esquema de procedimento de treinamento.

É claro que implantar a nova estrutura demandou tempo, mas logo a novidade pareceu tão natural para o estilo de vida da Disney quanto o aumento no número de Convidados a cada verão, nas férias escolares. A mudança também demonstrou ser um fator crucial na constante tendência ascendente dos resultados da empresa desde meados dos anos 1990. Mesmo assim, não ficamos parados apreciando o sucesso. Em maio de 1997, quebramos o molde mais uma vez. Até então, todas as áreas de apoio – compras, segurança, transporte e manutenção – permaneciam separadas das equipes operacionais. O setor de operações ficava sob minha supervisão, enquanto o de apoio era gerenciado por um colega. Percebemos que as decisões seriam tomadas de modo mais rápido e eficaz se ambos os grupos pertencessem à mesma estrutura, com o pessoal de apoio respondendo diretamente a mim.

Ter um número menor de reinos e reis logo gerou resultados melhores. Um executivo já não era obrigado a negociar com outro toda vez que precisasse tomar uma decisão importante. No passado, por exemplo, se eu quisesse reforçar a segurança em determinado local, tinha que conversar com o responsável pelo serviço de apoio e convencê-lo a reestruturar seu orçamento e as atribuições do pessoal. Ou, se os motoristas de ônibus recomendassem que certas rotas fossem percorridas a cada 15 minutos em vez de 30 ou se as camareiras solicitassem uma quantidade maior de um produto, eu não podia simplesmente aprovar os pedidos — era obrigado a discutir o assunto com a divisão de apoio, encarregada dos serviços de transporte e compras. No entanto, com a consolidação dos setores de operações e apoio, passei a fazer os ajustes necessários com um ou dois telefonemas em vez de ter que enfrentar negociações cansativas e uma longa espera.

Pouco tempo depois, a estrutura da Walt Disney World estava de cara totalmente nova. Substituímos domínios separados com fronteiras pouco claras por uma estrutura transparente que nos permitia tomar decisões mais depressa, gerenciar custos de modo mais eficiente, otimizar processos e procedimentos, tornar a comunicação mais eficaz e utilizar melhor nossos bens e recursos. Sem tantos atrasos burocráticos e prioridades conflitantes, observamos progressos imediatos nos índices de satisfação dos Convidados e na atitude do Elenco. Também constatamos uma expressiva queda nos custos. Por exemplo, graças à consolidação do sistema de compras, todos os departamentos passaram a usar ingredientes e matérias-primas iguais, o que permitiu uma economia de milhões de dólares em descontos sobre os volumes adquiridos. Além disso, passamos a atuar como uma equipe única, coesa e forte, com um objetivo comum. Dessa forma, ficamos mais preparados para reagir a acontecimentos inesperados com rapidez, objetividade e precisão.

A verdade é que a estrutura é tão importante para uma empresa quanto para um edifício. Não importa em que

Estratégia nº 2 | Quebre o molde   95

área você atue, um de seus desafios como líder é avaliar continuamente a estrutura e não ter medo de quebrar o molde. Lembre-se: um grande líder nunca se acomoda só porque algo está "funcionando direitinho". Veja a seguir algumas estratégias práticas.

1. Deixe claro quem é responsável pelo quê. Cada um dos colaboradores deve ter pleno entendimento de quais atribuições estão sob sua responsabilidade, do grau de autoridade que ele tem e do que será cobrado dele. Além disso, precisa saber qual é a responsabilidade dos *demais*, que autoridade *eles* têm e o que será cobrado *deles*. Se não houver clareza nessas questões, as confusões e decepções serão inevitáveis.

Quando os limites da autoridade no setor de alimentos e bebidas da Disney eram pouco nítidos, tomavam-se decisões incoerentes o tempo todo. Por exemplo, como não tínhamos um executivo encarregado do estabelecimento de valores, o preço de itens semelhantes variava demais em diferentes pontos da Walt Disney World. Um lanche infantil podia custar 2,99 dólares em um restaurante e 5,99 dólares em outro. Uma Coca-Cola pequena saía a 1,39 dólar na lanchonete de um parque e a 2,99 dólares no bar de um resort. Além disso, como ninguém tinha a palavra final sobre as compras, os chefs faziam pedidos de acordo com suas preferências pessoais, o que não é um bom sistema para um empreendimento que movimenta uma cifra bilionária em alimentos. Em certos períodos, comprávamos 25 tipos de batata frita e 130 massas diferentes. Isso nos fazia

96   Criando magia

pagar preços mais altos, pois os fornecedores precisavam manter muitos produtos semelhantes em estoque.

Para corrigir essa situação, contratei Glen Wolfson, um consultor externo de Chicago. Ele passou três dias comigo e com um grupo de gerentes. Listamos 58 decisões que eram tomadas regularmente e as discutimos até determinarmos que pessoa ou cargo teria a responsabilidade final por estabelecer cada uma delas. As decisões sobre os preços de todos os serviços e produtos, por exemplo, ficariam a cargo de um grupo centralizado que teria uma visão geral de todas as operações. Ao departamento de compras caberia a última palavra sobre as encomendas de alimentos após conversar com os chefs para identificar os melhores produtos.

Os progressos foram instantâneos e sem perda de qualidade para os Convidados. Como todos sabiam exatamente qual era sua responsabilidade, as operações começaram a fluir de modo mais calmo e transparente. O trabalho em equipe melhorou de forma incrível, e as discussões a respeito de autoridade tornaram-se insignificantes. Em relação aos resultados financeiros, registramos uma economia de meio milhão de dólares apenas com a redução da variedade de batata frita. E os custos como um todo continuaram a cair ano após ano.

Estabelecer uma comunicação clara está entre as principais tarefas do líder, sobretudo quando se trata de definir responsabilidade e autoridade. Se você mantiver isso em mente, sua equipe apresentará um desempenho acima da expectativa.

2. Lembre-se de que responsabilidade e autoridade caminham juntas. Se você atribuir responsabilidade às pessoas sem lhes conceder a autoridade necessária para cumprir suas obrigações, estará condenando-as ao fracasso. Caso diga a alguém "Atingir esse objetivo depende de você" sem afirmar "Você tem autoridade para tomar todas as decisões necessárias para alcançá-lo" e "Você terá à disposição todos os recursos de que precisar", estará lhe dando responsabilidade sem autoridade. Essa posição pode ser insustentável, além de ser uma das maiores causas de tensão.

Como eu dirigia as operações, Al Weiss me tornou responsável pela satisfação dos Convidados da Walt Disney World. Naquele contexto, deleguei responsabilidade e autoridade a diversas pessoas. Na área de alimentos e bebidas, deixei que a maioria das decisões fosse tomada por Dieter Hannig; no caso dos serviços de manutenção, por Jeff Vahle; e no que dizia respeito ao funcionamento diário dos resorts, por Erin Wallace e Karl Holz. Porém, embora eles tivessem autoridade total para bater o martelo, no fim das contas eu era o responsável pelos resultados. Por causa disso, expliquei claramente a eles quando eu precisaria ser envolvido nas decisões e quando isso não seria necessário. Além disso, estabeleci procedimentos de rotina para nossa comunicação. Isso permitiu que eles assumissem um alto nível de responsabilidade e autoridade no dia a dia, enquanto eu ficava com a responsabilidade final pelos resultados. O segredo para compartilharmos essas atribuições foram a excelente comunicação e a confiança.

Esta é a questão primordial: como líder, você é *sempre* responsável pelos resultados. Nos negócios, muitas vezes um líder reage diante de um fracasso dizendo: "Por que não fui informado?" ou "Essa responsabilidade era do João!". A verdade é que, se algo sai errado, quem presta contas por isso é quem está no comando. Então, seja altamente preciso sobre o tipo de resultado que você espera e a autoridade que cada um tem e adote procedimentos rigorosos para se manter bem informado. Não pode haver margem para confusões a respeito de quem está autorizado a executar cada ação e quais devem ser seus efeitos.

3. Faça com que todos os cargos tenham importância. Pode ser difícil garantir que todos os cargos tenham um valor verdadeiro, mas esse é um desafio que os líderes precisam enfrentar. Pergunte a si mesmo:

- Esse cargo cria um valor real para a empresa?
- O que aconteceria se o elimínássemos?
- O que aconteceria se os colaboradores que respondem ao ocupante desse cargo passassem a ficar sob a supervisão de outros funcionários que conseguem assumir mais responsabilidades?
- O que aconteceria se esse cargo fosse de meio expediente?
- O que aconteceria se o terceirizássemos?
- O que aconteceria se mudássemos nossa estrutura ou nossos processos para que não precisássemos mais dele?

Estratégia nº 2 | Quebre o molde   99

- O que aconteceria se o automatizássemos, transformando-o em um autosserviço, assim como os bancos fazem com os caixas automáticos e como as agências de viagem fazem com os sites?

É verdade: responder a essas perguntas pode obrigar você a tomar decisões emocionalmente complicadas. Nenhum líder quer perder um funcionário antigo que não se encaixa mais nem transferir um colaborador para uma posição com menor responsabilidade e correr o risco de fazê-lo se sentir rebaixado. Contudo, os líderes não podem deixar que ninguém se "esconda" na estrutura da organização, o que implica analisar de modo objetivo o valor de cada cargo. Não caia em armadilhas como a de dar a funcionários antigos, cujas tarefas não são mais essenciais, posições novas sem nenhuma responsabilidade real. Caso determine que um cargo se tornou desnecessário, descubra um meio de equilibrar o lado financeiro da empresa com sua preocupação pelo bem-estar da pessoa.

Minha primeira opção é sempre assegurar uma nova posição para aqueles cujos postos precisem ser eliminados. Na Disney, consegui fazer isso em 90% dos casos. Porém, às vezes não é possível. Certa ocasião, por exemplo, tive que extinguir um cargo executivo de alto nível que estava sob minha supervisão direta. Foi uma decisão muito difícil, pois a pessoa que o ocupava era um líder extraordinário que eu detestei perder. Contudo, tratava-se da melhor decisão para a empresa, pois estava claro que os funcionários que ele gerenciava trabalhariam de forma mais eficiente se respondessem diretamente a mim. Além disso, a empresa economizaria o valor do seu salário, que era bem alto, e os custos com sua equipe de apoio. Assim, me reuni com ele e lhe disse que seu cargo estava sendo suprimido em razão da reorganização que vínhamos promovendo em toda a área de varejo, tanto no segmento de alimentos e bebidas quanto no de mercadorias. Expliquei que a equipe de apoio seria mantida com outras funções, mas que não havia uma posição disponível para alguém com a experiência dele. É evidente que a notícia o deixou abalado e chateado. Fiz tudo ao meu alcance para amenizar o golpe e garantir que a história tivesse um final feliz. Dei-lhe muitos meses para procurar emprego, deixei que essa fosse sua prioridade e disse-lhe que dedicasse todo o tempo necessário para atualizar o currículo, fazer ligações e ir a entrevistas. Também me ofereci para fornecer referências e o pus em contato com outras empresas e com firmas de colocação de executivos que eu conhecia bem. No fim, deu tudo certo para a Disney e para ele, que começou uma carreira nova e enriquecedora como consultor e atuou em várias organizações.

É óbvio que a implementação de mudanças estruturais é mais fácil e causa menos transtornos quando se trata de uma grande corporação que apresenta crescimento constante e muitas oportunidades de mobilidade interna. Sei que nem todos os líderes se encontram em um cenário tão favorável quanto esse. Caso você precise dispensar funcionários valiosos, recomendo que lide com essa situação difícil com o máximo de delicadeza e compaixão. Comunique-se imediatamente com o colaborador em questão. Seja direto

Estratégia nº 2 | Quebre o molde   101

e franco. Explique em detalhes por que o cargo está sendo extinto e dê a ele o maior tempo possível para que procure outro emprego. Ofereça-se para redigir uma carta de recomendação. Quando você for obrigado a demitir boas pessoas, trate-as como gostaria de ser tratado caso estivesse no lugar delas: com dignidade. Além de ética, essa atitude transmite a mensagem certa para o restante da empresa. Fazer um esforço adicional para amenizar a saída de alguém e facilitar a transição sempre compensa – você conquistará tanto a gratidão daquele profissional quanto a confiança e a lealdade de todos os outros funcionários.

4. Torne a estrutura da empresa o mais horizontal possível. Quase sempre é uma boa ideia reduzir a quantidade de níveis hierárquicos na organização para que você possa manter uma comunicação direta com o maior número possível de pessoas. Cada "camada" que filtra as informações multiplica imprecisões e distorções nas mensagens. Com isso, cresce bastante a probabilidade de que um probleminha se transforme em algo sério em razão do efeito "bola de neve". Se você já brincou de telefone sem fio na infância, em que uma frase é sussurrada de pessoa para pessoa, sabe o que estou dizendo. É impressionante como a mensagem chega completamente deturpada à pessoa que está no fim da "linha".

Além de desobstruir os canais de comunicação, ter o maior número possível de pessoas sob sua supervisão direta proporciona outras vantagens. Uma delas é lhe permitir aprimorar sua capacidade de atribuir responsabilidade e autoridade. Outra é estimulá-lo a escolher e admitir os melhores colaboradores. Falarei sobre contratação no próximo capítulo, mas neste contexto o fator principal é: quanto mais alto o nível de eficiência dos profissionais que respondem a você, *mais* deles você pode ter. Por quê? Porque eles demandam muito pouca supervisão. Funcionários de desempenho mediano exigem muito mais do nosso tempo, pois temos que ajudá-los, instruí-los e socorrê-los a todo momento. Acabamos agindo mais como monitores do que como líderes. Houve épocas na Walt Disney World em que havia 14 executivos subordinados a mim; em outras ocasiões, eram apenas seis. Invariavelmente, quanto maior esse número, melhor era o funcionamento da empresa. Isso acontecia porque as pessoas que eu contratava eram tão boas que, após estabelecermos os resultados desejados, eu podia deixá-las ir em frente sozinhas. Outro ponto positivo de uma estrutura horizontal é a redução dos custos totais com salários (menos gerentes e diretores requerem menos pessoal de apoio, como assistentes e secretárias). Desse modo, podemos contratar profissionais gabaritados e remunerá-los melhor.

De modo geral, uma estrutura horizontal aumenta a produtividade, otimizando o processo decisório, acelerando o recebimento de respostas e aprimorando a comunicação. Uma quantidade menor de níveis hierárquicos propicia a redução do número de erros e de mal-entendidos, entre outras falhas.

Tenha em mente que o processo de horizontalização não se aplica apenas aos níveis hierárquicos mais altos de uma organização, assim como não demanda necessaria-

Estratégia nº 2 | Quebre o molde   103

mente a eliminação de postos de trabalho. Às vezes, uma pequena mudança em um degrau mais baixo da escada corporativa pode gerar grandes resultados. Por exemplo, muitos anos atrás, o departamento de entregas do setor de Serviços Têxteis da Disney World apresentava dificuldade em atender pedidos de áreas diversas. Algumas vezes, o gerente de um resort telefonava aflito para a lavanderia dizendo que a piscina estava repleta de crianças e ele precisava receber mais toalhas de banho. Outras vezes, era o gerente de um restaurante que, pouco antes de um jantar para muitos hóspedes, ligava perguntando sobre as toalhas de mesa que tinham sido requisitadas e ainda não haviam chegado. Os gerentes do setor de Serviços Têxteis que atendiam as chamadas solicitavam ao pessoal do departamento de entregas que resolvesse o problema. Porém, como esses gerentes estavam sempre muito ocupados, a transmissão de algumas ordens de serviço acabava não sendo feita. Por sorte, um gerente teve uma ideia: eliminar os intermediários. Já que os operadores do sistema de entrega estavam posicionados da melhor forma para atender cada local, por que não treiná-los para receber os pedidos diretamente? Como os operadores selecionados assumiriam uma responsabilidade maior, eles tiveram um aumento e passaram a ganhar como coordenadores – um extra de meio dólar por hora para eles e um custo baixo para a Disney. O resultado foi fantástico. O novo esquema não só tirou dos gerentes de Serviços Têxteis a responsabilidade de solucionar crises como também aumentou o orgulho e a integração dos Membros do Elenco no departamento de entregas e melhorou a velocidade e a eficiência do atendimento.

5. Elimine o excesso de trabalho. Como sabemos, toda regra tem exceção. Se seus funcionários estão se sentindo sobrecarregados, às vezes a solução é *adicionar* um nível. Na sua empresa, as pessoas estão reclamando do excesso de trabalho? Elas se queixam de falta de tempo para realizar tudo o que se espera delas? A maioria das organizações vivencia isso em alguns momentos, como foi o caso da própria Walt Disney World. Embora os gerentes passassem 80% do dia na linha de frente, lidando com Convidados e Membros do Elenco, estávamos fazendo com que eles se envolvessem pessoalmente no desenvolvimento da liderança de seus colaboradores diretos. O fato é que não havia horas suficientes para que dessem conta de tudo. A solução foi cortar alguns gastos e, com os recursos poupados, criar cargos para coordenadores. Esses novos profissionais assumiram parte das responsabilidades cotidianas dos gerentes, permitindo que estes últimos tivessem tempo para treinar e capacitar suas equipes, além de atender os Convidados.

Se você ouve muitas queixas a respeito do excesso de trabalho, a culpa pode ser da estrutura organizacional. Pense nas questões apresentadas a seguir – elas se aplicam a todos os tipos de organização.

- A estrutura geral está prejudicando a produtividade?
- As equipes ou os departamentos estão desorganizados? É possível estruturá-los de uma forma melhor?

Estratégia nº 2 | Quebre o molde   105

- Os funcionários estão despendendo muito tempo com tarefas que já não têm mais tanta importância quanto antes?
- É possível otimizar ou mesmo eliminar determinadas atividades?
- As pessoas seriam mais eficientes se tivessem maior autoridade?
- Os funcionários necessitam de treinamento e capacitação para gerenciar melhor o tempo?

Repensar o esquema estrutural da organização pode aliviar a carga de trabalho dos funcionários e tornar cada hora do tempo deles mais produtiva. Um simples exame das tarefas que cada um deles executa e a eliminação daquelas que agregam menos valor podem ser um grande passo nessa direção. Além disso, caso você elimine cargos que se tornaram desnecessários, pode usar o dinheiro economizado para contratar mais pessoal administrativo ou automatizar determinadas funções. Por fim, considere a possibilidade de conceder maior autoridade a gerentes confiáveis. Isso permitirá que eles tomem decisões rapidamente, sem terem que perder tempo com intermináveis reuniões e relatórios para conseguir a aprovação dos supervisores.

6. Repense a estrutura das reuniões. Um sintoma típico de que o projeto organizacional é pouco eficiente é o tempo excessivo gasto em reuniões. Se seus funcionários se queixarem de reuniões inúteis ou demoradas, é reco-

106   Criando magia

mendável examinar seu conteúdo, a frequência com que ocorrem e quais são os participantes envolvidos.

O primeiro passo é identificar os objetivos das reuniões. Depois, avalie se eles estão sendo atendidos pela estrutura atual. Uma reunião produtiva por mês pode ter muito mais valor do que encontros semanais mal planejados. Aprendi essa lição quando alguns dos meus colaboradores diretos se rebelaram. Disseram que nossas reuniões semanais eram infrutíferas, pois passávamos tempo demais discutindo assuntos de pouca importância só para cumprir a agenda. Então sugeriram que nos reuníssemos apenas uma vez por mês. Segui a recomendação e jamais me arrependi. Na pauta desses encontros só eram admitidos tópicos de fato relevantes – e havia uma grande quantidade deles –, o que tornava o trabalho produtivo, pois não desperdiçávamos nem um minuto sequer. Para solucionar questões mais simples, usávamos recursos como e-mail, telefonemas e conversas diretas não programadas. Se um problema importante surgisse inesperadamente, convocávamos uma reunião especial para discuti-lo.

Esse episódio me ensinou que a melhor forma de avaliar a eficácia das reuniões é pedir a opinião sincera de quem participa delas. Pergunte a essas pessoas se os encontros estão ocorrendo numa frequência exagerada ou insuficiente, se são arrastados ou rápidos demais e se estão incluindo as pessoas certas. Depois que tiver identificado os problemas, solicite aos colaboradores apropriados que pensem em maneiras de tornar esses eventos mais úteis, produtivos e agradáveis, de modo que todos façam bom proveito do tempo que reservam a eles. Na minha experiência, quanto mais preparado o líder estiver, mais eficiente e eficaz será a reunião. O ideal é que você elabore a pauta dias antes e a envie aos participantes com 48 horas de antecedência para que eles possam se preparar. Depois, use-a para conduzir as discussões e controlar o tempo. E, por falar em tempo, uma reunião deve sempre começar pontualmente, ainda que nem todos estejam presentes. Da mesma forma, tem que acabar na hora marcada. Essa informação se disseminará rápido, eliminando o hábito de chegar atrasado.

Outro ponto importante é convidar apenas as pessoas que *precisam* comparecer. Existem fundamentalmente dois tipos de reunião − e saber a diferença entre eles ajuda a determinar quem deve participar. Um deles tem o objetivo básico de transmitir informações, enquanto o outro visa resolver problemas. Quando você agendar uma reunião do primeiro tipo, convide todos os membros da equipe ou do departamento para evitar que alguém fique desinformado. Caso o propósito do encontro seja solucionar uma questão em particular, inclua apenas os que são afetados por ela de modo direto. Se você já participou de uma reunião em que o grupo começou a abordar um assunto específico e ficou se perguntando que diabos estava fazendo ali (experiência vivida por quase todo profissional em algum momento da carreira), isso é sinal de que seu supervisor não entendia muito bem a diferença entre os dois tipos de reunião.

Muitas reuniões só acontecem para que o supervisor mantenha contato com os funcionários. A intenção é nobre, porém há formas mais eficientes de alcançar esse objetivo

– ele pode, por exemplo, agendar conversas particulares ou falar com as pessoas enquanto percorre o ambiente de trabalho. Os grandes líderes estão sempre se comunicando com os colaboradores, mas só os reúne quando é necessário. Portanto, discuta com sua equipe a melhor maneira de agendar e estruturar as reuniões para que elas apresentem o máximo de eficiência e eficácia. Garanto que os participantes apreciarão seu esforço.

7. Qualquer um pode assumir a responsabilidade pelas mudanças. A esta altura, talvez você esteja pensando: "Tudo isso é muito bonito, mas avaliar a estrutura da organização não faz parte do meu trabalho. Além disso, não tenho responsabilidade nem autoridade para realizar mudanças estruturais". Errado. Não é necessário estar oficialmente encarregado disso para opinar sobre a estrutura organizacional. Se você tiver ideias que possam promover melhorias, anote-as e apresente-as ao seu supervisor. Entretanto, não dê a impressão de que está reclamando. Entregue a proposta de modo profissional e concentre-se nos cargos e nas atribuições relevantes, não nas pessoas envolvidas.

Da mesma maneira, se você tiver autoridade para efetuar esse tipo de mudança, faça com que todos os funcionários saibam que as opiniões são bem-vindas. Na Disney, eu sempre disse aos Membros do Elenco: "Parte do seu salário é pelas opiniões que vocês nos dão". Todos eram estimulados e autorizados a avaliar continuamente a estrutura da empresa e apresentar sugestões por escrito. Lembre-se de que o pessoal na linha de frente vê coisas que você não percebe, entre as quais: funcionários sem responsabilidade suficiente, colaboradores que receberam atribuições demais e áreas em que a comunicação está sendo prejudicada por falhas estruturais.

Certa vez, quando eu caminhava por um dos resorts da Disney World, um Membro do Elenco que lidava diretamente com o público se aproximou de mim e pediu que reavaliássemos o cargo que chamávamos de "monitor". Essa posição fora criada em 1971 para que os Membros do Elenco da linha de frente com bons conhecimentos técnicos tivessem a oportunidade de treinar novatos. Ao longo dos anos, os monitores foram assumindo determinadas responsabilidades gerenciais mesmo sem terem recebido capacitação formal em administração. Embora muitos deles estivessem executando suas tarefas com perfeição, outros acabavam se atrapalhando. Aquele Membro do Elenco me contou que alguns monitores estavam se valendo de sua posição para cometer abusos, como demonstrar favoritismo na determinação de dias de folga e até mesmo disciplinar colegas – o que *não* fazia parte de suas atribuições.

O pedido do Membro do Elenco me pareceu sensato. Na realidade, eu já tinha pensado em eliminar esse cargo, pois havíamos iniciado nossas operações em Paris com sucesso e lá não contávamos com monitores. Acabei hesitando porque, como existiam centenas deles na Walt Disney World, extinguir seus postos de trabalho causaria muitos transtornos. Além disso, eles estavam tão fortemente estabelecidos em suas posições que a maioria dos gerentes da Disney não era capaz de imaginar o funcionamento da empresa sem a presença deles. Outro ponto é que eu estava em Orlando havia pouco tempo e não me parecia uma boa ideia criar um alvoroço desses logo de cara. No entanto, após ouvir a opinião daquele Membro do Elenco, troquei ideias com minha equipe e com meu supervisor, e formulamos um plano para fornecer capacitação em gerência a alguns monitores e conduzir outros de volta à linha de frente. Quando tive certeza de que ninguém perderia o emprego, me senti confiante para perseguir esse objetivo. Ainda que essa mudança nos tenha feito investir em profissionais para ajudar no treinamento técnico, ela nos permitiu economizar milhões de dólares em custos trabalhistas, sem contar que muitos monitores acabaram se transformando em alguns dos nossos melhores gerentes. E nada disso teria acontecido se não fosse pela iniciativa daquele Membro do Elenco. Esse é o valor de uma cultura em que o livre fluxo de ideias é uma prática comum.

8. Esteja preparado para assumir riscos. É comum dizer que há duas posturas com relação a mudanças que podem sabotar o sucesso. Uma é: "Mas sempre fizemos desse jeito". E a outra: "Mas nunca fizemos assim antes". Não caia em nenhuma dessas armadilhas. Procure sempre uma maneira melhor de agir e não tenha medo de deixar as pessoas aborrecidas. Se você tiver uma boa ideia, dê uma chance a ela. Tenha em mente que, se não der certo, você pode fazer outra alteração.

Só há dois tipos de decisão na vida: as que são reversíveis e as que não são. Caso esteja indeciso a respeito de uma mudança estrutural, pergunte-se: "Esse passo é reversível ou irreversível?". Isso me ajudou a ganhar confiança na hora de assumir riscos. Tendo a aceitá-los quando a decisão é reversível; quando não é, procuro ser mais cuidadoso, tomando todas as precauções possíveis. A história que abre este capítulo é um bom exemplo disso. Uma vez que eu poderia voltar atrás na decisão de fazer com que os chefs respondessem diretamente aos gerentes gerais, foi mais fácil colocar a ideia em prática. Usei esse mesmo raciocínio ao considerar a possibilidade de eliminar o cargo de monitor.

O teste do reversível/irreversível me possibilitou dizer mais "sim" do que "não" quando as pessoas me apresentavam sugestões. Além disso, os líderes que sempre rejeitam tudo acabam fazendo com que a equipe deixe de apresentar novas ideias. Portanto, lembre-se de que não é vergonhoso para ninguém voltar atrás em uma decisão que não estiver produzindo os resultados esperados. Tudo isso faz parte do processo saudável de transformação.

9. Prepare-se para enfrentar resistência. Sempre que sugerimos alterações estruturais significativas, algumas pessoas da organização invariavelmente as combatem. Existem aquelas que se sentem desconfortáveis com mudanças e se agarram ao esquema atual. Outras temem acabar entre as baixas depois que a agitação inicial passar. Os grandes líderes levam em conta essas oposições com seriedade e dão atenção a argumentos sensatos. Porém, quando têm certeza de que estão no rumo certo, não deixam que a objeção alheia os impeça de fazer aquilo em que acreditam. Portanto, é vital prever a resistência, aceitá-la e respeitá-la. Se você se cercou de todas as precauções e não tem dúvidas de que está tomando a decisão correta, não tenha medo de ir em frente.

Uma mudança estrutural que enfrentou resistência na Disney World foi a decisão de pouparmos recursos contratando uma firma para limpar determinadas áreas dos hotéis. Para reduzir o impacto, terceirizamos esse serviço somente no turno da noite e nos comprometemos a garantir outras tarefas para os Membros do Elenco que seriam afetados. Mesmo assim, houve oposição por parte de representantes do sindicato e de alguns gerentes. Tratamos com respeito os que discordavam, mas seguimos em frente com o plano. A chave para superar a resistência foi nossa sinceridade quanto à preservação de todos os empregos e salários dos Membros do Elenco. Alguns profissionais ficaram sem o adicional que recebiam por trabalharem no turno da noite. Contudo, os que precisavam ganhar um pouco mais podiam aproveitar muitas outras oportunidades disponíveis de fazer hora extra. Embora nem todas as pessoas tenham gostado dos novos horários, elas acabaram se adaptando, e, no fim, todas se sentiram satisfeitas. Nossas instalações ficaram mais limpas do que nunca, e reduzimos significativamente os custos.

A resistência a mudanças estruturais existe até mesmo em organizações de pequeno porte. Você se lembra de Laurie Kotas, a CEO da Wishland de quem falei no capítulo 3? Com o crescimento de sua empresa sem fins lucrativos, ela sentiu necessidade de fazer com que cada membro da equipe se concentrasse em uma área em vez de cuidar de um pouco de tudo, como acontece nos pequenos negócios. Como era de esperar, as pessoas imaginaram

Estratégia nº 2 | Quebre o molde   113

que estavam perdendo alguma coisa, e não que estariam mais livres para melhorar seu desempenho em uma tarefa. "Antes dessa mudança", contou Laurie, "eu ficava emocionalmente abalada só de pensar em perder alguém que não conseguisse se adaptar." Após aprender no Disney Institute a importância das mudanças estruturais, ela conseguiu fazer valer suas convicções e se esforçar para convencer os que se opunham. Compreendeu também que às vezes é preciso aceitar a difícil opção de deixar um bom profissional ir embora.

Uma vez que as pessoas apresentam uma resistência natural a mudanças, os grandes líderes se empenham para que sua equipe não só as espere como também as *apoie*. Na verdade, eles vão além disso: preparam os colaboradores para buscar formas positivas de *iniciá-las*. Para isso, há uma tática que aprendi por conta própria em 1994 e que desde então se tornou minha marca pessoal.

Estávamos nos preparando para anunciar mudanças organizacionais que eliminariam alguns cargos tradicionais na administração hoteleira. Como seria uma medida um tanto drástica, eu sabia que a decisão encontraria forte resistência, então decidi fazer uma palestra sobre mudanças para centenas de membros da equipe administrativa. Eu queria que eles compreendessem e abraçassem a seguinte ideia: é hora de nós, como líderes, buscarmos novas formas de estruturar a organização. Se eu conseguisse transmitir corretamente essa mensagem, estaria preparando o terreno para uma transformação positiva na empresa. Contudo, enquanto elaborava a palestra, me deu um branco. Não

114 Criando magia

conseguia pensar em nada que tivesse o poder de convencer os gerentes de que era necessário quebrar o molde.

Frustrado, voltei para casa naquela noite ansiando pela minha comida preferida: o magnífico bolo de carne da Priscilla, com purê de batata, couve-de-bruxelas e uma porção generosa de tabasco para dar uma apimentada na vida. Tradição familiar havia 25 anos, essa receita sem dúvida me animaria. Porém, quando eu me sentei à mesa, logo notei algo diferente. O molho de tabasco estava lá, mas não era vermelho. Era *verde*. Eu nunca tinha ouvido falar em tabasco verde. Queria meu velho e leal amigo, o tabasco *vermelho*. No entanto, ao contrário de mim, Priscilla achou que devíamos experimentar. Pinguei duas gotinhas daquele molho esquisito em um canto do meu bolo de carne e provei uma garfada. E quer saber? Estava fantástico. Uma frase começou a piscar na minha cabeça como um letreiro de néon: "As pessoas gostam de mudanças até que uma apareça na casa delas". Agora eu sabia exatamente o que dizer no discurso mais importante da minha carreira.

Quando chegou a hora, fui até o microfone e coloquei dois vidros de tabasco sobre a base de apoio à minha frente – um de molho vermelho e outro de molho verde. Disse: "Vocês conseguem imaginar a reação que a ideia de produzir tabasco verde despertou dentro da empresa que fabrica esses produtos? O tabasco vermelho foi o *único* por mais de 125 anos". Em seguida, contei aos presentes quanto eu havia resistido à variedade verde e que só a havia aceitado graças à determinação de Priscilla. Disse também que passáramos a usar os dois tipos. E não

Estratégia nº 2 | Quebre o molde 115

éramos os únicos – a empresa estava vendendo uma grande quantidade de ambos.

Alguns meses depois, lancei o Prêmio Tabasco Verde, que passei a conceder aos líderes que demonstrassem coragem para experimentar novas maneiras de fazer as coisas. Eu escrevia o nome deles em um vidro de tabasco verde e o dava aos premiados juntamente com alguns comentários sobre o modo como sua inovação havia melhorado os negócios. O prêmio tornou-se símbolo da mudança positiva. Pense você também em criar algo nesse sentido.

Moral da história: as pessoas nem sempre reconhecem de imediato os méritos das mudanças. Porém, se você persistir, elas logo entenderão por que quebrar o molde não só é vantajoso para a empresa como deve ser de interesse delas também. E talvez até sigam seu exemplo, passando a realizar mudanças.

10. Não tente vencer todas as batalhas. Essa é uma ressalva com relação ao item anterior. Se, por um lado, os líderes precisam ser persistentes e determinados diante da resistência, também devem ser flexíveis o bastante para fazer pequenos ajustes a cada passo. As pessoas que se opõem ao seu plano talvez tenham bons motivos para adotar essa atitude, portanto ouça o que elas têm a dizer. Não se pode lutar até as últimas consequências a respeito de cada assunto, então é fundamental saber quando desistir e poupar energias para a batalha do dia seguinte. Pergunte-se se você está brigando por um objetivo que vale a pena, se simplesmente não consegue admitir que está errado ou se deseja ganhar a todo custo. Ninguém gosta de trabalhar para líderes que se valem da própria posição para conquistar vitórias pessoais à custa da saúde da empresa a longo prazo.

Já trabalhei com muitos líderes que eram competitivos demais. Quando eu estava na Marriott, a empresa contratou alguns executivos de outra renomada cadeia de hotéis para "sacudir" um pouco as coisas. E foi o que esses profissionais fizeram. Eles estavam tão decididos a demonstrar seu poder que nem se preocuparam em conhecer as operações e as pessoas antes de começarem a implementar mudanças a rodo. Transformaram os conceitos dos restaurantes sem realizar muitas consultas e reflexões – medida que foi logo revertida porque os clientes enviaram queixas diretamente à equipe de Bill Marriott. Também forçaram a demissão de gerentes competentes e os substituíram por antigos colegas seus, cujo estilo autoritário não condizia com a cultura da empresa. Sem dúvida, aqueles executivos eram inteligentes, experientes e tinham ótima capacitação técnica, porém não tratavam as pessoas com respeito. Tomavam decisões sem ouvir ninguém e dispensavam perguntas e sugestões, pois sempre tinham razão, e ponto-final. Eram tão agressivos que os funcionários, assustados, faziam todo o possível para evitá-los. Eles chegaram à Marriott acreditando que conseguiriam implementar de imediato "o velho jeito" de administrar. No entanto, abusando da autoridade garantida por seus cargos, alcançaram vitórias pessoais à custa da motivação, do comprometimento e do espírito de equipe dos colaboradores. Após 18 meses turbulentos, eles por fim deixaram a organização. Depois

Estratégia nº 2 | Quebre o molde   117

de terem brilhado como estrelas do mercado, muitos deles passaram a ter carreiras instáveis, pulando de um cargo para outro, de uma organização para outra.

Portanto, não confunda persuasão com ganhar a qualquer custo. Se você acredita na sua visão, empregue todos os recursos para superar a resistência e mantenha-se firme. Os resultados falarão por si sós. Contudo, se aqueles que se opõem apresentarem argumentos convincentes e provas concretas, não seja teimoso a ponto de não ceder. As pessoas respeitam os líderes que escolhem bem as batalhas e que, de vez em quando, admitem estar errados.

11. Lembre-se de que seu trabalho nunca termina completamente. Após implementar uma estrutura excelente, não se limite a se vangloriar. Não importa quanto você considere seu projeto bom ou se orgulhe dele, esteja preparado para voltar a alterá-lo se necessário.

Lembre-se: as mudanças que você iniciar podem parecer novidade hoje, mas amanhã serão tradicionais. A estrutura inovadora implementada em determinado ano passará a ser descrita como "É assim que as coisas são" no ano seguinte. Aliás, para os novatos na organização, serão "do jeito que sempre foram". Se você não reavaliar continuamente a estrutura, correrá o risco de se tornar aquele profissional que as pessoas consideram ultrapassado e refratário a mudanças. E, nesse instante, alguém com uma perspectiva mais nova estará pronto para substituí-lo – sobretudo nos dias de hoje, quando a tecnologia nos obriga a ajustar a todo momento a forma como o trabalho é executado e gerenciado. Imagine uma agência de viagens que tenha teimado em continuar fazendo reservas por telefone após o surgimento de sistemas informatizados ou um executivo que tenha se recusado a aprender a usar o computador por achar que essa atividade era "trabalho de secretária".

Nem sempre é fácil perceber quando uma mudança estrutural é necessária, sobretudo nas épocas em que os negócios vão bem. Entretanto, se você não questionar o esquema em vigor, será obrigado a mudar sob pressão quando ficar evidente que essa estrutura já não está dando certo. Por esse motivo, procure sinais como: pessoas se queixando de procedimentos burocráticos, piadas recorrentes sobre os burocratas da organização, colaboradores dizendo que se sentem como máquinas ou robôs, profissionais ambiciosos achando que seu potencial não está sendo aproveitado ou reclamando de que o trabalho não os está motivando, líderes se sentindo frustrados porque não têm autoridade para cumprir suas responsabilidades, pessoas criativas se demitindo. Caso perceba indicações como essas, considere a possibilidade de renovar a estrutura da empresa. Mas não espere até que os problemas apareçam. Às vezes as melhores ideias surgem quando tudo está correndo bem e você precisa dar mais um passo adiante.

Veja que ironia maravilhosa: quanto melhor estiver a estrutura organizacional, mais fácil será transformá-la. Por quê? Porque uma estrutura excelente tem uma capacidade natural de se adaptar. Se você desenvolveu uma cultura de mudanças em que todos, dos níveis mais altos aos mais baixos, se sentem autorizados a buscar formas criativas de aprimorar a organização, será mais simples lidar com acontecimentos inesperados. Aprendi essa lição na Walt Disney World. Como a empresa se localiza na Flórida, é necessário que esteja sempre preparada para a ocorrência de furacões, então contávamos com uma estrutura para reagir a emergências. No dia 11 de setembro de 2001, quando recebemos as notícias sobre aqueles terríveis fatos, todas as pessoas-chave sabiam exatamente para onde ir e o que fazer. Assim, conseguimos tomar decisões fundamentais em questão de meia hora: mobilizar ônibus e remover os 50 mil indivíduos que estavam nos parques temáticos, fornecer hospedagem a quem não tivesse para onde ir, dar dinheiro e vales a todos os Convidados que não dispusessem de recursos para comer, suspender os custos de chamadas telefônicas para qualquer lugar do mundo e deslocar pessoas fantasiadas para entreter as crianças assustadas.

Depois que o caos passou e os parques foram reabertos, enfrentamos novos desafios em razão da queda drástica na receita e do futuro incerto do turismo. Sabíamos que mudanças estruturais tinham que ser feitas logo. A primeira decisão foi tomada por Al Weiss: não demitiríamos ninguém. Deveríamos descobrir outras maneiras de cortar custos. Então fechamos algumas atrações e um resort com mil quartos e maximizamos a força de trabalho, fazendo com que Membros do Elenco se revezassem em vários locais. Congelamos temporariamente os salários e as contratações, reduzimos horas de trabalho e recomendamos aos Membros do Elenco que aproveitassem o

120   Criando magia

período para tirar férias. Combinadas com outras ideias para reduzir custos (você as verá nos capítulos seguintes), essas mudanças estruturais nos permitiram manter todos os postos de trabalho e a continuidade das operações até que a receita retornasse ao nível anterior. No Natal daquele ano, todo o Elenco pôde voltar a trabalhar em horário integral. De fato, a curto prazo foi difícil para todos. No entanto, no fim do processo, nossa estrutura organizacional estava ainda mais forte, capaz de suportar as circunstâncias mais adversas.

E não paramos por aí. Continuamos buscando formas mais eficientes de nos organizar. Por exemplo, pouco tempo depois fizemos com que vários gerentes gerais assumissem a responsabilidade por dois hotéis em vez de um. Duplicando o tamanho da equipe de cada gerente, foi possível organizar o deslocamento de funcionários de manutenção e de cozinha por locais diferentes, o que gerou um aumento imediato da produtividade e uma enorme melhoria nos serviços prestados aos Convidados.

Os líderes que ajudei a treinar continuam mantendo uma cultura de transformação criativa. Enquanto eu escrevia este livro, a divisão Parques e Resorts da Disney passava por importantes mudanças na estrutura organizacional. Nos últimos anos, a abordagem adotada vinha se tornando mais centralizada, com os executivos assumindo responsabilidades mundiais em áreas como alimentos e bebidas, produtos, atrações e manutenção, visando selecionar as melhores práticas entre as operações de toda a empresa e implementá-las rapidamente nas outras unidades.

COLOCANDO EM PRÁTICA

Utilize as duas listas a seguir para avaliar se a estrutura da sua organização está funcionando ou se já é hora de mudá-la.

A estrutura atual é bem-sucedida se:

- As atividades fluem com facilidade na sua ausência.
- Os limites de hierarquia, responsabilidade e autoridade estão claros.
- As decisões são tomadas de modo fácil e eficiente.
- As informações chegam a todos os níveis sem problemas.
- As respostas são recebidas rapidamente pelas pessoas certas.

A estrutura atual não está funcionando da forma adequada se:

- As pessoas se queixam de tempo perdido, papéis pouco claros e falhas de comunicação.
- Cada uma das decisões envolve um número excessivo de pessoas.
- Há funcionários ineficientes "escondidos" dentro do sistema.
- Há excesso ou insuficiência de colaboradores sob a supervisão dos gerentes.
- As reuniões são extremamente longas, muito frequentes ou improdutivas.

122   Criando magia

5

Estratégia nº 3
Faça da sua equipe sua marca registrada

Uma parte importante da experiência geral que se tem na Disney é a ótima comida. Durante o período em que trabalhei no *Walt Disney World*® Resort, a culinária passou de medíocre a excelente, cativando tanto críticos quanto Convidados. Certo dia, brinquei com meu supervisor, Al Weiss, dizendo que eu merecia todo o crédito, pois fora eu quem contratara Dieter Hannig e o promovera a diretor de alimentos e bebidas (e, depois, a vice-presidente sênior). Chef altamente qualificado e profundo conhecedor da área de alimentação, Dieter se destaca também por sua elevada capacitação técnica, seu profissionalismo exemplar, sua fantástica habilidade de se relacionar com as pessoas e seu dom de criar pratos deliciosos com ingredientes frescos e saudáveis. Ele é a única e grande explicação para a excelente reputação dos restaurantes da Disney World – dos serviços rápidos aos jantares elegantes.

No início da minha carreira, eu acreditava que a coisa mais importante que uma organização poderia ter era uma marca forte. Muita gente pensa na marca em termos

123

de produto ou logotipo. Porém, em pouco tempo descobri que, na realidade, ela consiste nas *pessoas*. Independentemente de quanto seus produtos e serviços sejam bons, uma empresa só alcança a autêntica excelência atraindo, desenvolvendo e mantendo profissionais excelentes. Depois que aprendi a fazer isso, minha vida como executivo ficou bem mais fácil, porque passei a ter colaboradores diretos que, além de muito competentes, eram pessoas agradáveis. Todos os integrantes da equipe tinham total respeito pelos colegas, como profissionais e como indivíduos, e nunca precisei me preocupar com a nossa capacidade de implementar uma decisão, por mais desafiadora que a situação parecesse.

Assim como levar a sério a medicina preventiva, contratar e promover as melhores pessoas poupará você de muitos problemas dolorosos e caros. As sugestões a seguir exigem tempo e esforço, mas lhe darão uma vantagem competitiva que dificilmente poderá ser imitada.

1. Defina o candidato perfeito. Ao recrutar ou contratar alguém, é imprescindível que você saiba exatamente o que está procurando. Quais são as qualidades que pretende encontrar? Que tipo de aptidões deseja que o candidato tenha? O que espera que ele seja capaz de realizar? Essas perguntas devem ser examinadas com muita calma e atenção por todos os que estiverem envolvidos na decisão. Você nem sempre encontrará a pessoa perfeita, mas com certeza conseguirá alguém melhor se sua meta for chegar ao ideal.

Independentemente do cargo que você tenha a intenção de preencher, sugiro que a avaliação dos candidatos seja feita com base em quatro áreas de competência:

- *Competência técnica.* Diz respeito às habilidades e aos conhecimentos necessários para a função. Os contadores precisam conhecer a legislação referente a impostos e ter qualificação para cuidar dos livros contábeis. O pessoal do serviço de entrega tem que saber dirigir caminhões. Um chef deve ter ótimas receitas e saber combinar os ingredientes adequados para preparar pratos saborosos.

- *Competência administrativa.* Todo colaborador deve ser disciplinado, organizado e ter autocontrole. Um gestor de investimentos com dezenas de clientes precisa monitorar atentamente as operações financeiras e as carteiras de investimentos. Um profissional de compras de uma loja de sapatos deve ser capaz de controlar o estoque, os pedidos e as devoluções. O administrador de um bufê que providencia cem ou mil refeições por noite tem que organizar os suprimentos, controlar as despesas e lidar com vários cardápios. Não importa para qual posição eu estivesse contratando, sempre procurei pessoas que utilizassem um sistema para planejar a rotina. Costumo dizer que minha melhor amiga é minha agenda. Estamos juntos há mais de 25 anos – eu a considero o backup do meu cérebro. Quando a procuro por alguns minutos e não a encontro, sinto um aperto no estômago, assim como os pais quando acham que perderam um filho. E também tenho um BlackBerry. Ele é meu segundo melhor amigo. Assim, sempre que estiver avaliando um candidato, observe se ele usa um sistema organizacional eficaz.

- *Competência tecnológica.* Todos precisam conhecer e empregar as tecnologias disponíveis que sejam relevantes para sua função. Um enfermeiro, por exemplo, deve saber que instrumentos e aparelhos utilizar para aplicar injeções ou medir os batimentos cardíacos. Um mecânico de automóveis tem que saber que equipamentos e ferramentas usar para consertar um motor. O atendente de uma lanchonete drive-thru precisa saber operar o sistema que envia os pedidos diretamente para um monitor na cozinha. E os responsáveis por tomar decisões no hospital, no posto de serviços automotivos e na empresa de fast-food devem estar a par das tecnologias de ponta para que sejam capazes de se posicionar sempre à frente no mercado. Além disso, têm que manter uma busca constante pelo próximo avanço tecnológico capaz de melhorar os resultados.

- *Competência como líder.* Visto que todo este livro é sobre liderança, não posso deixar de dizer o mais importante: é preciso procurar pela capacidade de liderar em todos os candidatos a qualquer tipo de vaga. Um chef de cozinha pode ser um grande artista culinário; porém, se ele não contratar as pessoas certas, treiná-las bem e inspirá-las a preparar cada prato com perfeição, logo estará trabalhando para outro chef.

2. Não busque um clone de quem deixou a empresa. Quando for contratar alguém, não procure uma réplica da pessoa que ocupava aquela vaga. Muitas vezes, épocas diferentes pedem experiências e talentos distintos, ainda que se trate do mesmo cargo. Por exemplo, quando a empresa conta com muitos colaboradores novos, talvez seja necessário um gerente que se destaque em treinamento de pessoal. Porém, num momento em que a margem de lucro esteja encolhendo, pode ser melhor destinar essa posição a um profissional com forte capacitação na área financeira. Avalie o panorama dos negócios, bem como a equipe que você supervisiona, para definir que talentos são mais necessários *no momento*. Depois, concentre-se em encontrar alguém que os possua. Cada nova vaga é uma oportunidade de redefinir aquela função.

Na Walt Disney World, certa vez precisamos de alguém para substituir o coordenador do nosso call center, o Disney Reservation Center, que era responsável por mais de 2 mil atendentes. George Kalogridis, então vice-presidente de operações no Epcot, foi quem escolhemos para o cargo, embora ele jamais tivesse trabalhado nesse setor. Na época da contratação do seu antecessor, procuramos um profis-

Estratégia nº 3 | Faça da sua equipe sua marca registrada   127

sional que tivesse experiência na área e profundos conhecimentos técnicos. Agora, essas qualidades eram menos importantes – necessitávamos de um grande líder. Nossos call centers sofriam com a alta rotatividade do Elenco e as dificuldades relativas aos procedimentos de treinamento. Por esse motivo, o talento comprovado de George para atrair pessoas capacitadas e motivá-las a realizar um trabalho excelente era a solução ideal. Em pouco tempo, o setor deu a volta por cima: a rotatividade caiu vertiginosamente e a produtividade dos Membros do Elenco subiu muito, assim como a satisfação dos Convidados.

3. Procure bons profissionais em áreas improváveis. Às vezes os melhores candidatos estão em setores que nem imaginamos. Destacar George para coordenar o call center implicava encontrar alguém para substituí-lo como vice-presidente de operações no Epcot. Novamente, escolhi um nome no qual ninguém pensaria. Brad Rex, nosso vice-presidente de administração de pessoal, tinha experiência zero com as operações da Disney. Formado pela Academia Naval dos Estados Unidos e pela Faculdade de Administração de Harvard, ele servira como oficial em um submarino nuclear e trabalhara para a British Petroleum antes de entrar para nosso setor de planejamento financeiro. Quando o sondei sobre a possibilidade de coordenar as operações do Epcot, toda a organização se surpreendeu. Mas eu gostava de sua formação em administração, de seu talento para resolver problemas, de sua capacidade analítica e de sua aptidão para inspirar e liderar equipes.

Fizemos com que se familiarizasse com os aspectos técnicos das operações dos parques por meio de um abrangente programa de capacitação e depois o deixamos agir livremente. Nos cinco anos seguintes, Brad conduziu o Epcot a um novo patamar em termos de satisfação do Elenco e dos Convidados e dos resultados dos negócios. Além disso, no período difícil após os atentados de 11 de setembro de 2001, seus conhecimentos de finanças e administração de pessoal nos ajudaram a controlar custos e manter o Elenco concentrado em prestar um serviço de alta qualidade aos Convidados.

Portanto, não procure somente em áreas óbvias nem rejeite candidatos só porque eles não se encaixam inteiramente no perfil típico exigido pelo cargo. Se eles tiverem competência para alcançar um bom desempenho e os requisitos de liderança para inspirar a equipe, não veja seu histórico pouco convencional como uma desvantagem. Aliás, nunca se sabe que dons essas pessoas podem trazer na bagagem, como mostra umas das minhas histórias favoritas da Disney World.

Há um departamento específico no setor de Serviços Têxteis em que os Membros do Elenco devem passar um número determinado de peças por hora usando uma máquina industrial. Eles colocam as fronhas e os lençóis em uma larga esteira transportadora e os mantêm retos enquanto os tecidos deslizam sob e sobre três grandes rolos metálicos e saem pela parte de trás do equipamento. Em seguida, cada item é dobrado por um dispositivo a ar comprimido. Uma fita comprida perpassa toda a máquina,

Estratégia nº 3 | Faça da sua equipe sua marca registrada   129

fazendo com que os tecidos permaneçam alinhados através dos rolos. Embora essa fita seja contínua, ela é formada por vários pedaços presos uns aos outros por nós. Às vezes esses nós se rompiam, as máquinas emperravam e os Membros do Elenco, frustrados, precisavam interromper o processo para consertar a fita. Além disso, eram responsabilizados pelo atraso na entrega das peças.

Em determinado momento, um engenheiro de manutenção (que é o de nível mais baixo no grupo) chamado J. R. Garcia procurou a equipe de coordenadores e se ofereceu para descobrir um tipo de nó mais firme. Depois de realizar vários testes, logo encontrou o nó ideal, que vem sendo usado até hoje. Ken Miratsky, gerente da lavanderia da área de manutenção, diz que com essa mudança a empresa economizou cerca de 40 mil dólares por ano com fita, o que corresponde a mais de meio milhão de dólares desde sua adoção há 13 anos. Mas como J. R. entendia de nós? Isso não tinha feito parte do treinamento que recebera na Disney World, mas estivera entre as lições que aprendera na Marinha. Ele se tornou encarregado de pessoal, depois gerente e, em seguida, engenheiro responsável pelas três lavanderias. Hoje é diretor da área de Serviços Têxteis.

4. Envolva a equipe no processo de seleção. Quantas vezes você já se espantou ao receber a notícia de uma contratação? Já ficou se perguntando por que ninguém o consultou antes que algum colega fosse promovido? É incrível a quantidade de vezes que os diretores e gerentes tomam decisões importantes sem envolver o restante dos colaboradores.

Os grandes líderes não se limitam a usar os serviços de empresas de recursos humanos e recrutamento – eles dão a membros selecionados da equipe a oportunidade de avaliar ou entrevistar os candidatos. Você acha que é perda de tempo? Pense bem, afinal outras pessoas podem fazer perguntas que talvez não passem pela sua cabeça. A conversa entre eles seguirá rumos diferentes e levantará informações diversas. Quando todos tiverem terminado, você contará com um retrato mais fiel do candidato. Além disso, como todos na equipe terão que trabalhar com o novo profissional, sua chance de escolher alguém que combine com seu pessoal será maior. Dessa forma, a transição também será mais suave, pois o novato já conhecerá o grupo.

Na Disney, implementamos um sistema para que alguns Membros do Elenco que fazem parte da linha de frente entrevistassem candidatos a cargos de gerência. Essa medida estava em sintonia com a nossa visão de que os líderes devem servir seus subordinados, não o contrário, e rapidamente se mostrou útil. O Elenco fazia perguntas diretas e relevantes, abordando tanto questões óbvias, como horários e capacitação, quanto aspectos importantes, como o grau de interação que os candidatos pretendiam ter com os Membros do Elenco, até que ponto estariam disponíveis para a equipe e quem envolveriam ao tomar decisões. Alguns gerentes disseram que essas foram as entrevistas mais difíceis e profundas que já haviam enfrentado. É claro que os Membros do Elenco não tinham a última palavra. Seus relatórios eram anexados ao perfil de liderança do candidato e às entrevistas realizadas pela gerência, e toda a ficha era enviada ao

Estratégia nº 3 | Faça da sua equipe sua marca registrada   131

líder responsável pela decisão final. Contudo, a opinião do Elenco era considerada uma peça fundamental do quebra--cabeça e, muitas vezes, foi o fator decisivo.

A estratégia de envolver diversos funcionários no processo de contratação foi adotada com sucesso por muitas organizações em um grande número de setores. Um exemplo é a Guardian Industries, de Michigan, um dos maiores fabricantes de produtos de vidro do mundo, com mais de 100 fábricas em vários países e cerca de 20 mil funcionários. Depois que os gerentes da empresa frequentaram um curso de capacitação do Disney Institute, decidiram incluir funcionários horistas no processo de entrevistas (além, é claro, dos gerentes e diretores de departamento). Começaram a treinar pessoas selecionadas para conduzir essas conversas, e elas eram estimuladas a orientar os recém-contratados e a servir de modelo para eles. Agora, a empresa tem "um sistema mais estruturado de seleção e treinamento", dizem os gerentes. Não há motivo para que sua organização, qualquer que seja seu objetivo ou tamanho, não faça o mesmo.

5. Selecione pelo talento, não pelo currículo. Ao ler um currículo, sempre leve em conta quem o redigiu. Calcula-se que 40% dos currículos contenham exageros em tópicos como formação acadêmica, cargos, funções e realizações. Pense neles como propaganda, não como relatórios objetivos.

Quando trabalhava na Marriott, certa vez entrevistei um candidato a uma vaga de chef. Seu currículo dizia que

132 Criando magia

ele havia prestado serviços de cozinheiro para o governo estadual da Pensilvânia. E não era totalmente mentira: ele trabalhara na cozinha de uma prisão estatal onde cumpria pena. Decidi não contratá-lo – não por se tratar de um ex--presidiário (já tinha admitido outras pessoas com passagem pelo sistema penal, e elas nunca me decepcionaram), mas sim porque ele não dissera toda a verdade. Eu sabia que não conseguiria confiar nele.

Em outra ocasião, na Walt Disney World, não aceitei um candidato à vaga de diretor comercial, pois seu currículo dizia que ele tinha curso superior, quando isso não era verdade. Eu o teria contratado *sem* o diploma, tendo em vista sua excelente experiência e seu conjunto de talentos. Porém, além de não ter sido honesto quanto à sua formação, ele tentou encobrir a mentira. Quando o informamos de que não havíamos conseguido comprovar a existência do seu diploma, ele não abriu o jogo; em vez disso, afirmou que nosso serviço de verificação devia ter se enganado.

Portanto, seja cético ao ler currículos e não tolere informações falsas nem exageros. A mentira costuma ser um sinal muito mais grave do que a deficiência que o candidato está tentando encobrir.

6. Encontre alguém que saiba se integrar à equipe. Certa vez, na Disney World, contratamos um excelente chef para um de nossos melhores restaurantes, embora ele levasse a fama de não tratar bem as pessoas. Dizia-se que era um egocêntrico autocrático com quem era difícil trabalhar. Mas ficamos tão ofuscados por seus dotes técnicos e artísticos que nos convencemos de que seríamos capazes de transformá-lo. Contudo, logo aprendemos que nem mesmo toda a magia da Disney consegue mudar as pintas dos leopardos. Por mais que, antes de contratá-lo, tivéssemos explicado o estilo de liderança que esperávamos dos gerentes, ele era grosseiro com os Membros do Elenco e os tratava de forma desrespeitosa. Foi demitido em menos de 90 dias.

Após essa experiência, jurei que levaria em conta a "química da equipe" em todas as decisões de contratação. Na tentativa de combinar a personalidade do candidato com a cultura organizacional, deixei de admitir muitas pessoas qualificadas que não apresentavam os requisitos de relacionamento ou a sensibilidade política para determinado ambiente. Meus colegas e eu sabíamos que gerentes e diretores com jeitão de justiceiros solitários não se encaixavam na cultura de equipe da empresa. Profissionais que precisassem estar no comando o tempo todo ou que não fossem capazes de compartilhar o poder não eram aceitos, ainda que tivessem muitos talentos e grande experiência.

Empregamos vários métodos para determinar se os líderes em potencial se integrariam bem. Em primeiro lugar, procurávamos promover os funcionários da empresa, pois já conhecíamos seu estilo de trabalho e suas características de personalidade. Quando recrutávamos alguém do mercado, fazíamos múltiplas verificações de referências, com o objetivo de compreender a pessoa da melhor maneira possível. As entrevistas feitas pelos Membros do Elenco nos ajudavam a avaliar se alguém se encaixaria bem em uma equipe já estabelecida. Para cargos gerenciais de alto nível, encomendávamos à Gallup perfis de liderança detalhados dos candidatos (veja o item 11) e dedicávamos muito tempo a esses profissionais até termos certeza de que haviam entendido quais eram nossas expectativas. Com os que concorriam a posições de diretoria ou executivas, eu passava pelo menos quatro horas discutindo pessoalmente, linha por linha, as Estratégias dos Grandes Líderes da Disney e observando sua reação a cada tópico.

Moral da história: a cultura da sua organização é o produto das pessoas que a compõem, e cada adição e cada subtração modifica a química. Faça tudo ao seu alcance para mantê-la em harmonia.

7. Contrate pessoas mais hábeis e mais talentosas do que você. Não importa quanto você seja hábil e talentoso, sempre haverá alguém melhor do que você em pelo menos um aspecto importante do seu trabalho. Os líderes inseguros fogem de profissionais assim, enquanto os grandes líderes os procuram.

Vamos encarar os fatos: estar na presença de um talento excepcional tanto pode ser profundamente inspirador quanto gerar ressentimento e inveja. Os grandes líderes não permitem que suas inseguranças prejudiquem o sucesso. Em vez de terem medo de ser ofuscados por um colaborador brilhante, orgulham-se de ser reconhecidos por sua capacidade de identificar e contratar profissionais gabaritados. Sei que devo grande parte do meu sucesso ao fato de que quase todas as pessoas que trabalharam

Estratégia nº 3 | Faça da sua equipe sua marca registrada   135

para mim eram, em alguns aspectos, muito melhores do que eu. Os membros da minha equipe na Disney World – Erin Wallace, Chris Bostick, Alice Norsworthy, Bud Dare, Jeff Vahle, Dieter Hannig, Liz Boice, Joan Ryan, Greg Emmer, Rich Taylor, Karl Holz e Don Robinson, para mencionar apenas alguns – eram verdadeiros especialistas em suas áreas de responsabilidade. Sinto orgulho pelo fato de muitos deles terem alcançado altos cargos que eu mesmo não ocupei. Portanto, se você ficar em dúvida quanto à adequação de um candidato, observe se essa hesitação não se deve ao medo de que essa pessoa se destaque mais do que você. Contrate os melhores. O brilho deles não diminuirá sua reputação; pelo contrário, fará você sobressair ainda mais.

8. Descreva o cargo em detalhes. Os candidatos precisam saber exatamente quais serão suas atribuições, caso venham a fazer parte da sua organização. É seu dever, em relação a eles e à empresa, fornecer todos os detalhes sobre a responsabilidade, a autoridade e as obrigações que terão se forem contratados e transmitir-lhes uma boa ideia da cultura da empresa.

No setor de recrutamento da Disney, denominado Casting [Central de Elenco], é exibido um vídeo para todos os candidatos antes da entrevista. O filme destaca a tradição e o patrimônio da empresa; apresenta o plano de compensações, o pacote de benefícios e outros atrativos; e explica as diretrizes sobre cronogramas e outras questões práticas. Além disso, resume o que a organização espera em termos

136   Criando magia

de profissionalismo, abordando até os rígidos padrões de higiene e apresentação que os Membros do Elenco devem adotar. Alguns candidatos se levantam e saem sem se apresentar para a entrevista. Além de servir como uma ótima orientação para futuros colaboradores, o filme livra a companhia do alto custo de contratar, capacitar e substituir pessoas que acabariam não se ajustando ao emprego.

Essa ideia foi adotada por várias empresas que a conheceram por meio do Disney Institute. Uma delas é a Mercedes Homes, construtora com sede na Flórida que enviou quase 300 funcionários para participar de cursos personalizados no instituto. Em um desses seminários, Stuart McDonald, vice-presidente corporativo de operações, perguntou: "Como a Disney tem certeza de que está admitindo a pessoa ideal?". Quando tomou conhecimento do vídeo transmitido antes da entrevista, Stuart contratou uma produtora para elaborar um para a Mercedes Homes. "Descobrimos que cerca de 15% dos candidatos assistem ao filme e devolvem o formulário sem preenchê-lo", ele conta. "Aqueles que não corresponderão às expectativas se desqualificam por conta própria, então não precisamos arcar com os erros que cometeriam ou a má impressão que causariam." E quer saber de uma coisa? O índice de rotatividade dos funcionários caiu consideravelmente e o índice de recomendações subiu – assim como a motivação, o orgulho e o companheirismo.

O curioso é que algumas empresas descobrem benefícios antes mesmo de produzirem o vídeo. Quando Marylynne Kelts, diretora de excelência em serviços do Centro Médico

Saint Agnes, em Fresno, na Califórnia, decidiu criar um filme para pré-candidatos, percebeu que a empresa precisaria refletir profundamente sobre seus padrões para que pudesse especificar no vídeo o que esperava das pessoas. Esse processo deu origem a um guia distribuído a todos os funcionários e a um programa sistemático em que um padrão específico ganha destaque em toda a empresa durante um mês. Enquanto eu escrevia este livro, o centro médico ainda não havia produzido o vídeo, mas a definição do padrão que seria apresentado já estava gerando ótimos resultados em termos de desempenho e produtividade.

Quais são *seus* padrões? O que exatamente você espera dos seus funcionários? Faça com que todos os candidatos conheçam o panorama completo antes que um dos dois lados tome uma decisão da qual poderá se arrepender.

9. Confira os candidatos pessoalmente. Em 1979, eu estava completando dois anos como diretor de alimentos e bebidas do Marriott de Chicago. Na ocasião, fui chamado à sede da empresa em Washington, D. C., para uma reunião com o vice-presidente regional, Al Lefaivre. Como a possibilidade da minha promoção estava sendo considerada, cheguei preparado para deixá-lo a par do que eu havia realizado em Chicago. Porém, antes que eu abrisse a boca, ele disse que já sabia de tudo, e não só pela minha reputação. Al se hospedara por três dias no hotel para examinar os restaurantes, o serviço de bufê, os bares e o serviço de quarto sob minha supervisão. "O trabalho realizado reflete você", ele me disse. Ganhei a promoção – e assimilei a mensagem.

Desde então, sempre que possível, eu analiso pessoalmente os candidatos a cargos importantes, prática que recomendei a outros líderes também. Qualquer pessoa pode parecer um profissional maravilhoso no papel e ter referências que a elogiem até a raiz dos cabelos, mas o talento se revela nos resultados que ela alcança. Portanto, pelo bem da sua empresa e em seu próprio benefício, vale a pena conferir de perto. Se possível, visite o atual ambiente de trabalho do candidato e observe suas atividades com toda a atenção. Os funcionários são competentes e estão bem treinados? Têm aparência e postura profissional? São eficientes e organizados? As instalações estão limpas? Ouça conversas e tente dialogar com quem trabalha na equipe dele. O que você vir e ouvir reflete o que a pessoa levará para a sua organização.

Algumas das decisões mais importantes referentes a contratações que já tomei resultaram desses estudos de campo. Por exemplo, quando a Disney World estava planejando abrir o BoardWalk Inn Resort (um hotel que imitava a antiga Boardwalk, a avenida da orla de Atlantic City), concluímos que seria financeiramente interessante terceirizar alguns serviços de alimentos e bebidas, desde que os fornecedores atendessem nossos padrões de qualidade. Um restaurante organizou uma apresentação audiovisual muito persuasiva em que nos mostrava sua excelência no tipo de operação que estávamos planejando. Mas não confiamos somente na palavra deles. Certa noite, meu colega Bud Dare e eu fomos a Jacksonville – cinco horas de carro para ir e voltar – ver como era o lugar que a empresa

Estratégia nº 3 | Faça da sua equipe sua marca registrada   139

administrava. Antes mesmo de estacionarmos o carro, surgiu o primeiro sinal de alerta: um funcionário nos pediu uma gorjeta para que nos deixasse parar mais perto da entrada do restaurante. Depois notamos que a porta de vidro estava suja e que havia pontas de cigarro no chão. Tivemos que esperar por muito tempo até sermos atendidos. Por fim, quando comemos, constatamos que o serviço e os pratos eram medíocres. O estado lamentável do banheiro foi a gota d'água. Ficou claro que a administração dessa empresa não adotava os mesmos padrões que a Disney. Desnecessário dizer que a empresa não foi contratada.

Esse foi um exemplo de desastre impedido pela pesquisa de campo. Na maioria das ocasiões, as visitas proporcionaram o resultado inverso: contratamos profissionais importantes após verificarmos como gerenciavam *bem* suas atividades atuais. Independentemente do resultado, cada passagem aérea, cada conta de hotel e cada hora do meu dia foram um investimento valioso.

É claro que, quando os candidatos estão desempregados, não é possível observar seu trabalho pessoalmente. No entanto, mesmo assim, é preciso investigar a fundo para descobrir os verdadeiros motivos que os fizeram deixar o emprego anterior. Em geral, os ótimos líderes ou ficam em uma organização ou saem por conta própria. Se seu candidato tiver sido demitido, descubra por quê. Não aceite eufemismos como "Ele saiu em busca de novas oportunidades". Isso é como dizer que alguém que ocupa um cargo oficial se afastou para "passar mais tempo com a família". A mensagem é: "Não queremos que você saiba o verdadeiro motivo pelo qual ele foi convidado a sair".

O fato de um profissional estar desempregado não o desqualifica para a vaga. Já contratei muitas pessoas que haviam sido demitidas do emprego anterior e se saíram muito bem. Porém, recomendo que você investigue a verdadeira razão por trás da demissão do candidato antes de tomar uma decisão.

10. Faça perguntas reveladoras. Nas entrevistas, evite perguntas previsíveis, que possam ser respondidas com "sim" ou "não". Procure incluir surpresas que exijam explicações mais elaboradas. Entre as que eu prefiro, estão:

- Como você controla os custos com pessoal na sua empresa?
- Qual foi a melhor ideia que você já teve para melhorar seus negócios?
- Como você planeja seu dia?

Formular situações hipotéticas é uma ótima maneira de ver se a pessoa pensa rápido. Já perguntei, por exemplo: "O que você faria se descobrisse que seu supervisor está fazendo algo ilegal ou antiético?" e "Qual seria sua atitude se seu supervisor lhe pedisse que não contratasse um candidato por causa de sua cor?". Aprendemos muito com as respostas a perguntas como essas, sobretudo se continuamos sondando após a resposta inicial, que talvez reflita o que o candidato pensa que desejamos ouvir. Não deixe ninguém se safar tão fácil.

Nunca vou me esquecer da resposta que recebi de um candidato que entrevistei para um cargo executivo. Como já mencionei, dou muito valor à organização pessoal e planejo meus dias em detalhes, priorizando as tarefas para garantir a realização de cada uma delas na ordem certa. Então, pedi ao candidato que me explicasse como ele esquematizava seu dia. Para minha surpresa, ele disse: "Espero que algo aconteça e então tento consertar". De cara constatei que não nos daríamos bem. Contratei uma pessoa que acredita no planejamento como meio de prevenir incêndios e de evitar que dediquemos todo o nosso tempo a apagá-los.

11. Utilize entrevistas estruturadas sempre que possível. Como mencionei no item 6, as entrevistas estruturadas são uma ótima maneira de descobrir o que de fato precisamos saber sobre as pessoas: como elas pensam e lideram. Realizadas por telefone por psicólogos preparados, essas entrevistas sondam áreas que as conversas comuns não alcançam. Assim, proporcionam perfis detalhados – podendo chegar a 10 páginas – que avaliam os pontos fortes e as "áreas potenciais" do candidato em categorias como trabalho em equipe, coragem e pensamento crítico. Refletindo o modo como as pessoas pensam e agem e identificando os talentos sutis que elas tenham ou não, essas informações fornecem uma ideia muito mais clara do que realmente receberemos se contratarmos determinado candidato.

Na Disney, descobrimos essa ferramenta poderosa em 1994. Após termos cometido alguns erros de contratação pelos quais pagamos caro, precisávamos encontrar um método melhor para avaliar líderes em potencial. Depois de pesquisarmos profundamente esse campo, assinamos um contrato com Jan Miller, da Gallup Organization, garantindo a realização de entrevistas estruturadas com todos os candidatos a cargos administrativos. Gostamos tanto dos resultados que depois encomendamos perfis dos nossos próprios executivos. Digo com sinceridade: ler meu perfil me ensinou muito sobre mim mesmo e contribuiu para que eu me tornasse um líder melhor. Seja qual for a empresa que você contrate, verá que os perfis elaborados por especialistas são um investimento valioso.

12. Descubra o que de fato importa para os candidatos. Na Disney, precisávamos saber se os candidatos a Membros do Elenco poderiam trabalhar em fins de semana e feriados, os dias mais movimentados em nosso negócio. Por outro lado, eu desconfiava de pessoas *muito* dispostas a sacrificar o tempo com a família e a vida pessoal pela empresa. Constatei que, a longo prazo, os indivíduos equilibrados, que têm vida fora do trabalho, geralmente eram os melhores profissionais.

Dedique um tempo a descobrir aquilo que mais importa para o candidato. Pergunte sobre parentes e amigos, assim como hobbies, paixões e o que interessa a ele como lazer. Em geral, as pessoas relutam em falar sobre a vida pessoal, pois acham que é irrelevante ou inapropriado ou porque querem transmitir a ideia de total comprometimento profissional. Um meio de fazê-las se abrir é falar sobre você. É surpreendente como ficam felizes ao constatar que você também tem vida pessoal e que se importa com a delas. Isso me rendeu bons resultados. Quando me reuni com Al Weiss para falar sobre o cargo que me levou a Orlando, vi que ele acreditava tanto quanto eu no equilíbrio entre trabalho e vida pessoal. Saber que eu teria a autorização do meu supervisor para me exercitar todas as tardes e também para comparecer a todos os compromissos familiares contribuiu para que eu e Priscilla concordássemos em abrir mão de Paris.

Durante minha carreira na Walt Disney World, me inspirei no comportamento de Al. Por exemplo, quando uma jovem mãe chamada Jeanette Manent foi admitida como minha secretária, disse-lhe que ela poderia comparecer a todos os eventos escolares do seu filho. E que, se houvesse um compromisso até mesmo na sua primeira semana de trabalho, ela não deveria ter receio de pedir uma folga. Alguns meses depois, Jeanette solicitou dois meses de licença para acompanhar o pai, que estava com câncer terminal. Garanti que a vaga estaria à sua espera quando ela voltasse, e estava. Ao longo dos anos, constatamos que sua lealdade e seu compromisso em relação à família se refletiam na sua lealdade e no seu compromisso em relação à Disney. Até hoje Jeanette tem um ótimo desempenho como Membro do Elenco, tanto que já foi promovida a assistente administrativa.

Lembre-se: pessoas que desejam ter uma vida completa e equilibrada serão mais produtivas a longo prazo do que aquelas obcecadas por trabalho, sem interesses fora do escritório.

13. Se possível, peça aos candidatos que demonstrem seus conhecimentos. Certa vez, entrevistei uma candidata a uma vaga de confeiteira que afirmava ser especialista em bolos de casamento. Aquilo era muito interessante, mas as opiniões que os candidatos têm sobre seus próprios talentos não são mais confiáveis do que seus currículos. Assim, levei-a até a confeitaria e pedi que fizesse um bolo de casamento de três níveis. Ela era ainda melhor do que tinha dito. Vê-la decorar o bolo foi como contemplar um escultor criando uma obra de arte. E o resultado se revelou tão delicioso quanto belo. Contratei-a na hora. Se não tivéssemos testemunhado e provado seu trabalho, ela acabaria sendo admitida por outra empresa.

Em outra ocasião, dei a um chef em potencial quatro horas para arranjar os ingredientes e preparar o melhor hambúrguer com batata frita que conseguisse. Jamais vou me esquecer da carne suculenta, do pão impecavelmente tostado, dos tomates abertos ao meio e da fabulosa fatia de cebola-roxa cortada na espessura e no tamanho certos, para não falar no delicioso tempero da maionese e da mostarda Dijon. Nem é preciso dizer que o contratei e que eu comia no restaurante dele sempre que podia.

Obviamente, não se pode pedir a todos os profissionais que demonstrem suas habilidades. Nesses casos, lance mão das outras estratégias que mencionei – visitas ao local de trabalho, entrevistas criativas, perfis estruturados etc. Porém, sempre que possível, dê aos candidatos a oportunidade de mostrar seus talentos.

14. Selecione o melhor candidato para o cargo, não o mais disponível. Os especialistas afirmam que as empresas americanas são rápidas demais para contratar e lentas demais para demitir. Muitos líderes dão a impressão de que estão mais interessados em preencher vagas rapidamente do que em ocupá-las com os melhores profissionais e depois treiná-los para que possam assumir responsabilidades maiores. Portanto, não caia na armadilha da falsa sensação de urgência, pensando "Preciso escolher uma das pessoas que estão disponíveis para ocupar essa posição já" ou "O processo de seleção está demorando muito. Vamos encerrá-lo de uma vez". Dedique todo o tempo necessário a essa atividade – para o seu próprio bem, para o bem dos candidatos, para o bem das pessoas que terão de trabalhar com eles e para o bem da empresa.

Você nem imagina quantos erros cometi no início da carreira por ter feito contratações apressadamente. Naquela época, a maioria das entrevistas que eu realizava durava menos de uma hora. Acreditava em tudo o que os candidatos me diziam e não me preocupava em entrar em contato com as fontes de referência para me certificar de que os currículos eram 100% verdadeiros. Com o tempo, fiquei mais esperto e aprendi a fazer o dever de casa e esperar até encontrar a pessoa ideal.

Mas saiba que ter paciência para contratar nem sempre é algo que os colegas admiram. Em meados dos anos 1990, precisamos admitir um novo vice-presidente para administrar o Downtown Disney. Havia uma pressão enorme para preenchermos rapidamente essa vaga importante, porém nos recusamos a fazer tudo às pressas. Ao longo de seis meses, organizamos a ida de uma dúzia de candidatos a Orlando para que pudéssemos realizar entrevistas completas, assim como análises minuciosas de seus históricos e de suas referências. A maioria deles tinha credenciais excelentes e havia trabalhando em locais que tinham a ver com nosso negócio, contudo nenhuma daquelas pessoas era a ideal: ou o perfil Gallup indicava um estilo de liderança que me deixava ressabiado ou faltava uma habilidade importante. Alguns concorrentes não eram organizados, outros não possuíam bons conhecimentos de estatística ou não tinham boa capacidade de se relacionar em equipe. Quando completamos cinco meses nesse processo, a vice-presidente a quem o novo colaborador responderia perdeu a paciência. Ela queria contratar *alguém* e estava disposta a aceitar o melhor candidato disponível. Mas eu resisti. *Sabia* que havia líderes melhores. Dito e feito: certo dia, entrevistamos Karl Holz. Ele possuía um amplo conhecimento técnico sobre o setor de parques temáticos, além de uma excelente formação na área financeira e um ótimo currículo. Holz também fora CEO de uma empresa de serviços de alimentação para companhias aéreas. Um dos melhores profissionais que contratei na vida, ele acabou chegando a presidente da Disney Cruise Line e a CEO e presidente do conselho da Disneylândia Paris.

Estratégia nº 3 | Faça da sua equipe sua marca registrada   147

Lembre-se: a longo prazo, é melhor acumular um pouco de trabalho extra do que preencher vagas com as pessoas erradas. Afinal, pense em quanto tempo você perderá arrumando a bagunça deixada por um profissional pouco qualificado. Além disso, terá que enfrentar todo o processo de seleção novamente após demitir essa pessoa.

E se você estiver indeciso em relação a alguém e já estiver ficando impaciente? Experimente fazer o seguinte: imagine que esse candidato seja *seu* líder. Você se vê trabalhando para ele? Se a resposta for "não", continue procurando. Concluí que havia dominado a arte da seleção quando percebi que teria orgulho de estar sob a supervisão de todos aqueles que respondiam a mim.

15. Procure pessoas para capacitar e promover. Tudo o que discutimos a respeito da contratação de profissionais ideais também se aplica a promoções. Os grandes líderes estão sempre de antenas ligadas para identificar colaboradores com capacidade de vir a assumir cargos de liderança. E eles empregam todas as ferramentas disponíveis para selecioná-los.

Eu já estava na Disney World havia alguns anos quando fui acometido por um acesso de bom senso: talvez estivéssemos observando o conjunto, não os indivíduos isoladamente. Entre os milhares de Membros do Elenco que formavam a linha de frente devia haver muitas pessoas com potencial para serem gerentes. Era necessário identificá-las e prepará-las para cargos de liderança. Assim, criamos uma série de sessões de treinamento com uma hora de duração, obrigatória para os 5 mil gerentes do setor de operações. Agrupávamos mil deles de cada vez em um grande salão, onde lhes dizíamos que era sua responsabilidade descobrir potenciais gerentes escondidos entre o pessoal. Mas como? Primeiro, eles se reuniriam com cada um dos membros da sua equipe e procurariam sinais de potencial para a liderança: inteligência, orientação, iniciativa, boa capacidade de se relacionar, muita energia e atitude positiva. Depois os instruímos a buscar pessoas que fossem curiosas e determinadas a alcançar um desempenho excelente, que tivessem vontade de aprender e de assumir mais responsabilidades, que continuassem estudando para se aperfeiçoar, que fossem confiáveis, pontuais e não reclamassem quando precisavam ficar até mais tarde ou chegar mais cedo. Pedimos também que observassem a quais Membros do Elenco os colegas mais recorriam, visto que os grupos costumam escolher naturalmente os indivíduos com talento para a liderança.

Em pouco tempo, quase todos os gerentes da empresa se transformaram em atentos caçadores de talentos. Seus esforços nos ajudaram a preencher posições de liderança com profissionais qualificados, motivados e inspirados – a maioria deles proveniente do nosso próprio quadro de pessoal.

Muitos Membros do Elenco não conheciam seu próprio potencial até que um gerente ou executivo os identificasse. Certo dia, em uma reunião com Membros do Elenco que lidavam diretamente com o público, reparei em uma jovem inteligente e entusiasmada: Odette Farmer. Mãe solteira e sem diploma universitário, Odette pretendia acima de tudo ter um emprego estável para sustentar a filha. Não se via como líder, mas para mim esse talento estava claro como água. Após a reunião, soube que Erin Wallace tivera a mesma impressão. Odette era especial, ainda que não soubesse disso. Portanto, com a ajuda de sua equipe, fizemos com que ela recebesse motivação e treinamento. Pouco tempo depois, foi promovida a um cargo de gerência e, como imaginávamos, tornou-se uma líder excepcional. Ainda nos encontramos de vez em quando, e Odette sempre diz que mal acredita em quanto avançou desde que Erin e eu a "descobrimos".

Há uma coisa que eu dizia para os gerentes na Disney e digo ainda hoje para quem assiste às minhas palestras: ao pensar nas brincadeiras de esconde-esconde da infância, você deve se lembrar de que, depois de passar um tempo escondido, você começava a se mexer e a fazer barulho. Por quê? Porque queria ser encontrado. É o que acontece com os futuros gerentes que estão ocultos na sua organização. Sua tarefa como líder é descobri-los.

16. Faça constantes avaliações de desempenho. Na busca contínua de líderes dentro da empresa, não há informação mais confiável do que a fornecida pelos funcionários. Vou relatar como coletamos dados valiosos na Disney. Uma vez por ano, todos respondem a uma pesquisa de excelência do Elenco contendo perguntas sobre o que cada um pensa e sente a respeito do ambiente de trabalho, dos colegas e dos supervisores imediatos. A pesquisa engloba mais de 100 declarações, cada uma delas avaliada segundo uma escala de sete pontos – de "concordo totalmente" a "discordo totalmente", por exemplo, ou de "nunca" a "sempre". Veja algumas amostras de afirmações sobre a cultura organizacional.

- Confio nas pessoas que integram minha equipe de trabalho.
- Recebo o treinamento necessário para executar bem minhas atividades.
- Minha equipe valoriza diferentes pontos de vista.
- Meu supervisor direto interage comigo de maneira sincera.
- Meu supervisor direto utiliza da melhor forma possível meus talentos e minhas habilidades para atingir os objetivos da equipe.
- Meu supervisor direto aceita a responsabilidade tanto pelas falhas quanto pelos sucessos.
- Confio no meu supervisor direto.
- Se eu pudesse escolher, trabalharia de novo com meu supervisor direto.

Além de fornecerem informações valiosas sobre quem possui boa capacidade de liderança e quem pode estar precisando de maior capacitação e treinamento, as pesquisas têm outro efeito positivo: mostram aos funcionários que a empresa está interessada em ouvi-los. Houve um ano em que decidimos não encaminhar a pesquisa para todos os integrantes do setor de operações. Pensamos que ganharíamos tempo distribuindo-a apenas para algumas pessoas em cada departamento. *Grande engano.* Os Membros do

Elenco nos informaram sem meias palavras que não haviam gostado da nossa decisão de tirar deles a oportunidade de opinar. Enviei-lhes um pedido de desculpas e nunca mais cometi esse erro.

17. Saiba reconhecer quando a vaga e o talento não estão em sintonia. O ideal seria que sua capacidade de selecionar e promover os melhores profissionais se desenvolvesse a ponto de você preencher todos os cargos com pessoas talhadas para aquela cultura. Contudo, para dizer a verdade, ninguém é perfeito, assim como nenhum sistema ou procedimento. Às vezes, apesar de seus esforços, você perceberá que está tentando encaixar um quadrado em um espaço triangular.

Descobrir o que fazer com funcionários que não têm afinidade com o cargo é uma das tarefas mais difíceis dos líderes, porém uma das mais importantes. Quando os diretores de cinema notam que um ator foi mal escolhido para um papel, eles logo o substituem para evitar que toda a obra seja condenada ao fracasso. Aja assim também: ao perceber que um profissional não está apto a ocupar aquela posição, coloque em seu lugar alguém mais apropriado. Naturalmente, o melhor caminho é transferi-lo para uma posição que lhe permita apresentar um bom desempenho. Se você implementar essa solução da forma correta, verá que ela dará resultados muito melhores tanto para o funcionário quanto para a organização. Afinal, se uma pessoa está presa a uma atividade que exige talentos que ela não tem, é provável que ela *não* esteja usando os talentos que *possui*.

Na Disney, acreditamos nisto: se as pessoas foram consideradas boas a ponto de terem sido contratadas ou promovidas, merecem também a chance de tentar se destacar. Certa vez, promovemos um diretor muito competente a um cargo novo, com o título de vice-presidente. Como ele havia sido responsável por operações comerciais na empresa em que trabalhara antes, tudo indicava que detinha a experiência necessária para aquele desafio. No entanto, não percebemos que a nova posição exigiria mais conhecimentos técnicos do que ele possuía. Durante dois anos dificílimos, esse profissional tentou solucionar problemas que não estava preparado para enfrentar. Por fim, meus colegas e eu percebemos o que ele já sabia: simplesmente não era a pessoa adequada àquele papel. Assim, contando com a cooperação dele, nós o transferimos para uma posição operacional semelhante à que ele tinha antes da promoção. Dessa forma, poderia empregar seu talento natural para gerenciar outras pessoas. Ele se tornou mais feliz e produtivo e até hoje realiza um trabalho extraordinário.

Existem alguns sinais indicativos de que um funcionário não está adaptado à sua função. Por exemplo, ele não consegue concluir as tarefas, não cumpre o cronograma, é alvo de críticas negativas de seus colaboradores diretos, recebe notas baixas nos índices de satisfação dos clientes, desperta queixas dos colegas por causa de seu comportamento, falta muito e os resultados mensuráveis do seu trabalho mantêm-se abaixo do esperado. Caso você perceba essas tendências, tome providências imediatas – não espere até que a pessoa reconheça o problema e solicite

Estratégia nº 3 | Faça da sua equipe sua marca registrada   153

transferência. O profissional que é promovido a um cargo inadequado costuma concluir rapidamente que aquilo não é para ele, porém nem sempre se manifesta. Por um lado, talvez ele se sinta constrangido em admitir o fato. Por outro, é possível que goste do salário, do prestígio e dos benefícios proporcionados pela nova posição.

É claro que, às vezes, o desempenho de alguém pode melhorar com capacitação e monitoramento, mas não me refiro a isso. Estou falando daquelas pessoas que, não importa quanto se esforcem ou quanto apoio recebam, simplesmente não se encaixam no papel que lhes foi designado. É você, o líder, quem deve tomar a atitude apropriada. Preste assistência aos que precisarem de mais tempo ou ajuda e, no caso daqueles que não estão aptos à função, faça todo o possível para transferi-los para uma posição que lhes permita agregar valor. Se você desenvolveu um ambiente que privilegia a inclusão, em que os problemas são discutidos com sinceridade, será possível corrigir a situação antes que ela se deteriore e a única saída seja a demissão. Em qualquer empresa de grande porte em que as pessoas são respeitadas e valorizadas, não costuma ser muito difícil encontrar um cargo apropriado para um profissional talentoso.

18. Demita com rapidez e delicadeza. Naturalmente, há ocasiões em que não é possível encontrar um cargo adequado para uma pessoa que deixou de ser eficiente na posição em que está. Demitir alguém é algo muito difícil, mas a longo prazo costuma ser melhor para todos.

Até hoje me lembro de como me senti péssimo na primeira vez que precisei dispensar um gerente por mau desempenho. Foi no hotel Marriott de Chicago. Eu mesmo o havia recrutado, convencendo-o a sair da empresa em que estava para ir trabalhar comigo. Mas ele não deu conta do recado. Seu departamento era desorganizado, os custos com pessoal estavam fora do padrão, ele não controlava despesas nem lidava bem com funcionários pouco eficientes. As consequências disso foram atrasos em muitas operações, inclusive o serviço de bufê, o que deixava os hóspedes tremendamente insatisfeitos. Enrolei e adiei quanto pude a decisão de demiti-lo, até que meu supervisor me disse que *eu* é que seria mandado embora se não tomasse uma atitude. Quando, por fim, aceitei o inevitável e me encontrei com ele, embromei um bom tempo antes de lhe dizer que teríamos que dispensá-lo. Assumo, constrangido, que, além disso, culpei outra pessoa por essa decisão.

Trata-se de um ótimo exemplo de como não demitir um colaborador. Anos mais tarde, ouvi isto em um seminário: "Sua tarefa como líder é fazer o que deve ser feito, na hora em que deve ser feito, da maneira como deve ser feito, goste você ou não, gostem os colaboradores ou não". Esse preceito foi muito inspirador para mim. Penso nele toda vez que preciso fazer algo que preferiria não fazer. Meus erros no início da carreira também me ensinaram que, uma vez tomada a decisão de demitir alguém, um líder forte age imediatamente. Esperas desnecessárias não amenizam em nada a dor do funcionário e, com certeza, não reduzem o estresse do líder. Pelo contrário: contaminam o ambiente de trabalho

Estratégia nº 3 | Faça da sua equipe sua marca registrada   155

com sentimentos ruins. Se alguém não está se saindo bem, é seu dever, pelo bem da equipe e da empresa de modo geral, fazer a substituição da forma mais rápida e eficiente possível.

Como eu disse, é essencial que os líderes abordem a demissão com delicadeza e compaixão. Ao dar esse tipo de notícia para um bom profissional que não tem mais lugar no quadro de funcionários, faça isso pessoalmente e anuncie o fato assim que a conversa começar. Porém, sua responsabilidade como líder não termina aí. A não ser que tenha ocorrido um inegável problema de conduta, dedique todo o tempo necessário a explicar exatamente *por que* a medida foi tomada. Lembre-se: boas pessoas merecem uma explicação decente e, se possível, uma lição positiva para levarem consigo após uma experiência negativa.

19. Não perca contato com os colaboradores que saem da empresa. Como vimos, às vezes é preciso demitir funcionários não muito capacitados ou cujas habilidades não sejam mais adequadas. Porém, também pode acontecer o contrário: às vezes os profissionais se tornam qualificados *demais*. A posição que ocupam deixa de ser satisfatória, e eles se sentem frustrados por não poderem usar seus talentos de forma plena. Infelizmente, perdi muitas pessoas assim ao longo da minha carreira e lamento dizer que isso é inevitável. Um executivo magnífico saiu por não ter recebido a responsabilidade e a autoridade necessárias para administrar um dos negócios da Disney. De fato, ele merecia a oportunidade, porém não tínhamos como torná-la viável naquele momento. Esse profissional acabou indo para outra empresa. Foi uma grande perda, mas que me ensinou algo valioso: o líder deve fazer todo o possível para reconfigurar a estrutura da organização com o objetivo de atender seus profissionais talentosos. É verdade que nem sempre as correções estruturais podem ser realizadas de imediato, por isso eu explicava aos descontentes que compreendíamos sua frustração e que estávamos empenhados em encontrar uma solução. Procurava convencê-los a ter paciência até que pudéssemos lhes dar a chance a que tinham direito. Enquanto isso, recomendava que recebessem aumentos razoáveis de salário e responsabilidade para melhorar a situação.

Ainda assim, alguns crescem demais e nem sempre conseguimos segurá-los. Certas vezes, eles se cansam de esperar ou recebem ofertas mais tentadoras de outras organizações. Isso me traz à mente outra lição que aprendi na Disney: manter contato com os ótimos profissionais que deixam a empresa. Foi o que fizemos com aquele executivo que pediu demissão. Como ele continuou atuando no setor, alguém da nossa equipe o convidava para jantar ou o encontrava de vez em quando para conversar sobre a vida e o trabalho. Dois anos depois, ele foi readmitido – agora para desempenhar exatamente a função que desejava. Até hoje ele está feliz na Disney World, e tenho certeza de que logo será promovido a um nível ainda mais alto.

Hoje em dia existem muitas formas de manter contato com ex-funcionários e preservar os relacionamentos – e ter alguma chance de um dia readmiti-los. Com e-mail, telefone celular e o bom e velho correio, não há desculpa para que um líder não continue a se comunicar com profissionais de grande potencial com quem ele gostaria de voltar a trabalhar.

Moral da história: independentemente do tipo de empresa que você gerencia, é seu pessoal que faz a marca. Sem bons profissionais, não há marketing, propaganda nem ações de relações públicas que deem jeito. Por isso, é fundamental que, como líder, você aprenda a contratar, promover e capacitar os melhores colaboradores. Acredite: o retorno em termos de satisfação das pessoas e de resultados para a organização é garantido.

COLOCANDO EM PRÁTICA

- Verifique se os candidatos têm as aptidões técnicas, de gerência e de liderança necessárias para realizar um trabalho excelente.
- Antes de recrutar um novo funcionário ou promover alguém, pense em como seria o candidato perfeito.
- Selecione pelo talento, não pelo currículo.
- Escolha o melhor candidato para o cargo, não o melhor disponível.
- Avalie criteriosamente como um funcionário em potencial se integrará ao grupo.

- Envolva membros da equipe de todos os níveis no processo de entrevistas e seleção.
- Faça entrevistas estruturadas sempre que for apropriado.
- Formule perguntas que exijam respostas elaboradas em vez de apenas "sim" ou "não".
- Converse por bastante tempo e de modo profundo com pessoas que já trabalharam para o candidato ou foram seus colegas.
- Observe o trabalho que o candidato realiza ou as atividades que está gerenciando no momento.
- Teste o conhecimento do candidato e, se possível, peça que demonstre suas aptidões.
- Esteja preparado para tomar decisões difíceis envolvendo demissão ou transferência de profissionais cujo talento não esteja adequado ao cargo.

6

Estratégia nº 4
Crie mágica por meio
da capacitação

Após a passagem do furacão Charley por Orlando em 2004, recebi uma carta de um alto executivo da companhia seguradora do *Walt Disney World*® Resort. Por coincidência, ele estivera no Yacht Club e no Beach Club Resort da Disney pouco antes do início da tempestade. Na carta, expressava sua admiração pela rapidez com que os Membros do Elenco haviam se organizado para realizar ações preventivas, como prender todas as coisas que ficavam soltas na propriedade. Ele disse que, a princípio, pensara ter detectado uma falha nas medidas de precaução — ninguém tinha amarrado as cadeiras e a mesa de sua varanda. No entanto, ao voltar para o quarto após o jantar, os móveis já estavam dentro do aposento com uma nota informando que seriam recolocados do lado de fora após a passagem do furacão. E, para sua surpresa, uma das pessoas que estavam executando trabalhos braçais era Sam Pensula, gerente geral do hotel. Ele o vira entre os Membros do Elenco colocando sacos de areia na frente de algumas portas para evitar a entrada de água no hotel. Segundo esse executivo, em todos os seus anos de trabalho na área de seguros, nunca tinha presenciado uma preparação tão cuidadosa para se enfrentar um desastre natural.

Quando uma organização se sai tão bem em uma crise, é porque seus funcionários foram devidamente treinados. Cada um dos Membros do Elenco da Walt Disney World ensaiou muitas vezes o plano de ação para emergências, e todos executaram suas tarefas de forma impecável. Essa preparação rigorosa não só salvou vidas e protegeu o patrimônio da empresa como compensou em termos financeiros. Já na manhã seguinte à tempestade, abrimos os parques; além disso, os prejuízos não chegaram sequer à franquia do seguro.

Uma vez que os profissionais certos estejam nos cargos certos, a tarefa do líder é lhes proporcionar tudo o que for necessário para que tenham um desempenho excelente. Meu filho, Daniel, me disse certa vez: "Pai, você não pode demitir seus filhos – precisa permitir que eles se desenvolvam". Se os líderes aplicassem essa sabedoria ao gerenciamento de pessoas, veriam uma redução no número de profissionais que pedem demissão ou são dispensados. Assim como os bons pais, os bons líderes preparam os colaboradores para assumir responsabilidades oferecendo oportunidades de formação adequadas e expondo-os a experiências importantes para seu desenvolvimento.

Se você pensa que treinamento e desenvolvimento são tarefas exclusivas de recursos humanos ou de outro departamento e que você é ocupado demais para se preocupar com isso, talvez seja bom refletir sobre o significado de ser líder. Veja este diálogo que gosto de contar aos gerentes.

Um pai pergunta à filha:
– O que você quer ser quando crescer?
– Professora.
O pai pondera:
– Mas, querida, você não gostaria de ser médica, como eu? Os médicos são muito importantes. Se eles não existissem, muita gente ficaria doente e sofreria.
– Mas, papai, sem professores não haveria médicos!

Posso garantir que nem seu sucesso pessoal nem seu salário lhe darão a mesma satisfação de ver aqueles que você lidera alcançarem suas metas e aspirações. Os líderes da Walt Disney World constataram que isso é verdade. A capacitação e o desenvolvimento são aplicados a todos os níveis da organização e constituem a principal razão pela qual a Disney é sinônimo de excelência em serviços. A formação dos novos Membros do Elenco tem início com um curso chamado Tradições, que ensina a história da empresa e seu legado de um atendimento extraordinário aos Convidados. Depois que os participantes começam a sentir os efeitos da magia da Disney e percebem que fazem parte de uma cultura corporativa ímpar, são ensinados a executar suas tarefas. As lições básicas iniciais tratam da importância de serem simpáticos com os Convidados, de sorrirem e manterem o ambiente sempre limpo. Em seguida, eles treinam aplicando esses conceitos na prática. Cerca de 60 dias depois, já familiarizados com as habilidades fundamentais, aprendem a executar os aspectos técnicos do trabalho, que variam de acordo com suas tarefas específicas. Por fim, são ensinados a superar as expectativas dos Convidados empregando os princípios que apresento neste capítulo.

Muitas vezes me perguntam o que a Disney quer dizer com "superar as expectativas dos Convidados". Explico que se trata de pequenos passes de mágica, criativos e individuais, que os colaboradores realizam para os clientes. Vou dar um exemplo. Enquanto eu escrevia este capítulo, participei de uma conferência da Travelers Insurance em Savannah, na Geórgia. A diretora de recursos humanos me contou que, em uma visita à Walt Disney World, ela aprendera o significado de superar as expectativas. Ao fazer o check-out do hotel, a atendente lhe perguntou se ela gostaria de levar o cartão magnético da porta do quarto como lembrança para o filho. Ela disse que gostaria, mas que, tendo gêmeos, não poderia presentear apenas um deles. Então a atendente fez um cartão para cada criança, com seus respectivos nomes impressos. *Isso* é superar as expectativas dos Convidados.

Os programas de capacitação da Disney são elaborados e executados por profissionais especializados. Muitas vezes são aplicados por Membros do Elenco com habilitação específica para essa tarefa. A capacitação para cargos de gerência é mais longa e abrangente. Sua conclusão se dá com provas escritas e práticas. No setor de alimentos e bebidas, por exemplo, todas as pessoas, sejam assistentes de limpeza, chefs ou gerentes, recebem treinamento rigoroso e são avaliadas minuciosamente em relação aos procedimentos antes de tocarem em um simples garfo sem supervisão. Se você fizer uma refeição em qualquer restaurante da Disney, verá que os garçons conhecem cada um dos ingredientes de todos os pratos do cardápio. Isso produz muito mais benefícios do que apenas ser capaz de responder a perguntas comuns dos Convidados. Por exemplo, caso você diga que seu filho tem determinada alergia alimentar, o garçom levará o chef até sua mesa para que você o consulte sobre a melhor maneira de preparar uma refeição sem riscos. Graças a esse treinamento especial, muitos pais de crianças alérgicas só passam as férias em resorts da Disney. E, se você for um apreciador de vinhos, o mesmo garçom saberá lhe dar todas as orientações sobre as opções disponíveis. Cerca de um quarto dos 25 mil sommeliers certificados dos Estados Unidos trabalham na Walt Disney World, que vende mais vinho do que qualquer outra empresa do mundo.

Além da capacitação formal, o *aprendizado informal* é enfatizado a cada minuto, todos os dias. Os líderes da Disney recebem todo tipo de recurso para ajudar os Membros do Elenco a aprender e crescer continuamente. Assim como ocorre em Hollywood, o próximo astro pode surgir de qualquer lugar, então a cultura corporativa estimula o desenvolvimento de futuros líderes. Os Membros do Elenco com potencial para liderança recebem instruções detalhadas sobre o que se espera de um gerente. Em seguida, são submetidos a um monitoramento prático intenso e podem escolher entre uma grande variedade de programas educacionais nos Centros de Aprendizado da Disney. Essas pequenas bibliotecas contam com profissionais qualificados atuando como bibliotecários e estão localizadas em pontos estratégicos, à disposição de qualquer Membro do Elenco que queira aproveitar uma oportunidade de se aprimorar – eles podem escolher desde cursos de idiomas on-line a treinamentos técnicos. Os programas de capacitação individuais, que cada Membro do Elenco pode seguir no seu próprio ritmo, têm o objetivo de aumentar sua eficiência no trabalho e são acessados na intranet da empresa. Alguns cursos são obrigatórios, como o de ética e os que tratam de assuntos jurídicos. Outros são eletivos, mas quem deseja ascender na carreira é muito incentivado a frequentá-los. Em grande parte dos casos, os gerentes trabalham com o departamento de aprendizado e desenvolvimento na elaboração de planos individuais para líderes em potencial.

Os projetos de capacitação da Disney também tiram o máximo proveito da alta tecnologia. Por exemplo, são utilizadas simulações computadorizadas para ensinar motoristas a manobrar veículos em uma das atrações do Animal Kingdom ao mesmo tempo que recitam o roteiro e respondem a perguntas. E, quando as camareiras aprendem a arrumar as camas usando um dispositivo que evita que tenham dores nas costas, utilizam iPods para acompanhar o procedimento exibido no vídeo e ouvir instruções enquanto praticam.

Devo minha carreira aos líderes que dedicaram seu tempo a me ajudar a crescer, então sei que instruir os colaboradores compensa, e muito. Se você garantir que as pessoas saibam realizar bem suas tarefas e mostrar que se importa com o futuro delas, não só melhorará a atuação dessas pessoas como aumentará a autoconfiança que elas têm. Além disso, fará com que cultivem um profundo sentido de comprometimento. Portanto, proporcione à sua equipe tudo o que for necessário para que ela alcance um desempenho excelente por meio de processos de capacitação e de oportunidades de aprendizado sólidas e eficazes. Veja a seguir algumas dicas que ajudarão você a realizar isso, começando com o princípio mais importante de todos.

1. Dê às pessoas um propósito, não só um emprego. Quando Orlando ainda era uma cidadezinha pacata, Walt Disney escreveu uma mensagem aos líderes do seu então jovem parque temático em Anaheim, Califórnia: "Aqui na Disneylândia encontramos, pessoalmente e pela primeira vez, pessoas provenientes de todas as partes do mundo. Tudo o que você faz (e eu também) é um reflexo direto da nossa organização como um todo". Desde então, a empresa vem fazendo com que essa característica de ter um propósito definido inspire cada indivíduo que trabalha no que hoje é o maior negócio de resorts do mundo.

Na maioria dos ambientes de trabalho, os funcionários sabem quais são suas atribuições e estão preparados para fazer o que se espera deles. A maior parte dos gerentes fica satisfeita com isso. Porém, não é o que ocorre com os líderes de destaque e com as grandes empresas. Seus funcionários simplesmente não aparecem lá de manhã e seguem instruções – eles *querem* estar na organização, têm orgulho de fazer parte da equipe e superar seus próprios limites, aumentando de forma contínua seu patamar de excelência. Por quê? Porque, mais do que lhes dar um trabalho, seus líderes despertaram neles o sentido maior de terem um propósito.

Aprendi sobre a importância de fazer com que as pessoas tenham um propósito quando gerenciei o Marriott de Springfield, em Massachusetts. Os negócios iam bem até que, de repente, um hotel mais luxuoso foi construído do outro lado da rua. Obrigado a reagir a esse desafio da concorrência sem realizar uma reforma demorada e cara, decidi me concentrar no atendimento. Minha filosofia – que se aplica a *qualquer* ramo – é a de que todos os clientes merecem o melhor atendimento possível, mesmo pagando tarifas diferenciadas. Dessa forma, há uma probabilidade muito maior de que fiquem satisfeitos e retornem outras vezes. De fato, pesquisas revelam que o principal motivo que ocasiona a perda de clientes não são produtos e serviços inadequados, e sim o modo como as pessoas são tratadas.

Para estimular a equipe a procurar sempre um nível mais alto de atendimento, criei um lema tão simples que

Estratégia nº 4 | Crie mágica por meio da capacitação   167

ninguém o esqueceria: "Ser tão amável com nossos hóspedes que eles nem acreditem".

Essa missão foi profundamente assimilada por todos, de camareiras a gerentes. Soube que estava dando certo quando, em determinada manhã, um hóspede entrou na minha sala e disse que ficara tão impressionado com nosso atendimento que iria levar todos os participantes de uma convenção para o hotel. Parece que, ao chegar ao hotel, já bem tarde na noite anterior, perguntou se poderia comer uma banana antes de ir dormir. A recepcionista disse que lamentava, mas a cozinha já estava fechada. Frustrado, ele foi tomar alguma coisa no bar. Depois a recepcionista viu nossa missão afixada na parede. Foi até a cozinha, pegou duas bananas e as deixou no quarto do hóspede com um bilhete.

Na Walt Disney World, os Convidados me contavam dezenas de episódios desse tipo toda semana. Eles manifestavam seu apreço, e muitas vezes surpresa, porque um Membro do Elenco havia feito algo extraordinário por eles. O mais engraçado é que os clientes gastam uma bela grana com comida, acomodação, transporte e entretenimento, mas suas lembranças mais marcantes são de fatos como o motorista do ônibus que os fazia rir e a camareira que deixava surpresinhas no quarto para as crianças. Esses costumam ser os assuntos das cartas que recebemos.

Os líderes da Disney são treinados para fazer com que os Membros do Elenco compreendam a diferença entre sua atividade específica e o propósito que é compartilhado por todas as pessoas que trabalham na empresa. Acabei resumindo esse propósito na frase: "Garanta que todos os Convidados passem aqui os momentos mais espetaculares da sua vida".

Essa mensagem diz aos Membros do Elenco qual deve ser o principal resultado de seu trabalho. Suas atribuições podem ser completamente diferentes, porém todos eles – de zeladores a vice-presidentes – são guiados pelo espírito dessa missão. É fácil perceber isso no comportamento dos que atuam "no palco", em uma interação direta com os Convidados, e daqueles que ficam nos "bastidores" garantindo o andamento das operações. Também se percebe isso nas decisões que gerentes e executivos tomam todos os dias.

A empresa se orienta ainda por três metas mais amplas e de conteúdo mais intenso que se somam àquela concisa expressão do propósito.

Nossa Visão: aquilo que queremos ser. A Walt Disney World sempre se dedicará a transformar sonhos em realidade. Nesse mundo mágico, a fantasia é real, e a realidade é fantástica. Um maravilhoso sentido de comunidade permeia esse lugar em que todos são saudados como Convidados bem-vindos e se tornam amigos queridos. Para os que trabalham e se divertem aqui, a Walt Disney World sempre será uma fonte de alegria e inspiração.

Nossa Essência: o que desejamos que nossos Convidados sintam. A Walt Disney World é uma passagem mágica para um mundo de fantasia e aventura. Aqui podemos fazer pedidos às estrelas, viver o impossível e realizar nossos sonhos. Juntos, grandes amigos descobrem um mundo encantado que surpreende, alegra e renova em todas as fases da vida.

Nossa Missão: o que devemos fazer. Nossa missão é honrar nosso patrimônio e reinventar constantemente a Walt Disney World...

- transformando sonhos em realidade, criando lembranças mágicas e estabelecendo uma amizade eterna com todos os Convidados;
- valorizando, respeitando e confiando nos outros realizadores de sonhos e honrando nossa individualidade, capacidade e contribuição como Membros do Elenco;
- cultivando um ambiente divertido e enriquecedor onde a criatividade, a união, a transparência, a diversidade, a coragem, o equilíbrio e a responsabilidade sejam celebrados;
- sendo inovadores e acolhendo novas ideias;
- eliminando a burocracia e todas as barreiras que dificultam a realização das atividades de forma simples, rápida e eficiente;
- atingindo o sucesso financeiro que nos permitirá crescer e alcançar nossa visão.

Sei que pouquíssimos Membros do Elenco se lembram de tudo isso. Alguns nem sequer conseguiriam recitar nosso conciso lema sem errar. No entanto, graças ao reforço constante dado por líderes que fazem aquilo que pregam, todos assimilam o significado de cada uma dessas palavras. Por exemplo, quando um casal disse ao garçom de um restaurante que havia perdido a chupeta do bebê e que a loja do hotel já estava fechada, esse Membro do Elenco procurou o gerente, conseguiu a chave da loja e levou uma chupeta nova até o quarto dos Convidados. Em outra ocasião, uma atendente de uma das lojas ouviu um Convidado dizer à esposa que havia esquecido em casa o carregador do celular. No dia seguinte – sua folga –, ela comprou um carregador para ele. E quando, em um dia de chuva no Magic Kingdom, um Membro do Elenco viu que uma menininha havia feito xixi na calça e que os pais não teriam tempo de levá-la ao quarto para trocar de roupa, ele os acompanhou a uma loja, conseguiu um vale para que a criança usasse uma fantasia de graça e os encaminhou a um lugar para que fizessem a troca. Nada disso era atribuição desses Membros do Elenco. Eles *quiseram* agir desse modo porque compreendem seu propósito.

Isso é apenas uma ínfima parte dos casos que ouvi nos anos em que trabalhei na Disney. Garanto que são o padrão. Eles podem e devem fazer parte também de sua organização, não importa qual seja seu produto ou serviço. Na Mercedes Homes, a construtora que mencionei no capítulo anterior, os líderes que frequentaram programas do Disney Institute começaram a instruir os funcionários a respeito de seu propósito, não apenas de seu trabalho. Entre os vários frutos colhidos há uma história reconfortante. Um gerente de atendimento que estava realizando serviços comunitários conheceu uma mulher com cinco filhos que havia perdido a casa em um incêndio. Como a residência fora construída pela Mercedes, o funcionário se sentiu inclinado a ajudar aquela família. Procurou os executivos da empresa, que entraram em contato com a produção do programa de televisão *Extreme Makeover: Home Edition*. O programa forneceu o dinheiro para que a Mercedes fizesse uma nova casa de 600 metros quadrados.

Portanto, reflita e pergunte-se qual é exatamente seu propósito. Formule-o em uma frase sucinta e inspiradora, mencione-o com frequência e aja de acordo com ele. Não pense que apenas imprimir a missão da empresa em folhetos e relatórios anuais ou pendurá-la na parede da recepção é suficiente. Faça com que todos os funcionários a entendam e a assimilem. Quando eles souberem de verdade qual é a meta deles a cada dia, todas as decisões e ações estarão imbuídas desse objetivo.

2. Leve a sério seu papel de professor. Se sua meta é estar rodeado de funcionários excelentes, assumir os papéis de professor, treinador e orientador é muito mais eficaz do que atuar simplesmente como um supervisor. Conquiste a fama de ser um bom professor, e as pessoas farão fila para trabalhar para você. E, ajudando outros líderes a também se tornarem mestres, você multiplica seu valor.

Lembre-se de que *quem* ensina é tão importante quanto *o que* está sendo ensinado. Por exemplo, muita gente pode

172   Criando magia

realizar um seminário seguindo um manual, mas profissionais com conhecimento e experiência em um assunto têm algo mais a transmitir. Quando eu ministrava um curso regular de gerenciamento de tempo na Disney World, ele tinha credibilidade, pois todos sabiam que eu administrava meu tempo exatamente da forma que pregava. O curso era procurado por colaboradores de todos os níveis, de atendentes a altos executivos, e, graças ao seu sucesso, a Disney lançou um programa chamado Executivos Professores, em que os líderes abordavam temas de suas áreas de conhecimento. Por exemplo, dois vice-presidentes de finanças, Jim Lewis e Stephanie Janik, davam um curso de seis horas sobre finanças que estava sempre lotado. Eu mesmo o frequentei e aprendi muito. Greg Emmer, que está na Disney há mais de 35 anos, dava aulas sobre o patrimônio e a cultura da empresa, e Dieter Hannig falava de nutrição e exercícios. Além de ser nosso especialista em alimentos e bebidas, Dieter corria todos os sábados e era conhecido como o executivo em melhor forma na Disney. Como ensinavam assuntos que consideravam importantes, essas pessoas levavam muito mais a sério seu papel de professores. O resultado eram Membros do Elenco bem informados e gratos por essas oportunidades de aprendizado.

3. Adote um conjunto de ações eficazes. Para atuar com o máximo de eficiência no desenvolvimento dos funcionários, tome as seguintes atitudes: cuide, observe, aja, comunique e ajude. Veja o que cada uma delas significa:

Cuide. Demonstre aos membros da equipe que você se importa com eles se concentrando no desenvolvimento de cada indivíduo separadamente. Converse com eles todos os dias sobre excelência e deixe claro qual é seu propósito e o que você almeja acima de tudo.

Observe. A observação atenta do local de trabalho lhe mostrará o que precisa ser melhorado. Todos os dias, reserve um tempo para dar atenção ao comportamento dos funcionários e a suas atividades e identifique as coisas de que cada pessoa necessita para atuar com mais eficiência.

Aja. Quando se trata de melhorar desempenho ou comportamento, a escolha do momento certo é essencial – e o melhor momento é *agora*. Sirva de modelo de grande liderança agindo no exato instante em que perceber algo que deve ser corrigido.

Comunique. Os melhores professores são também excelentes comunicadores que encontram a maneira certa de atrair a atenção das pessoas. (Mais adiante neste capítulo, voltarei a falar sobre comunicação.)

Ajude. Utilize sua posição de liderança para auxiliar outras pessoas a progredir. Mostre-lhes como realizar bem suas tarefas. Explique claramente quais são suas expectativas quanto a desempenho, atitude e comportamento. Depois, faça com que as regras, diretrizes e instruções sejam cumpridas.

Obviamente, você não pode passar todo o tempo se dedicando a essas ações de monitoramento. Por isso é essencial preparar outras pessoas para serem professoras. Quando abrimos a loja World of Disney, por exemplo, criamos um cargo chamado gerente de serviços do Elenco cujo único objetivo era garantir que os Membros do Elenco que atendiam o público estivessem recebendo o máximo de apoio e treinamento. Essa iniciativa gerou ótimos resultados, e o cargo acabou sendo instituído em outras áreas operacionais de toda a Walt Disney World.

4. Ensine dando o exemplo. Os líderes que exigem excelência precisam ser modelos de excelência para não perderem a credibilidade. Descobri bem cedo que os funcionários aprendiam mais me vendo pegar um papel de bala do chão e jogá-lo no lixo do que em qualquer palestra que eu pudesse dar sobre a importância de manter limpo o ambiente de trabalho. Além disso, nunca pedi a ninguém que fizesse algo que eu próprio não estivesse disposto a executar. Servia café aos funcionários em vez de solicitar que eles me servissem. Além disso, quando um restaurante estava com pouco pessoal, eu arregaçava as mangas e ajudava na cozinha. Sempre se diz que uma imagem vale mais do que mil palavras. Na minha opinião, uma ação vale ainda mais. Sua equipe aprenderá mais observando suas atitudes do que ouvindo você, portanto sempre lidere por meio do exemplo. Certa vez, li duas afirmações sobre a criação de filhos que também se aplicam aos líderes nos negócios: "Não se preocupe com o fato de seus filhos não lhe darem ouvidos. Preocupe-se em garantir que eles estejam sempre observando você" e "O que você ensina a seus filhos está ensinando aos filhos deles".

Em 1988, quando eu era gerente geral do Marriott de Springfield havia cerca de uma semana, entrei no salão onde estávamos prestes a servir um almoço para 300 hóspedes e notei que em uma das toalhas de mesa havia um buraco feito por cigarro (naquela época, as pessoas fumavam nos restaurantes). Chamei a gerente responsável pelo serviço e lhe pedi que trocasse a toalha. Ela mal podia acreditar que eu estivesse lhe fazendo aquela solicitação. "Basta cobrir o buraco com um saleiro", retrucou. Expliquei que detalhes aparentemente sem importância podem construir ou destruir toda a reputação de uma empresa – ou de uma pessoa – e por isso precisávamos estar atentos a tudo.

Dez anos depois, quando eu estava na Walt Disney World, recebi uma carta daquela gerente, que agora era uma executiva importante em outra empresa. O fato de eu ter lhe pedido que trocasse a toalha de mesa representou uma guinada em sua vida, ela disse. Na época, achou meu pedido meio fora de propósito e até insano. Porém, ela me viu fazer "loucuras" como aquela durante dois anos e, certo dia, percebeu que eu estava engajado em uma importante forma de liderança: ensinar integridade e desempenho impecável servindo como modelo desses valores em todas as minhas ações. O objetivo da carta era me agradecer por ter lhe mostrado o melhor caminho para aprender a liderar.

5. Ensine os princípios de um serviço excelente. Não importa o ramo de negócio ou setor em que você esteja, um serviço excelente é imprescindível para o sucesso de sua empresa. Na Walt Disney World, os Membros do Elenco que atuam na linha de frente aprendem "Sete Diretrizes de Atendimento aos Convidados", as quais definem o padrão de simpatia, cortesia e consideração que deve ser dedicado a todas as pessoas que recebemos. Para que as diretrizes fossem mais fáceis de memorizar, cada uma delas foi associada a um dos Sete Anões (veja a página 179).

Assim como o propósito da empresa, essas diretrizes de atendimento não ficam simplesmente afixadas em uma parede. Elas fazem parte do treinamento que todos os Membros do Elenco recebem. Veja quais são:

- *Faça contato visual e sorria.* Os Membros do Elenco aprendem a começar e terminar toda interação com um Convidado olhando-o nos olhos e expressando um sorriso sincero.
- *Cumprimente todos os Convidados e lhes dê as boas-vindas.* Os Membros do Elenco são preparados para saudar de forma apropriada cada Convidado com quem fazem contato. Há inclusive cumprimentos temáticos usados nas diferentes áreas.
- *Procure fazer contato com o Convidado.* Os Membros do Elenco devem se comunicar com Convidados

Estratégia nº 4 | Crie mágica por meio da capacitação   177

que precisem de assistência e conhecer todas as informações que possam ser úteis, desde primeiros socorros e procedimentos de segurança até a localização de lojas e banheiros.

- *Normalize o serviço imediatamente.* Os Membros do Elenco são preparados para resolver problemas nos serviços (como um prato mal elaborado ou um quarto que não tenha sido arrumado antes do check-in), procurando rapidamente as devidas informações ou recorrendo às pessoas apropriadas quando eles próprios não têm a solução.

- *Exiba uma linguagem corporal adequada a todo momento.* Os Membros do Elenco recebem treinamento referente a postura e expressão facial e a outros aspectos da aparência para que transmitam a melhor impressão aos Convidados.

- *Preserve a experiência "mágica" dos Convidados.* Todas as ações de capacitação e desenvolvimento são destinadas a ensinar o Elenco a fazer da Disney algo mágico. Preservar essa sensação de encantamento dos Convidados tem sido o objetivo de maior valor desde que os parques foram concebidos por Walt Disney.

- *Agradeça a todos os Convidados.* Os Membros do Elenco aprendem a demonstrar apreço pelos Convidados e a encerrar todos os contatos com um agradecimento e um sorriso.

As Sete Diretrizes de Atendimento aos Convidados

 Seja *Feliz*... Faça contato visual e sorria!

 Seja como *Atchim*... Cumprimente todos os Convidados e lhes dê as boas-vindas. Espalhe o espírito da hospitalidade... É contagiante!

 Não seja como *Dengoso*... Procure fazer contato com o Convidado!

 Seja como *Mestre*... Normalize o serviço imediatamente!

 Não seja *Zangado*... Exiba uma linguagem corporal apropriada a todo momento!

 Seja como *Soneca*... crie SONHOS e preserve a experiência "MÁGICA" dos Convidados!

 Não seja como *Dunga*... Agradeça a todos os Convidados!

Não é preciso estar na área de entretenimento nem no setor de hospitalidade para oferecer uma experiência mágica àqueles que são atendidos por sua organização. Você também pode preparar os funcionários de sua empresa para empregar princípios básicos como esses – e eles chegarão cantando "Eu vou, eu vou, pro trabalho agora eu vou", dispostos a prestar um serviço excelente aos clientes. Naturalmente, podem utilizar outras diretrizes. Pense nos comportamentos que deixariam seus clientes felizes e crie um conjunto de regras que se aplique às características de seu negócio. Líderes de uma ampla variedade de organizações em todo o mundo já adaptaram com sucesso esses mesmos procedimentos às suas necessidades específicas. Por exemplo, após conhecer o conceito de palco/bastidores em um programa do Disney Institute, o proprietário de uma cadeia de supermercados determinou que os funcionários uniformizados que estivessem em seus períodos de descanso só poderiam ficar nos "bastidores". Assim, os consumidores não os veriam fumando, lanchando nem falando ao celular.

Muitas empresas não só ensinaram os funcionários a aplicar os princípios do serviço de atendimento da Disney como adaptaram os padrões a seus próprios programas de treinamento. A Gold Fields Limited, uma empresa de mineração multinacional com sede na África do Sul, por exemplo, criou a Mining School of Excellence em 2006 para atualizar e modernizar a capacitação de mineradores. Em conjunto com consultores do Disney Institute, essa organização elaborou programas de estudo de alto

180   Criando magia

nível que abrangiam desde habilidades técnicas básicas até conceitos avançados de liderança. A principal inovação consistiu em adotar o que foi chamado de mentalidade de atendimento. "Percebemos que os alunos são clientes e oferecemos instalações de ensino que lhes mostram que eles são importantes e merecem um local limpo e bem equipado", disse um executivo da Gold Fields. A nova ênfase da empresa em tratar os "alunos" com respeito e cortesia incluiu algumas mudanças específicas. Uma delas foi contratar um bom chef executivo para garantir uma alimentação saudável e de qualidade. Outra foi responder imediatamente às perguntas dos alunos em vez de deixá-los esperando atendimento por muito tempo do lado de fora das salas. E, assim como na Disney World, agora os membros da equipe não passam mais por um pedaço de papel no chão sem apanhá-lo e jogá-lo no lixo.

Para a Gold Fields, tornar os funcionários mais capacitados e felizes não foi o único benefício proporcionado por essas mudanças. "O programa nos permitiu adotar uma nova forma de conduzir o negócio", explicou um executivo. "O patamar de qualidade que estabelecemos para a Mining School of Excellence exerceu um impacto no padrão das atividades do restante da empresa. Constatamos melhora dos serviços e mais educação nas operações de mineração."

Lembre-se de que o melhor dessas diretrizes é que elas são apenas o ponto de partida. Depois que seus funcionários tiverem assimilado os padrões básicos de atendimento, eles podem ser motivados a superá-los. Na Disney,

Estratégia nº 4 | Crie mágica por meio da capacitação   181

os Membros do Elenco são preparados para satisfazer não só expectativas conscientes como também aquelas que a maioria dos Convidados nem imaginava que tinha. É assim que um bom serviço se transforma em um ótimo serviço, e um ótimo serviço se torna aquela experiência mágica da qual as pessoas nunca mais se esquecem.

6. Treine o pessoal para Momentos Mágicos e Cinco Minutinhos. Na Walt Disney World, Momentos Mágicos são eventos planejados para envolver os Convidados e tornar sua experiência mais especial. Por exemplo, todas as manhãs, uma família que está na fila é escolhida para abrir oficialmente o parque, e uma de suas crianças faz o anúncio. Em algumas atrações, os Membros do Elenco selecionam uma criança para anunciar um espetáculo. Já no Animal Kingdom, a cada partida de um trem, duas crianças são nomeadas maquinistas assistentes e gritam: "Todos a bordo!". Durante os desfiles, Membros do Elenco reúnem a garotada para dançar na rua com Mickey, Donald e outros personagens. Não são só as crianças e seus pais que adoram esses momentos – qualquer pessoa que esteja vendo essas cenas fica encantada e, ao voltar para casa, conta maravilhas sobre a experiência.

Já os Cinco Minutinhos são mais espontâneos. O Elenco foi preparado para aproveitar oportunidades de fazer algo especial para os Convidados: trocar gratuitamente um sorvete que tenha caído no chão, acompanhar uma pessoa idosa até o banheiro, pedir um autógrafo a uma menina vestida de Cinderela, contar algo interessante sobre o parque a uma família, como por que há vitrines especiais na Main Street. Às vezes, esses momentos são comoventes. Certa vez, uma mulher solicitou um autógrafo a Mickey Mouse para levá-lo a um menininho que estava muito doente. Mickey não se limitou a assinar o nome – ele escreveu uma longa carta pessoal no caderninho do garoto.

Por que essas interações individualizadas são chamadas de Cinco Minutinhos? Porque causam enorme surpresa e alegria aos Convidados em menos de cinco minutos. São como versões reais daqueles atos de gentileza aleatórios que lemos em adesivos. Na Disney, eles só *parecem* ser casuais, pois os Membros do Elenco não apenas são treinados para buscar oportunidades de Cinco Minutinhos, como são cobrados por isso.

A maioria dos Cinco Minutinhos está mais para cinco segundos do que cinco minutos. Do ponto de vista empresarial, não consigo imaginar um aproveitamento melhor do tempo. Todos esses segundos e minutos, repetidos milhares de vezes por dia, geram um relacionamento melhor com os clientes do que aquele comprado com um enorme orçamento destinado a ações de relações públicas. Uma carta que recebi de uma mãe expressa tudo isso da melhor forma: "Eu estava procurando a magia nos lugares errados. Sua equipe é a magia".

Talvez esteja passando pela sua cabeça: "É fácil para os funcionários da Disney World usar recursos como Cinco Minutinhos e Momentos Mágicos, mas esse tipo de coisa nunca daria certo na *minha* empresa". Será mesmo? Pense na variedade de interações humanas que ocorrem dentro

Estratégia nº 4 | Crie mágica por meio da capacitação   183

de sua organização e entre seus funcionários e o mundo exterior. Será que não há oportunidades de fazer com que as pessoas se sintam um pouco mais especiais? Ensinando, treinando e incentivando seus colaboradores a buscar e aproveitar essas chances, você também pode produzir uma magia extraordinária nos seus negócios.

7. Ensine como e em que investir o tempo. Como líder, você deve se assegurar de que os funcionários saibam onde estar e como agir em todas as circunstâncias – quando o movimento está intenso e quando está fraco, em um dia comum e durante uma crise. Na época em que atuei como executivo de hotéis, por exemplo, eu fazia com que todos soubessem que tinham de estar em seus postos, prontos para receber os hóspedes, quando as portas do salão se abrissem para um evento. Sempre que um restaurante dava início às operações do dia, eu verificava se os gerentes estavam no salão de jantar, e não nos escritórios, e se os chefs se encontravam na cozinha, e não no depósito ou na adega. Na Walt Disney World, os gerentes das atrações são instruídos a estar no local em momentos-chave para garantir que todas as diretrizes operacionais e de segurança sejam seguidas, enquanto os gerentes das lojas devem passar a maior parte do tempo no interior desses estabelecimentos. Os Membros do Elenco são treinados a não ficar nos bastidores nem se envolver em conversas quando o movimento está fraco. Eles devem aproveitar essas ocasiões mais calmas para organizar e limpar suas áreas de trabalho ou dar uma atenção mais individualizada aos Convidados.

8. Comunique-se constantemente. Empregue todos os recursos disponíveis para ensinar lições novas, compartilhar ideias promissoras e práticas eficazes, reforçar princípios importantes, anunciar resultados de pesquisas e enquetes e manter todos atualizados a respeito de desenvolvimentos organizacionais. A Walt Disney World faz excelente uso de diversos meios de comunicação que podem ser adotados por qualquer empresa. Veja alguns exemplos a seguir.

Jornal semanal. Lancei o jornal semanal da Disney, *The Main Street Diary*, em 2000 e o considerei tão importante que arranjei tempo para escrever para todos os números durante seis anos, até deixar a empresa. Ainda hoje, todas as sextas-feiras, às 17h, os Membros do Elenco recebem versões impressas ou eletrônicas do jornal. Na época, todas as edições apresentavam as seguintes seções:

- Mensagem Principal de Lee para os Líderes: mensagem semanal da diretoria de operações sobre como ser um líder melhor.
- Mensagem sobre a Reunião Diária de Abertura das Atividades: sugestões de assuntos para essa reunião (falarei mais sobre esse tópico a seguir).
- Fique por Dentro: notícias da empresa que são do interesse dos Membros do Elenco, como contratações, novas diretrizes, promoções etc.
- A Diferença da Disney: atualizações sobre vantagens e benefícios para Membros do Elenco.

Estratégia nº 4 | Crie mágica por meio da capacitação   185

- Conselho de Mãe: dicas simpáticas sobre comportamento profissional.
- Mensagem de Cuidados da Semana: sugestões para manter o ambiente arrumado e seguro.
- Mensagem de Segurança da Semana: orientações sobre como identificar perigos, junto com números de telefone de contato em caso de emergências.
- Sua Comunidade: informações sobre eventos locais e oportunidades de serviços.
- Respeito pela Diversidade: lições para incentivar um ambiente de trabalho voltado para a inclusão.
- Lembretes: mensagens sobre diretrizes e outros assuntos importantes.
- Datas Especiais: cursos e eventos pelos quais os Membros do Elenco podem ter interesse.

A seção que eu considerava mais valiosa era a das cartas enviadas pelos Convidados citando Membros do Elenco que haviam superado suas expectativas em determinadas situações. As pessoas adoram essa seção e, a cada semana, ficam ansiosas para ver quais nomes serão mencionados. Talvez nenhum outro aspecto da vida na Walt Disney World tenha estimulado mais o entusiasmo e a integração da equipe nos anos em que trabalhei lá do que o *The Main Street Diary*.

Reuniões diárias de abertura das atividades. Independentemente do tipo de empresa que você administre, uma das maneiras mais eficazes de acelerar o desenvolvimento dos funcionários é realizar reuniões breves, porém bem organizadas, antes do início das atividades de cada dia. Basta juntar todos à sua volta e ensinar algo novo. Pense nisto: 10 minutos diários equivalem a cerca de 40 horas de ensinamentos gratuitos por ano. Imagine quanto esse treinamento custaria se você enviasse os colaboradores para um seminário com essa duração.

Eu fornecia a todos os gerentes da Walt Disney World as seguintes instruções para ajudá-los a planejar as pautas dessas reuniões. O título era: "Por que fazemos reuniões de abertura das atividades?".

- Para permitir uma comunicação diária.
- Para informar os Membros do Elenco sobre o que é importante.
- Para agradecer-lhes pelo ótimo desempenho.
- Para responder a qualquer tipo de pergunta.
- Para transmitir informações sobre produtos e serviços.
- Para saber do que os Membros do Elenco precisam para desempenhar suas funções da forma ideal.
- Para motivá-los.

Eu também incentivava os líderes a verificar as habilidades e os conhecimentos dos Membros do Elenco durante essas reuniões. Eles poderiam dizer, por exemplo: "George, mostre para a equipe como apresentar e servir uma garrafa de vinho", "Margot, a que horas o Magic Kingdom fecha hoje e a que horas soltaremos os fogos de artifício?" ou "Tristan, o que você faria se um Convidado

Estratégia nº 4 | Crie mágica por meio da capacitação   187

quisesse descontar um cheque de outra pessoa?". O objetivo é manter as pessoas sempre atentas e ajudar a garantir que elas aprendam tudo o que é importante.

Murais (à moda antiga). Os murais podem parecer antiquados na era digital, mas, quando localizados em pontos estratégicos e atualizados com conteúdos interessantes, podem ser ótimos instrumentos de comunicação. Na Disney World, eles levam ao conhecimento dos Membros do Elenco todo tipo de assunto – desde notas de satisfação dos Convidados até detalhes sobre festas em feriados. São afixados em locais de destaque, como áreas de descanso e lanchonetes, para que sejam sempre vistos. Cada mural é de responsabilidade de uma pessoa, que se orgulha de mantê-lo em dia e com um bom apelo visual.

Reuniões individuais. Uma das diretrizes da Disney World é que todos os gerentes agendem conversas individuais com seus colaboradores diretos. Alguns gerentes com pouco tempo de casa fogem dessa tarefa, mas logo percebem que ela é um excelente meio para a troca de ideias sobre as mais variadas questões, como necessidade de treinamento, cronogramas ou problemas relativos a processos. E, talvez o mais importante, é uma forma que os líderes têm de demonstrar interesse genuíno por aquela pessoa em particular e por suas aspirações.

9. Dê feedback de forma imediata e eficaz. O feedback é um ótimo método de treinamento, até porque, para aplicá-lo, você deve primeiro se condicionar a observar o desempenho dos colaboradores. Depois, tem que transmitir rapidamente sua mensagem a eles. Lembra-se de quando você era criança e fazia alguma coisa errada? Sua mãe não esperava até o relatório anual para lhe dizer isso. Da mesma forma, nas ocasiões em que você realizava algo excepcional, como tirar 10 em uma prova ou ajudar um irmão com o dever de casa, seu pai não aguardava uma ocasião especial para elogiá-lo, não é? Pois bem, os adultos também aprendem mais depressa quando o tempo entre a ação e a resposta a ela é curto. Além disso, a maioria dos profissionais só ouve uma manifestação de seus supervisores quando comete uma falha. Portanto, se você deixar para fazer observações e comentários construtivos apenas nas reuniões regulares sobre desempenho, seu silêncio será interpretado como aprovação. Mas lembre-se de ser atencioso e ter tato. E nunca critique uma pessoa na frente de outras.

Sugiro informar os funcionários de que a organização como um todo está indo bem e dizer onde há espaço para melhorias. Na Disney, eu divulgava informações periódicas como: "Temos dificuldade em manter limpas as áreas ao redor das filas quando o parque está muito cheio, então peço que se concentrem nisso" ou "Está sendo difícil acomodar os clientes nos restaurantes pontualmente nos sábados à noite, e estamos trabalhando para melhorar isso".

Suas informações surtirão mais efeito se você utilizar instruções objetivas. Por exemplo, um recurso educacional muito importante são os relatos de casos. Nada transmite lições tão memoráveis ou estimula tanto as pessoas a mudar

Estratégia nº 4 | Crie mágica por meio da capacitação   189

de atitude ou partir para a ação do que uma história bem contada. Aliás, um dos motivos para a grande eficácia dos programas do Disney Institute é o uso que os instrutores fazem da forte tradição que a Disney possui nesse sentido.

Nas minhas palestras e em conversas pessoais, sempre faço referência a momentos da minha vida – passada e presente, em casa e no trabalho – para reforçar aspectos importantes. Percebo que os casos sobre superação de adversidades ou reparação de erros são particularmente úteis, pois muitos líderes têm medo de admitir seus erros por pensar que isso diminuirá sua credibilidade ou será entendido como fraqueza. Contudo, é uma ótima ferramenta de ensino. Considero tão importante que os líderes se apresentem de forma transparente, sem omitir seus pontos fracos, que elaborei uma descrição da minha carreira com mais de 60 páginas, incluindo todas as falhas que cometi e as lições que fui obrigado a aprender, e distribuí esse documento para todos os setores da Walt Disney World. O fato de que as pessoas saberiam que eu fora demitido uma vez e já tivera a fama de ser um gerente intolerante não me incomodou. Pense em quanto elas aprenderam ao saber como superei esses obstáculos.

Outra dica para dar feedbacks dos quais as pessoas se lembrem é: não se limite a dizer – explique. Como pai, aprendi não só a dar ordens ao meu filho como também a ensiná-lo a respeito das consequências de cada ato. Quando Daniel tinha 16 anos, houve uma noite em que ele chegou em casa à meia-noite e meia, uma hora mais tarde do que deveria. Eu lhe disse que estava muito aborrecido. Ele, como é típico dos adolescentes, respondeu que eu não estava sendo justo e me acusou de ter marcado sua chegada para as 23h30 porque eu queria ir dormir. Expliquei que tinha lido um estudo que apontava um aumento de 35% no número de acidentes de carro após a meia-noite, quando a maioria das pessoas sai dos bares. Daniel continuou não gostando da minha regra, mas, depois de entender por que a impus, ele passou a se lembrar dela e a respeitá-la. Já quando eu era jovem, meu pai dizia: "Volte para casa na hora que eu mandar". Se eu perguntasse por quê, ele respondia: "Porque eu estou dizendo". Isso não me ensinava muita coisa.

De modo semelhante, nos negócios, ao anunciar uma diretriz ou decisão, apresente a lógica em que ela se sustenta, além dos fatos e números relevantes. Assim como aconteceu com meu filho, mesmo que seus funcionários não concordem, eles respeitarão mais a sua resolução se você explicar seu raciocínio.

10. Prepare-os para o inesperado. Uma maneira de ensinar sua equipe a lidar com incertezas é imaginar todo tipo de cenário possível e ensaiar as reações mais eficazes. É assim que soldados, atletas e outras pessoas que precisam atuar em condições imprevisíveis são treinados. Isso também vale para os negócios. Ao instruir seus funcionários a realizar tarefas de rotina, prepare-os ainda para todas as situações incomuns que possam ocorrer e capacite-os a enfrentar cada contingência. Não dá para pensar em tudo, mas tente considerar os desafios mais prováveis.

Na Walt Disney World, os Membros do Elenco têm que estar preparados para todo tipo de circunstância – de

Estratégia nº 4 | Crie mágica por meio da capacitação   191

pequenos incidentes, como o fato de uma criança passar mal em um brinquedo ou um Convidado perder a carteira, a grandes emergências, como furacões. Uma estratégia que usamos para prever casos assim foi pedir aos gerentes que tomassem nota de todos os imprevistos que prejudicavam a rotina de trabalho. Com base nas próprias experiências, eles costumavam produzir uma lista bem longa. Depois, uma equipe de gerentes e Membros do Elenco que atuavam no atendimento direto aos Convidados criavam diretrizes operacionais para lidar com cada situação. Por exemplo: "Se um Convidado perder o ingresso do parque, leve-o imediatamente ao setor de atendimento para verificação dos registros e emissão de um novo bilhete" ou "Caso um Convidado fique chateado porque o restaurante não serve mais seu prato favorito, peça desculpas e ofereça um acompanhamento ou petisco por conta da casa".

Se você e seus funcionários pensarem juntos, conseguirão prever as situações mais difíceis. Assim que as instruções de reação estiverem prontas, empregue técnicas como simulações e ensaios para treinar o comportamento da equipe.

Certa vez, Bill Marriott me disse uma coisa da qual nunca me esqueci: "Lee, o único jeito de alcançar a excelência em qualquer atividade é por meio da instrução e do cumprimento do que for estabelecido". Eu atualizaria esse ensinamento, dizendo: "O único jeito de alcançar a excelência é por meio da instrução, do cumprimento do que for estabelecido e de altas doses de reconhecimento, apreço e incentivo" (tópico que apresento no capítulo 9).

Lembre-se: se você não treinar e desenvolver seus funcionários, você os perderá para outra empresa que faça isso. Um jovem amigo meu chamado Casey pediu demissão da organização onde trabalhava mesmo sendo muito valorizado (ele chegou até a ser promovido lá). Perguntei-lhe por que estava abrindo mão de um futuro promissor aos 29 anos de idade. Sua resposta deveria servir de alerta geral: "É verdade que recebi um treinamento excelente, mas nunca cheguei a progredir. Ninguém parou para me conhecer, me monitorar, me aconselhar, nem sequer para perguntar quais eram as minhas aspirações. Embora eu tenha certeza de que possuo muitos pontos fracos, ninguém os discutiu comigo. A única preocupação ali era que eu cumprisse as tarefas – não existia interesse em relação a mim e ao meu desenvolvimento pessoal". Ele acabara de ser fisgado por uma grande empresa e já estava sendo preparado para assumir responsabilidades maiores.

Alguns gerentes costumam me perguntar quanto tempo devem dedicar ao treinamento e ao desenvolvimento de funcionários. Minha resposta é sempre a mesma: "Muito". Não existe uma fórmula para isso, assim como não há estatísticas que apontem o número ideal de horas por semana. No entanto, eu diria que, se um líder precisa perguntar se está se esforçando o suficiente para fazer com que sua equipe progrida, a resposta é: provavelmente, não. Faça as seguintes indagações a si mesmo com regularidade e observe se fica satisfeito com as respostas:

- As pessoas que trabalham para você agem como se tivessem apenas um emprego ou trabalham como quem possui um propósito?
- Todos os funcionários sabem dizer qual é a visão ou o propósito de sua empresa?
- Que tipo de acesso a oportunidades de aprendizado você oferece a seus colaboradores?
- Quantos profissionais foram capacitados e promovidos sob sua liderança?
- Quantos cursos ou seminários sua empresa oferece? Quantos deles são ministrados por você?
- Com que frequência especialistas de sua organização ou do mercado em geral compartilham conhecimentos com seus funcionários?
- Quais são seus resultados em índices de satisfação de clientes e colaboradores?
- Esses resultados têm melhorado gradativamente ou piorado?
- Como sua organização se sai nos indicadores de desempenho?

Não se esqueça de que os grandes professores costumam ser grandes líderes. Portanto, estabeleça como prioridade transmitir a todos os que trabalham com você as ferramentas, a orientação e o propósito necessários para que cada um deles seja o melhor possível. Afinal, esse é o principal truque por trás da magia da Disney.

COLOCANDO EM PRÁTICA

- Faça com que todos os funcionários estejam totalmente integrados à sua cultura corporativa.
- Crie declarações objetivas que reflitam seus valores e sua missão e assegure-se de que todos compreendam o significado.
- Faça com que colaboradores de todos os níveis hierárquicos assimilem o propósito de sua organização.
- Leve a sério suas responsabilidades como professor, treinador e conselheiro.
- Ensine os funcionários a executar os aspectos técnicos de suas tarefas e *também* a superar as expectativas dos clientes.
- Prepare a equipe para fazer algo equivalente a Cinco Minutinhos e Momentos Mágicos.
- Explique quais são os fatores determinantes da satisfação dos clientes de acordo com a função de cada colaborador.
- Desenvolva múltiplas maneiras de se comunicar regularmente com sua equipe.
- Proporcione um feedback construtivo de modo rápido e eficaz.
- Faça com que todos os colaboradores compreendam o que se espera deles.
- Realize testes periódicos de conhecimentos e habilidades.
- Lembre-se de que você está ensinando por meio do seu próprio exemplo a cada minuto.

Estratégia nº 4 | Crie mágica por meio da capacitação   195

7

Estratégia nº 5
Elimine inconvenientes

Em uma de minhas primeiras semanas como gerente geral do Marriott de Springfield, Massachusetts, um hóspede irado entrou na minha sala certa manhã. Na noite anterior, ele e a esposa tinham ido ao restaurante do hotel para celebrar os 25 anos de seu casamento. Pediram dois pratos de lagosta e um caro Chardonnay. Ficaram esperando o vinho... continuaram esperando... e esperaram ainda mais... Até que chegaram as lagostas, mas nada do vinho. Quando finalmente puderam brindar à união, só restavam cascas de lagosta nos pratos. Um momento que deveria ter sido especial ficara marcado por frustração e irritação. Pedi desculpas e convidei o casal a repetir a comemoração por conta da casa.

Naquela noite, na reunião que antecedia a abertura do restaurante, solicitei aos garçons que descrevessem o procedimento para servir um vinho. Eles me disseram que, uma vez feito o pedido, o garçom tinha primeiramente que registrar o preço do produto na comanda do cliente e, depois, mostrá-la ao gerente do restaurante, que então

196

abria o armário dos vinhos – que era mantido trancado – e pegava a garrafa certa. O armário ficava no próprio salão do restaurante, porém só o gerente tinha a chave.

O garçom que atendera ao casal na noite anterior explicou que levara quase meia hora para localizar o gerente – parece que ele tinha ido ao depósito fazer alguma coisa e não informara isso a ninguém. Como o gerente era a única pessoa com a chave do armário, o casal só recebeu a bebida quase na hora da sobremesa.

Depois de ouvir esse relato, comecei a explicar o novo procedimento que passaríamos a adotar todas as noites após a abertura do restaurante: "A partir de agora, o gerente deixará o armário destrancado. Sempre que um cliente pedir uma garrafa de vinho, o garçom fará a anotação na comanda, pegará a garrafa e servirá a bebida. No fim da noite, o gerente confrontará o estoque de vinhos com os registros dos pedidos e trancará o armário. Além disso, de vez em quando, aleatoriamente, ele solicitará aos garçons que lhe mostrem as comandas. Servir um vinho antes de anotar o pedido será considerado um problema grave, e haverá consequências".

Nunca mais tivemos um repeteco daquela celebração frustrada. E o melhor: passamos a vender muito mais vinho, pois os clientes eram servidos com tanta agilidade que tinham tempo de pedir uma segunda garrafa durante a refeição. Todos ficaram felizes com o resultado, afinal os clientes recebiam a bebida rapidamente, os garçons ganhavam gorjetas maiores e o gerente lidava com menos reclamações e problemas.

Até agora, você viu como criar uma estrutura organizacional eficaz, selecionar os profissionais ideais para cada função, treiná-los e promover seu desenvolvimento no contexto de uma cultura criativa e voltada para a inclusão. Porém, mesmo profissionais capacitados que atuam em um ótimo ambiente não conseguem criar magia se não puderem contar com processos bem ajustados que lhes deem condições de realizar um bom trabalho. Todos os negócios funcionam com base em processos. Existem diversas denominações para esses processos, entre as quais regras, procedimentos, políticas e diretrizes operacionais. São eles que definem o modo como os funcionários devem interagir tanto com as pessoas – colegas, clientes e contatos externos – quanto com o ambiente físico e com a tecnologia para realizar serviços específicos da melhor maneira e com maior eficiência. Processos eficazes fazem com que as tarefas de rotina fluam de forma tranquila e estável, permitindo que os colaboradores dediquem mais tempo a atividades adicionais capazes de transformar um bom negócio em um negócio excelente. Por outro lado, processos ineficientes geram caos, confusão e inconvenientes. E essas situações complicadas acabam afastando os clientes e deixando os funcionários frustrados, o que pode transformar um bom negócio em uma atividade decadente ou mesmo inviável.

Vou dar alguns exemplos. Temos a expectativa de chegar pontualmente ao trabalho graças aos processos que regulam o trânsito e os horários dos transportes públicos. Os alunos passam de uma série para outra porque as escolas têm métodos para ensinar, avaliar e promover os estudantes. Em alguns lugares, há um procedimento até mesmo para a retirada do lixo que inclui a especificação exata do que deve ser reciclado e o que não pode ser jogado fora em determinados dias. Contudo, só costumamos pensar nesses sistemas quando eles falham. Basta se lembrar da última vez em que você ficou preso em um aeroporto porque uma tempestade interferiu nos processos normais de tráfego aéreo ou de quando uma questão trabalhista fez com que o sistema de transporte público deixasse de funcionar.

O que eu disse sobre a estrutura organizacional no capítulo 4 também se aplica aos processos: ignorar os detalhes acabará prejudicando você. Para maximizar o potencial dos funcionários e a satisfação dos clientes, evite ao máximo submetê-los a inconvenientes causados por procedimentos ruins. Uma de suas responsabilidades como líder, portanto, é identificar problemas nos processos e corrigi-los o mais rápido possível.

Alguns líderes consideram a avaliação de processos entediante, técnica ou corriqueira demais para ocupar o tempo de profissionais criativos e de visão como eles. No entanto, ninguém menos do que Walt Disney, um dos mais criativos empreendedores, reconheceu a importância dos processos e os transformou em peças-chave da organização que fundou. À medida que sua empresa crescia – do trabalho de um jovem gênio em uma garagem à formação de equipes de artistas, escritores, compositores e técnicos que criavam desenhos animados –, Disney foi inventando os processos que tornaram possível levar sua magia às telas.

Depois, ao inaugurar a Disneylândia, ele criou processos para tudo, desde marcações de tempo para os passeios nos parques temáticos até a preparação correta de um cachorro-quente. Seu objetivo era garantir que tudo corresse de forma impecável e que os Convidados ficassem impressionados com a excelente qualidade dos serviços. E ele não esperava funcionários e clientes reclamarem de inconvenientes para reavaliar seus processos. Agindo como todo bom líder, Disney *procurava* maneiras de melhorar cada atividade. Afinal, o raciocínio "Sempre fizemos desse jeito" poderia significar que aquilo sempre fora executado da forma errada. De fato, o processo envolvendo o serviço do vinho no Marriott de Springfield, que acabou causando aquele desastre no jantar do casal, estava em vigor havia muitos anos. O gerente do restaurante, assim como outros antes dele, o aceitara em vez de questioná-lo e tomar para si a responsabilidade de melhorá-lo.

Um dos motivos pelos quais Walt Disney amava os parques temáticos era que, ao contrário do que acontecia com seus filmes, eles nunca estavam totalmente prontos. Disney sempre descobria uma maneira melhor de fazer as coisas. "Quero algo que seja vivo, que cresça", disse certa vez. "O parque é assim. Além de ser possível adicionar coisas, as árvores jamais param de crescer. Ele ficará mais bonito ano após ano." Essa é sua tarefa como líder: ajudar a empresa a evoluir, permanecendo atento a funcionários e clientes e refinando os processos com regularidade – dentro dos limites adequados de custos e segurança, é claro – para que todas as atividades sejam cumpridas de modo eficiente e sem inconvenientes. Veja a seguir dicas de como fazer isso.

1. Pergunte *o que* em vez de *quem*. Quando aquele cliente do restaurante me relatou a situação frustrante que marcou o jantar com que ele pretendia comemorar seu aniversário de casamento, minha primeira reação poderia ter sido dar uma bronca no garçom ou punir o gerente. Felizmente, eu já tinha aprendido uma lição importante sobre liderança: quando surge um problema, em vez de procurarmos de imediato alguém para culpar, temos que observar primeiro se aquele inconveniente está sendo causado por um procedimento ou uma diretriz ineficaz.

Começar a resolver o problema corrigindo primeiro as falhas de processo é uma maneira mais eficiente de reagir e faz uma enorme diferença na motivação da equipe. Medidas disciplinares só são necessárias quando alguém ignora os procedimentos intencionalmente. Porém, se o desajuste é causado pelas próprias diretrizes operacionais, acusações podem ser destrutivas. Assim, ao detectar padrões de queixa, tenha como hábito examinar o sistema para identificar o que está dando origem às reclamações – não *quem*, mas *o quê*. Mais vezes do que você imagina, o distúrbio estará relacionado aos procedimentos.

2. Ouça os clientes. A maioria das reclamações que as empresas recebem dos clientes aponta para falhas de processo. Leia as cartas e os e-mails deles mantendo isso em mente e obterá informações valiosas sobre os tipos de processo que precisam ser mudados.

Em uma manhã de sábado, fui a uma loja da Costco e comprei uma mala para minha esposa, que viajaria para a

Estratégia nº 5 | Elimine inconvenientes   201

Europa. Quando cheguei em casa, Priscilla me disse que a mala era muito pequena, então retornei à loja e a devolvi. Recebi o reembolso na hora e sem ouvir nenhuma pergunta do atendente. Em menos de cinco minutos, estava tudo resolvido. Em outra ocasião, tentei devolver uma torneira que havia adquirido em uma loja de uma grande rede. O atendente do setor de encanamentos me encheu de perguntas: Por que eu não estava satisfeito com a torneira? Ela não estava funcionando direito? Qual era o problema? E assim por diante. Após entender que eu tinha um bom motivo para não querer ficar com o produto, ele me informou que necessitava da aprovação do gerente para fazer a devolução, porém não havia ninguém disponível com a autoridade necessária para aprovar aquela operação. Passou-se mais de uma hora até que eu conseguisse falar com o gerente geral, que finalmente resolveu a situação. É preciso dizer que nunca mais voltei àquela loja e que sou um cliente fiel da Costco?

Todos vivem com pressa hoje em dia, portanto acelerar os processos deve ser um objetivo constante de qualquer negócio. Isso vale sobretudo para os procedimentos que podem ser demorados e irritantes, como trocas de mercadoria, contatos com serviços de atendimento ao cliente e pagamentos de compras. Por exemplo, certa vez estive em uma loja nova da Walmart e constatei que os preços baixos não são o único motivo por trás do enorme sucesso da empresa. Seus processos não só garantem que as prateleiras estejam sempre com um bom estoque como fazem o sistema de pagamento, incluindo a aprovação de cartões de crédito, ser rapidíssimo. Além disso, as lojas são limpas e os funcionários, amigáveis. Em parques temáticos como o *Walt Disney World*® Resort, a principal causa de reclamações são, naturalmente, as filas. Ao longo dos anos, a empresa tentou reduzir o tempo de espera nas atrações mais concorridas e torná-lo o mais confortável e agradável possível. Os Membros do Elenco são preparados para tratar com cortesia os Convidados impacientes e manter ocupadas as crianças agitadas. Também são exibidos filmes para entreter e informar os que aguardam na fila. Em 1999, foi introduzida uma grande inovação: um processo de reserva informatizado chamado FASTPASS®. Com esse sistema, os Convidados obtêm um cartão que lhes permite reservar um período de uma hora no mesmo dia para retornarem à atração. Ao voltarem durante o horário agendado – das 15h às 16h, por exemplo –, eles chegam bem mais depressa ao brinquedo entrando em uma fila especial.

O FASTPASS® foi uma excelente solução para uma eterna dificuldade que muitos consideravam incontornável. Ele demonstra que às vezes, com um pouco de visão e criatividade, é possível modificar processos por meios que ninguém imaginaria, mas que fazem uma diferença enorme para os clientes. Há pouco tempo, a Walt Disney World criou um processo chamado *Disney's Magical Express*, que facilitou de modo extraordinário o check-out dos hotéis e o traslado para o aeroporto. Os Membros do Elenco viam tantos pais ensandecidos, tentando controlar crianças cheias de energia e sem esquecer nenhuma sacola, mala ou passagem aérea, que criaram uma forma de simplificar

Estratégia nº 5 | Elimine inconvenientes 203

esse processo. Agora, os Convidados podem despachar as malas e receber seus cartões de embarque no próprio hotel. Depois, é só fazer o check-out e pegar um ônibus da Disney direto para o aeroporto. Como você pode imaginar, a eliminação desses inconvenientes representou mais uma vantagem competitiva para a empresa.

E há outra. Durante anos, os Convidados tinham uma quantidade limitada de escolhas com relação ao tipo de entrada que podiam comprar. Porém, por meio de enquetes direcionadas, cartas, pesquisas e reclamações nos guichês de vendas, soubemos que eles queriam ter mais opções. Foi o que fizemos. Por exemplo, realizamos uma adaptação no ingresso para o Park Hopper, que permite aos Convidados visitar qualquer um dos quatro parques num período de três dias, incluindo versões com prazos de um e dois dias. De fato, hoje os Convidados podem adquirir praticamente qualquer combinação de opções se estiverem dispostos a pagar por elas – e muitos deles estão.

3. Veja por si mesmo o que está dando certo e o que não está. Em um hotel que administrei, às vezes os hóspedes recém-chegados reclamavam de que algo que haviam solicitado, como um berço ou uma geladeira, não estava no quarto. Após ouvir inúmeras mães e pais gritando com o recepcionista enquanto os bebês choravam ao fundo, decidi investigar a situação. Para meu desagrado, descobri que o sistema que usávamos para atender esses pedidos era péssimo. Introduzi então um sistema em que, no momento da reserva, o atendente perguntava

204   Criando magia

aos hóspedes a que horas eles pretendiam chegar. Dessa forma, as camareiras podiam atender às solicitações com bastante antecedência. Depois, melhoramos o processo mais um pouco. Fizemos um levantamento dos itens que eram requisitados com maior frequência e mantivemos alguns deles permanentemente nos quartos. O custo de adicionar ferros, tábuas de passar, cafeteiras, travesseiros e geladeiras foi mais do que compensador. Graças a essa medida, houve um aumento na satisfação dos hóspedes e uma redução dos gastos com pessoal, uma vez que já não necessitávamos de funcionários extras para providenciar itens comuns toda vez que alguém os pedia. Além disso, nunca mais tivemos que pedir desculpas a um hóspede irritado com a falta de algo que ele havia solicitado.

Essa cadeia de melhorias nos processos talvez nunca tivesse começado se eu mesmo não tivesse ouvido as reclamações. A partir de então, fiz questão de receber pessoalmente os feedbacks e me responsabilizar pela correção dos processos em vez de delegar essas tarefas a níveis mais inferiores da linha hierárquica. Você se lembra da história daquele casal cuja comemoração de 25 anos de casamento foi arruinada pelo atraso na chegada do vinho? Tomei conhecimento imediato desse inconveniente porque já havia estabelecido um processo que permitia a qualquer hóspede insatisfeito ter acesso direto a mim. Na capa de todos os cardápios havia um adesivo dourado de 5 centímetros de altura com a mensagem: "Caso não esteja satisfeito com algum aspecto de sua experiência neste restaurante, entre em contato com o gerente ou comigo". Em seguida, vinham meu título e meu nome. De fato, obter uma resposta rápida e pessoal de alguém em uma posição de liderança fazia toda a diferença no resultado final – a manutenção ou a perda do cliente.

Na Walt Disney World, costumávamos escrever cartas pedindo desculpas aos Convidados que enviavam reclamações, só que nossos pedidos não pareciam surtir efeito. Então, começamos a *telefonar* para eles. Sem dúvida, fazer ligações requer muito mais tempo do que mandar cartas ou e-mails. Porém, as conversas nos permitiam compreender inteiramente a natureza da queixa de cada pessoa. Além disso, pense no que significa para um Convidado insatisfeito conversar com alguém educado e atencioso, interessado em saber detalhes sobre o problema e encontrar uma forma de compensá-lo por isso. Essas conversas individuais nos permitiram realizar um número incalculável de mudanças nos processos nas quais nunca teríamos pensado, não fossem esses contatos. Também é difícil imaginar quanto dinheiro a empresa ganhou graças a esses telefonemas; afinal, por meio deles fizemos com que Convidados que poderiam jamais ter voltado à Disney ou nos recomendado a outras pessoas mudassem de ideia.

4. Sonde constantemente seus funcionários. Como líder, você precisa estar sempre atento às queixas de sua equipe. É útil ter um procedimento estabelecido para revelar falhas de processo e depois acompanhá-las para garantir que sejam resolvidas.

Quando me tornei gerente geral de um hotel da Marriott, organizei um grupo de representantes dos funcionários de todos os setores e passei a me reunir com eles uma vez por semana durante uma hora. Também participavam o diretor de recursos humanos e o diretor de manutenção, pois a maioria dos problemas se relacionava a essas duas áreas. Minha secretária anotava tudo o que era dito – desde reclamações envolvendo equipamentos e peças quebradas ou em falta a questões de segurança. Enviávamos a lista para os responsáveis pelos departamentos para que sanassem os problemas, de preferência antes da próxima reunião, quando revíamos cada item para confirmar se havia sido resolvido. Todos os tópicos eram numerados e permaneciam na relação até serem solucionados de forma satisfatória.

Além de garantir que nenhum detalhe deixasse de ser analisado, esse processo habituava funcionários de todos os níveis a avaliar continuamente os procedimentos e nunca aceitar como resposta final o argumento "É assim que fazemos". Eles se acostumaram a formular perguntas como: "Por que isso é feito assim?", "O que aconteceria se não tivéssemos essa diretriz?" e "Qual é o risco de mudá-la?". Tudo isso aumentou muito a confiança da equipe. Afixávamos a lista de itens em todos os murais para que os colaboradores soubessem que eu estava ouvindo o que eles tinham a dizer e que eu lidava com as questões consideradas importantes. E, ao verem que a administração de fato tentava resolver os problemas, eles tinham cada vez mais disposição de nos informar.

Não se esqueça: se você não acompanhar cada questão até o fim, sua credibilidade despencará, e as pessoas se calarão. Alguns assuntos podem parecer insignificantes aos seus olhos, mas têm grande importância para os funcionários. Entre os problemas que você ouvirá se estiver atento estão questões internas, como processos complicados para programar férias ou bater ponto. Outros, como dificuldades em corrigir um erro na folha de pagamento ou a mudança de escala por causa de uma emergência, podem provocar conflitos familiares. Há também desvios de processo que são mais sistêmicos e dispendiosos. Por exemplo, o cálculo da folha de pagamento, a remuneração pontual de fornecedores e as contas a receber.

Vou dar o exemplo de uma mudança em um processo da Disney World que facilitou a vida dos funcionários e fez com que a empresa economizasse dinheiro. Houve uma época em que pedíamos aos Membros do Elenco que passassem todos os dias pelo departamento de fantasias para trocar os trajes usados por peças limpas. Como essa prática era criticada com muita frequência, mudamos o processo: os Membros do Elenco foram autorizados a retirar até cinco fantasias de uma vez e depois trocá-las juntas ou lavá-las em casa. Eles ganharam tempo, pois já não precisavam se deslocar até aquele departamento diariamente, enquanto a empresa reduziu os custos com as lavagens.

Portanto, capacite seus funcionários a identificar problemas de processo, porém não espere que eles procurem por você. Reúna grupos preparados para discutir os procedimentos. Na Disney, eu realizava reuniões regulares visando estimular a reflexão conjunta sobre processos, políticas, regras e diretrizes operacionais. Dei a elas o nome de "eliminar/começar/continuar", pois nesses encontros nos perguntávamos quais processos extinguir, quais iniciar e quais manter. Por exemplo, um processo que decidimos eliminar foi o de pedir aos Convidados que assinassem os comprovantes dos cartões de compra pré-pagos para valores abaixo de 25 dólares. Assim, o tempo das transações nos pontos de venda diminuiu, sem um aumento relevante do risco de fraudes. Um processo que resolvemos adotar foi o de solicitar documentos de identidade aos Convidados recém-chegados – uma precaução de segurança instituída após os atentados de 11 de setembro de 2001. E um processo que optamos por manter foi o de realizar, em todos os departamentos, as reuniões diárias de abertura das atividades.

Às vezes, modificar um processo requer uma combinação de eliminação, início e continuação. Por exemplo, em uma discussão sobre maneiras de reduzir a quantidade de louças quebradas ou perdidas: "Vamos *parar* de contar as louças todos os dias e *começar* a fazer essa verificação apenas uma vez por semana, mas vamos *continuar* treinando a equipe da cozinha para arrumar corretamente os pratos e assim diminuir o número de quebras".

Os colaboradores diretos também usavam esse modelo na comunicação com seus supervisores. Um gerente recebia o seguinte pedido, por exemplo: "Gostaríamos que você *parasse* de marcar tantas reuniões sem nos avisar com antecedência, porque isso causa atrasos na execução de

Estratégia nº 5 | Elimine inconvenientes   209

nossas tarefas. Gostaríamos que *começasse* a utilizar uma pauta durante as reuniões para ficarmos concentrados nos pontos que serão discutidos. E gostaríamos que *continuasse* se reunindo conosco uma vez por mês para conversar sobre nosso desempenho e nos conhecer melhor".

5. Aproveite as soluções apresentadas pelos funcionários. Talvez essa seja a dica mais importante deste capítulo. Os colaboradores, além de se encontrarem na posição ideal para identificar problemas de processo, também estão habilitados a resolvê-los. Afinal de contas, são eles que trabalham e interagem com os clientes.

Se eu relatasse cada ótima ideia que os Membros do Elenco nos apresentaram em um só ano, elas ocupariam todo este livro. Vou mencionar algumas. Houve uma época em que as camareiras estavam chateadas com o fato de perderem muito tempo e se cansarem demais empurrando os carrinhos de limpeza pelos grossos carpetes dos corredores. Então decidiram perguntar se a empresa poderia providenciar carrinhos motorizados. Esse investimento deu excelentes resultados, pois permitiu que elas trabalhassem bem mais depressa e se cansassem menos. A empresa, por sua vez, economizou um bom dinheiro com a redução da quantidade de faltas e despesas médicas. Em outra ocasião, os atendentes dos estacionamentos apresentaram uma solução criativa para o eterno problema dos Convidados que, após um dia inteiro de diversão, já não sabem mais onde deixaram o carro. Todos os atendentes passaram a ter um diagrama da enorme área do estacionamento e a anotar a que horas cada seção fica lotada. Quando um Convidado não lembra onde estacionou, eles perguntam: "A que horas o senhor chegou?". Só isso já diminui incrivelmente o espaço de busca. E os Convidados são conduzidos em carrinhos de golfe até acharem seu automóvel.

Outra história que adoro contar é a do setor de Serviços Têxteis da Disney. No capítulo 5, relatei o caso dos nós na fita da máquina de passar roupa. Na verdade, esse processo começa com a chegada de carrinhos bem altos, contendo centenas de peças sujas, entre lençóis, fronhas e toalhas, que são colocadas em uma esteira transportadora. Assim tem início o percurso que envolve as operações de lavar, secar e passar. Em determinado momento, cansados de subir nos carrinhos para retirar os tecidos que ficavam presos nos cantos, os Membros do Elenco improvisaram uma ferramenta: um arame grosso em forma de gancho envolto em fita adesiva. Com esse instrumento, eles alcançavam cerca de um metro a mais, chegando a todos os cantos dos carrinhos.

Essa melhoria foi aprimorada alguns anos depois, quando um gerente pediu aos Membros do Elenco que pensassem em uma solução capaz de reduzir os prejuízos que vinham sendo causados pelos ganchos improvisados. Uma das pessoas que colocavam as peças na esteira nos informara de que às vezes essas ferramentas faziam furos nos lençóis, que então ou eram jogados fora ou iam parar sem querer na cama de um Convidado. O gerente perguntou à equipe como esse problema poderia ser resolvido. "Basta fazer o gancho arredondado em vez de pontudo"

Estratégia nº 5 | Elimine inconvenientes   211

foi a resposta. Assim, usando maçaricos, soldadores realizaram essa mudança. Ken Miratsky, gerente da lavanderia, calcula que a inovação faz a empresa economizar 120 mil dólares por ano em lençóis rasgados.

Para reiterar uma mensagem que já repeti várias vezes: *todas* as empresas têm algo a aprender com exemplos desse tipo. Quando os líderes da Mercedes Homes, sediada na Flórida, ouviram a história do estacionamento em um programa de capacitação do Disney Institute, ficaram motivados a perguntar a seus funcionários do setor de atendimento quais eram os problemas que precisavam ser resolvidos e quais seriam as melhores soluções. Um deles mencionou que muitas pessoas idosas para as quais a empresa construía casas não tinham condições físicas de instalar reforços nas janelas para se protegerem de um furacão. Por isso, essas residências sofriam mais danos do que as outras. Outro funcionário propôs uma solução para esse processo: organizar uma lista dos clientes idosos e, sempre que houvesse previsão de tempestades, entrar em contato com eles para perguntar se necessitavam de ajuda. Esse serviço simples e nobre preservou muitas moradias e fez maravilhas pelo relacionamento com os clientes.

6. Experimente realizar um intercâmbio de auditorias. Essa é outra estratégia que recomendo para auxiliar os funcionários a identificar e solucionar problemas de processo. Tanto na Marriott quanto na Walt Disney World, implementei um sistema chamado intercâmbio de auditorias, em que gerentes de hotéis e parques passavam um dia examinando as atividades uns dos outros. Com base na premissa de que as pessoas conseguem ver as situações com outros olhos quando não estão envolvidas nelas, pedimos aos gerentes dos hotéis e dos parques que procurassem pontos fracos nos controles, custos e procedimentos dos outros. Ao longo do dia, eles visitavam diferentes departamentos, fazendo perguntas aos gerentes e às equipes e observando as atividades. Os resultados eram excelentes: além de identificarem falhas nas operações que analisavam, os gerentes tinham boas ideias quanto a processos e procedimentos que podiam ser implementados em seus próprios setores.

Certa vez, ao auditar o hotel administrado por um colega, um gerente geral da Disney surpreendeu-se ao ver no lobby tratadores de animais do Animal Kingdom falando e fazendo demonstrações sobre pássaros e outras espécies de pequeno porte. Com isso, eles tornavam mais rápido e agradável o tempo de espera dos Convidados na fila de check-in. O gerente retornou ao seu hotel e também passou a promover atividades de entretenimento nos dias de grande movimento. Outra gerente, ao auditar um hotel, percebeu que havia uma fila de check-in especial para Convidados que já tinham se hospedado ali antes. Os que chegam pela primeira vez precisam receber explicações sobre os pacotes que adquiriram, o que não costuma ser necessário para quem já esteve no hotel em outra ocasião. Assim, fazer filas separadas acelera o processo para *todos*. Então, a gerente instituiu um procedimento semelhante em seu hotel.

7. Mantenha-se a par das novas tecnologias. Os avanços na informática e em outras áreas tecnológicas possibilitam acelerar processos, cortar custos e eliminar inconvenientes como nunca antes. Ao longo dos anos, a Disney sempre se beneficiou de todo tipo de tecnologia nova. No passado, era comum que os Convidados de um hotel voltassem ao quarto no fim do dia e constatassem que ele não tinha sido arrumado. Examinando o problema, percebemos que a falha estava no processo administrativo: os gerentes não dispunham de um recurso para monitorar quais unidades haviam sido limpas. Então, implementamos um novo sistema eletrônico. As camareiras agora digitam um código no telefone de cada quarto assim que terminam de arrumá-lo. Os códigos são transmitidos para um banco de dados informatizado, que é acessado pelos gerentes para saber quais quartos já foram preparados e quais ainda não foram. Assim, eles podem informar as camareiras e garantir que todos os quartos estejam prontos antes das 15h.

Esse antigo problema de processo foi solucionado porque alguém conhecia esse tipo de tecnologia. Os líderes que não se atualizam nessa área estão prestando um grande desserviço a si próprios e a suas empresas. Para isso, não é necessário se tornar um aficionado por computador (embora talvez seja preciso *contratar* algumas pessoas assim) nem gastar um tempo enorme com pesquisas. Basta olhar à sua volta. Seu carro novo é equipado com um sistema computadorizado de voz que avisa quando está na hora de fazer a revisão? Talvez você possa aplicar uma tecnologia como essa na sua empresa. Você tem acesso às notas escolares de seus filhos por meio da internet? Quem sabe seja possível manter algumas informações on-line para eliminar inconvenientes no seu trabalho? Os colaboradores da Disney, por exemplo, podem acessar a internet em casa e ver seus horários, atualizar informações pessoais, conferir benefícios e tempo de férias e fazer todo tipo de consulta que antes exigia um telefonema ou uma visita a um escritório.

Veja outro exemplo de como a Disney se beneficia das tecnologias da área de informática para equacionar problemas de processo. Quando precisávamos encontrar pessoas dispostas a fazer hora extra, usávamos o método tradicional: saíamos perguntando. Como você imagina, era um procedimento confuso e ineficiente – e os gerentes reclamavam, pois perdiam muito tempo em busca de interessados. Assim, aproveitamos o serviço de intranet e criamos um site especial em que os Membros do Elenco podiam se registrar para realizar tarefas adicionais em qualquer área da empresa. A partir de então, todas as tarefas que demandavam horas extras passaram a ficar disponíveis para os Membros do Elenco por ordem de inscrição. E nunca mais tivemos dificuldade em conseguir pessoas para executá-las.

Além de se manter em dia com os avanços tecnológicos, é importante estar atualizado com as pesquisas mais relevantes relacionadas à sua área – ou até realizá-las você mesmo. Um dos elogios que a Disney World recebe há décadas é o de que a limpeza dos parques é impecável. Levando em conta quantas crianças circulam nesses espaços e quanto se come por ali, mantê-los limpos é uma

Estratégia nº 5 | Elimine inconvenientes   215

conquista e tanto. Como a empresa faz isso? Não basta retirar o lixo religiosamente e treinar os Membros do Elenco para recolher sujeiras do chão sempre que as virem. Da próxima vez que você caminhar pela Main Street do Magic Kingdom ou por alguma outra rua dos parques, conte o número de passos de uma lata de lixo a outra. Verá que elas ficam a cerca de 25 passos de distância. Essa medida não é arbitrária – foi baseada em um estudo que determina o tempo que se leva para tirar o papel de um doce e a distância média que um Convidado percorre nesse período. Esses dados nos ajudaram a elaborar um projeto excelente de distribuição das lixeiras pela propriedade e fizeram uma enorme diferença na preservação da sua limpeza e aparência geral.

8. Antecipe-se. Não fique esperando que os inconvenientes surjam. Encontre formas de evitar que aconteçam. Como se diz na Marinha, "para cada regra, há um marinheiro morto". Isto é: nada muda até alguém cair do navio. Como vimos no capítulo anterior, é essencial que os líderes prevejam os problemas e preparem os funcionários para lidar com eles. Parte do crédito que a Disney World recebeu por sua excelente reação aos furacões de 2004 deve ser dada aos complexos processos que já estavam implantados. Todos os detalhes haviam sido preparados com antecedência: refeições para serem distribuídas aos Convidados, animadores a postos nos hotéis com a finalidade de distrair os hóspedes até que fosse seguro sair e pessoal pronto para cortar árvores caídas e abrir caminho assim que o pior tivesse passado. Além disso, a cada lição aprendida, íamos nos ajustando. Quando descobrimos que muitos Membros do Elenco não poderiam ir nos ajudar durante as tempestades porque não queriam deixar seus animais de estimação sozinhos em casa, adicionamos algo mais ao processo: alojamentos para animais.

Acima de tudo, havíamos estabelecido procedimentos de simulação de emergências. Uma ou duas vezes por ano, representantes de uma empresa iam à Disney para simular diversas situações de emergência – furacões e outros desastres, como vazamento de cloro, ataque com armas químicas etc. – da forma mais realista possível. Quando os desastres reais aconteceram, esses ensaios rigorosos mostraram quanto foram valiosos.

9. Examine seus processos pessoais. Muitos líderes controlam rigorosamente os sistemas que os funcionários utilizam, mas ignoram os próprios. Alguns deles evitam ter uma rotina porque consideram isso algo entediante e desejam ter flexibilidade e agilidade para reagir a mudanças nas situações. No entanto, são as boas rotinas que nos dão a estabilidade necessária para que nos adaptemos a novos desafios. Certa vez ouvi alguém dizer: "Administrar é uma atividade monótona. Se você quer fortes emoções, seja piloto de corrida". Isto é: o objetivo dos gerentes competentes não é procurar por adrenalina, e sim manter tudo sob controle, minimizar percalços e oferecer aos colaboradores as condições estáveis de que eles precisam para realizar o melhor trabalho possível. Os bons processos ajudam a

Estratégia nº 5 | Elimine inconvenientes   217

cumprir as tarefas rotineiras, necessárias e previsíveis, permitindo que o líder se concentre mais na busca de respostas criativas para acontecimentos inesperados.

A falta de organização é um dos maiores problemas que os líderes enfrentam, porém nem sempre eles reconhecem isso. A todo momento surgem novas crises, e eles não percebem que muitas delas poderiam ter sido evitadas com um pouco mais de organização. E, quanto mais incêndios têm que apagar, mais resistem à organização, pois não conseguem ter calma por tempo suficiente para pensar na rotina.

Eu mesmo já fui assim. Quando era diretor regional das operações de alimentos e bebidas da Marriott, fui informado por meu supervisor de que deveria participar de um seminário sobre gerenciamento de tempo. Respondi: "Não tenho tempo para passar dois dias em um seminário sobre gerenciamento de tempo". Eu já me considerava uma pessoa organizada. Ainda que muitas vezes virasse noites e fins de semana trabalhando, concluía as tarefas dentro dos prazos e sempre recebia notas altas por meu desempenho. Demorou um pouco, mas acabei percebendo que aqueles que não dispõem de tempo para aprender a gerenciar o tempo são justamente os que mais precisam disso – como eu. O que aquele seminário me ensinou foi essencial para tudo o que alcancei desde então.

Entre outras coisas, aprendi a estabelecer prioridades em vez de tentar fazer tudo. Aprendi a envolver outras pessoas e a delegar tarefas em lugar de cuidar sozinho de todas as coisas. Aprendi a ter uma vida plena, e não mais duas vidas separadas, a profissional e a pessoal. Aprendi a incluir necessidades pessoais – tempo com a família e amigos, exercícios diários etc. – como compromissos na minha agenda, assim como faço com as obrigações de trabalho. Não há dúvida de que melhorar meus processos pessoais me ajudou a eliminar uma série de inconvenientes, tanto particulares quanto profissionais. Além disso, permitiu que eu me tornasse um líder melhor. É fácil perceber que administração e liderança andam juntas. O talento administrativo nos dá credibilidade; contudo, se não formos organizados, não cumprirmos as tarefas nem mantivermos as promessas, não seremos considerados bons líderes.

Assim, pare e avalie periodicamente seus processos organizacionais – e não inclua somente os que se referem ao trabalho. Tenha controle sobre toda a sua vida, para que o lado pessoal e o profissional não interfiram um no outro, o que cria problemas nessas duas esferas. É recomendável fazer um curso de gerenciamento de tempo ou contratar um especialista para ajudá-lo a elaborar um sistema pessoal. Compre uma agenda[2] – digital, de papel ou até mesmo ambas. Como já mencionei, utilizo uma da marca Day-Timer há anos e também tenho um BlackBerry. Nós três nos complementamos muito bem. Qualquer que seja o sistema de sua preferência, adote-o o mais depressa possível e acompanhe-o 24 horas por dia.

---

2. Veja mais detalhes sobre o uso de agendas e sobre organizar sua vida no livro *A magia do gerenciamento do tempo*, do mesmo autor, também publicado pela Benvirá. [N. E.]

Estratégia nº 5 | Elimine inconvenientes 219

Veja algumas dicas úteis sobre organização:

- Reserve de 5 a 30 minutos toda manhã para planejar seu dia.
- Utilize esse tempo para listar tudo o que você tem que concluir ou iniciar nesse dia.
- Ao organizar essa lista, faça três perguntas a si próprio:
  - De todas as responsabilidades que assumi na vida, a quais devo me dedicar hoje?
  - Que atividade iniciarei hoje que não dará resultados daqui a 1, 5, 10, 20 ou até 40 anos?
  - O que fiz ontem que preciso retomar e melhorar?

O tempo sabe como fugir das pessoas muito ocupadas. Então, se você acredita que ser organizado é coisa de robôs sem criatividade, pense novamente. O tempo que você economizar sendo organizado é o que poderá dedicar a novos aprendizados, a ter outras ideias ou a implementar inovações. Uma boa rotina produz resultados positivos. Ponto-final.

10. Prepare-se para enfrentar resistência. Assim como ocorre com a mudança de uma estrutura estabelecida, a alteração de um processo que está em vigor desperta oposição. Como vimos no capítulo 4, é importante considerar com atenção todos os argumentos antes de tomar uma decisão. Não se esqueça de que alguém teve boas razões para estabelecer o processo que está sendo adotado. Esses motivos podem ter feito todo o sentido na época – e talvez ainda façam. No entanto, se você determinar que esse procedimento precisa ser alterado ou eliminado, use de habilidade para vencer a resistência. Sim, é necessário ter coragem, mas sem essa transformação não haverá grandes melhorias.

Quando fui transferido de Paris para Orlando, recomendei uma mudança de processo que foi recebida com forte resistência pelo Elenco. Eu havia notado que muitos hotéis da Europa não trocam a roupa de cama todos os dias (é claro que, se uma pessoa fica apenas por uma noite, os lençóis são mudados antes da chegada do próximo hóspede). A ideia era economizar água e reduzir custos com pessoal, o que me pareceu muito inteligente. Porém, quando propus isso à Disney World, quase fui banido da cidade. "Os bons hotéis *sempre* trocam os lençóis diariamente", ouvi. "Só as pensões baratas não fazem isso." Todos acreditavam que os Convidados demonstrariam desagrado por essa alteração, deixando de frequentar nossos hotéis. Mas eu tinha fé nessa ideia e, como se tratava de uma decisão reversível, sugeri aos que se opunham: "Por que não fazemos a experiência em um hotel e vemos o que acontece? Se não der certo, voltaremos a trocar a roupa de cama todos os dias".

Testamos o conceito no Caribbean Beach Resort. Colocamos uma carta em cada um dos seus 2 mil quartos, explicando que a nova medida proporcionaria uma economia de milhões de litros de água por dia e evitaria que toneladas de produtos químicos fossem despejadas no meio ambiente. Informamos aos Convidados que atenderíamos com prazer a todos os que preferissem manter a troca diária dos lençóis e registramos esses pedidos no sistema. Além disso, treinamos as camareiras para sempre mudarem as roupas de cama com manchas. Os que eram contrários à ideia ficaram espantados com o resultado. Por dia, somente um ou dois Convidados pediam que a troca fosse diária, enquanto muitos enviaram cartas com elogios por nos preocuparmos com o meio ambiente. Quando estendemos a experiência a outros hotéis, obtivemos a mesma reação positiva. Em pouco tempo, todos os que pensavam que eu estava louco cederam. Nunca antes me senti tão feliz por insistir em algo em que acreditava. Fizemos uma enorme economia nos custos com pessoal, pois as camareiras passaram a arrumar os quartos em menos tempo, além de reduzirmos as despesas com detergente e outros materiais de limpeza. Chegamos até a tirar do nosso planejamento a compra de uma nova máquina de lavar que custaria 1 milhão de dólares.

Uma estratégia importante para lidar com a resistência é obter o apoio dos funcionários. Houve uma época em que a gerência de Serviços Têxteis da Disney queria aumentar o número de peças que passavam por seus processos diariamente e descobriu uma máquina que aceleraria a produtividade – de 800 itens por hora para mil. Esse ganho seria tão grande que a máquina se pagaria em questão de meses. Porém, a gerência sabia que os Membros do Elenco se oporiam à sua aquisição por temerem que a automação custasse o emprego de alguns deles. Então, antes de comprarem o equipamento, os líderes realizaram reuniões com o Elenco. Exibiram vídeos, explicaram questões financeiras e ficaram abertos a sugestões. Ao serem incluídos no processo decisório e terem certeza de que ninguém seria demitido (aqueles que contavam com horas extras foram transferidos para áreas com excesso de trabalho), os Membros do Elenco que teriam a vida afetada por essa mudança apoiaram o plano. Assim que a máquina foi instalada, o departamento começou a processar 25.600 fronhas a mais por dia. Nos anos seguintes, à medida que os resorts cresciam e era necessário processar mais tecidos, a economia feita pela empresa foi enorme.

É sua responsabilidade como líder procurar e implementar constantemente processos novos e melhores em suas atividades e se esforçar para obter apoio para essas iniciativas.

E agora a ressalva inevitável: algumas mudanças de processo, mesmo que pareçam totalmente justificadas, não devem ser efetuadas. Às vezes, é preciso sacrificar a eficiência em prol da estabilidade e da segurança. Guardar dinheiro em um cofre ou proteger os computadores da empresa com senhas pode causar alguns incômodos, mas proteger equipamentos, valores e patrimônio e oferecer segurança a funcionários e clientes são aspectos que devem ter prioridade sobre a velocidade e a conveniência.

11. Avalie periodicamente as mudanças que você realiza. Lembre-se do ditado: "É o olho do dono que

Estratégia nº 5 | Elimine inconvenientes   223

engorda o gado". Introduzir processos novos é fácil; o difícil é torná-los permanentes. Então, antes de implementar um procedimento, converse com todos aqueles que serão afetados por essa alteração. Explique em detalhes *por que* a mudança é importante para os funcionários, os clientes ou os resultados da empresa. Como eu já disse, se você tiver uma boa justificativa para sua decisão, mais pessoas estarão dispostas a remar ao seu lado no barco. E, uma vez feita a modificação, é sua responsabilidade garantir que os novos procedimentos sejam cumpridos. Recomendo que todos os dias você dê uma volta pela empresa para observar todos os processos e sistemas. Não se contente em perguntar como as coisas estão indo – verifique por si mesmo.

Assim como no caso das inovações estruturais, é crucial não ficar apaixonado pelas mudanças espetaculares que você introduzir. Implemente cada ajuste assegurando que ele é reversível, que não só *pode* ser mudado novamente como, mais cedo ou mais tarde, *precisará* ser modificado. Além disso, tenha em mente que eliminar ou alterar um processo pode causar problemas impossíveis de prever. Na Disney, muitas vezes os clientes tinham dificuldade em devolver produtos e receber seu dinheiro de volta quando estavam sem o recibo; então, passamos a aceitar devoluções sem exigir esse comprovante. Depois, descobrimos que algumas pessoas estavam entrando nas lojas, pegando mercadorias e levando-as ao caixa para pedir reembolso. Portanto, revertemos o processo e voltamos a solicitar o recibo, mas preparamos os gerentes para abrir a devida exceção no caso de Convidados que o tivessem perdido.

Lembre-se também de que às vezes um processo funciona muito bem em um ambiente, mas não em outro. Em 2006, a Walmart implementou a diretriz de deixar de processar consumidores pelo furto de produtos que custassem menos de 3 dólares, porque essa medida simplesmente não compensava. Em certo momento, a Disney World adotou uma tolerância semelhante. Porém, em meados dos anos 1990, espalhou-se o comentário de que não denunciávamos as pessoas que eram flagradas furtando em nossas lojas. Assim, jovens da região começaram a competir para ver quem roubava mais. E não era só a garotada. Funcionários desonestos, pais e até mesmo avós surrupiavam lembranças caras. Calculamos que estávamos perdendo até 3% do total das vendas. Então, alteramos o processo. Agora, todos os furtos são denunciados, e a segurança é reforçada com câmeras escondidas e vigias que se fazem passar por Convidados.

Sempre veja uma mudança de processo como uma experiência. Teste os novos procedimentos por 30 a 90 dias e depois monitore-os com regularidade. Verifique se foram implementados de acordo com suas instruções e se estão sendo adotados integralmente ou se tudo voltou a ser como era antes ou deu errado. Na hora de inovar, é importante pensar na recomendação chinesa de ser como o bambu: firme e forte, porém com flexibilidade suficiente para se curvar aos ventos da mudança.

Estratégia nº 5 | Elimine inconvenientes   225

COLOCANDO EM PRÁTICA

- Quando surgir um problema, procure uma falha no processo, e não apenas alguém para culpar.
- Identifique continuamente inconvenientes causados a clientes e funcionários e altere os processos para eliminar esses problemas.
- Peça aos funcionários da linha de frente que apontem os obstáculos nos processos que prejudicam a satisfação dos clientes ou o bom cumprimento das tarefas.
- Pergunte aos clientes que processos geram dificuldades e quais são os aspectos que eles apreciam ou não em relação aos procedimentos da sua empresa.
- Telefone para alguns clientes insatisfeitos e se informe pessoalmente dos detalhes dos problemas.
- Mantenha seus processos atualizados com as tecnologias mais recentes e as pesquisas relevantes.
- Assegure-se de ter em vigor processos que lhe permitam se preparar para as dificuldades antes que elas surjam.
- Organize-se com o objetivo de eliminar tensões na sua vida pessoal.
- Verifique os processos novos de três a seis meses depois de implementá-los e observe se foram adotados como rotina.
- Formule mais vezes a seguinte pergunta: "Por que fazemos isso desse jeito?".

226 Criando magia

- Analise de que maneira a alteração de alguns processos pode lhe proporcionar mais tempo para monitorar, aconselhar e treinar sua equipe.
- Busque mudanças de processos que deem aos gerentes mais tempo para dedicar aos clientes.
- Pergunte-se: "Quantas ideias e sugestões de melhoria de processos eu apresentei e monitorei nos últimos 30 dias?".
- Avalie sempre quanto seus funcionários compreendem e apoiam os processos e as diretrizes operacionais que estão em vigor.

8

Estratégia nº 6
Saiba a verdade

Como diria o detetive Joe Friday, da antiga série de TV *Dragnet*: "Apenas os fatos, madame". É disto que os líderes precisam: de fatos. Sem conhecê-los, como podem tomar as melhores decisões? Basta ler o jornal em qualquer dia da semana para ver resultados de decisões infelizes tomadas por líderes que agiram com base em informações incompletas ou equivocadas.

Os grandes líderes estão sempre dispostos a aprender. Para eles, a verdade vale mais do que ouro, pois sabem que, quanto mais acesso tiverem a ela, mais sucesso alcançarão. Assim, estão constantemente examinando e sondando, ouvindo a todos e empregando métodos eficientes para obter informações. É verdade, ficar correndo atrás de fatos consome tempo, mas o que é melhor: fazer isso agora e tomar decisões sábias, baseadas em informações sólidas, ou perder mais tempo depois, corrigindo erros, substituindo bons profissionais que deixaram a empresa e lutando para alcançar os concorrentes que abocanharam parte da sua fatia de mercado? Ou pior: você prefere perder tempo e dinheiro enfrentando um desastre jurídico ou financeiro inesperado? "Eu não fazia ideia do que estava acontecendo" não é uma explicação aceitável para um líder. Como todos nós já vimos, não são poucos os executivos que tentam, em vão, se defender alegando desconhecimento das operações sob sua direção. No entanto, como líder, você tem a responsabilidade de estar ciente do que se passa e, se algo muito ruim acontecer, lamentará não ter se informado antes para que pudesse evitar o problema.

É possível saber de tudo? Não. É possível saber algo mais? É claro que sim. Esse é seu trabalho. Se você não fizer tudo o que estiver ao seu alcance para obter a verdade em todas as oportunidades, correrá o risco de tomar más decisões. Já vi isso acontecer com muitos líderes competentes. Alguns confiam demais em informações vagas ou dúbias; há os que se isolam, agindo como se os funcionários abaixo de determinado nível hierárquico não tivessem nada a oferecer; outros ficam na defensiva ao receber críticas construtivas; e existem também os que ganham a reputação de reagir mal a quem os deixa a par de fatos desagradáveis, então as pessoas param de lhes revelar certos dados.

Não importa qual é sua área de atuação: se você aspira a uma liderança excelente, precisa conhecer todos os fatos relativos ao seu negócio. Como diria Fox Mulder, o Joe Friday moderno da série *Arquivo X:* "A verdade está lá fora". As dicas a seguir o ajudarão a encontrá-la.

1. Circule pela empresa regularmente. Mesmo ocupado com a administração de um dos maiores impérios de

Estratégia nº 6 | Saiba a verdade   229

entretenimento do mundo, Walt Disney sempre passava um bom tempo caminhando pela Disneylândia, conversando com Convidados e Membros do Elenco. E fazia com que os executivos e gerentes agissem assim também. De fato, naquela época os escritórios de Anaheim não tinham aparelhos de ar-condicionado, pois Walt queria ver todos no parque aprendendo por si mesmos as operações em vez de ficarem em locais confortáveis, porém inacessíveis. Uma vez por semana, os líderes da empresa tinham que se colocar no papel dos Convidados: paravam o carro no estacionamento reservado a eles, comiam nos mesmos lugares que eles, entravam na fila das atrações e assim por diante. Um sem-número de inovações e melhorias surgiu dessas experiências – do método de organização das filas ao conceito de palco/bastidores, que é tão importante para a magia do *Walt Disney World*® Resort. Certo dia, enquanto passeava pelo parque de Anaheim, Walt ficou aflito ao ver um caubói de Frontierland atravessando a paisagem futurista de Tomorrowland, pois temia que imagens incoerentes como essa destruíssem a magia do lugar. Com isso em mente, ao projetar o Magic Kingdom, ele construiu uma rede de vias quatro metros abaixo da superfície para que tudo o que se relacionasse ao universo dos bastidores – escritórios, serviços de entregas, garagens do Elenco, remoção de lixo etc. – permanecesse inteiramente escondido e os Membros do Elenco pudessem se deslocar sem serem vistos.

Aprendi a importância de percorrer o ambiente de trabalho e saber dos fatos pessoalmente antes mesmo de ser contratado pela Disney. Talvez esse seja um dos motivos que favoreceram minha ótima adaptação à empresa. Quando administrava o Marriott de Springfield, por exemplo, eu passava mais tempo caminhando pelo prédio do que sentado na minha sala. Chegava às 6h todas as manhãs e verificava o lobby, os três elevadores de uso público, a área de entrada de carros (você ficaria surpreso se soubesse o que pode ser encontrado nessa área e nos elevadores de um hotel bem cedo – e, acredite, não são coisas que gostaríamos que os hóspedes vissem) e até a caixa de correio para ter certeza de que tudo estava limpo. Depois percorria as escadas de cada um dos 14 andares e também seus corredores para me certificar de que não havia bandejas do serviço de quarto com louças sujas e restos de comida. Examinava ainda os salões de jantar, as salas de conferência e os locais de armazenagem de materiais; os restaurantes, as cozinhas e os frigoríficos; os banheiros de uso geral; a área de recebimento de cargas e o depósito de lixo; e até mesmo a copa e os vestiários dos colaboradores, pois queria que eles soubessem que eu também me importava com a limpeza desses ambientes. No caminho, parava para conversar com funcionários e gerentes, agradecendo-lhes o bom trabalho e perguntando se algo requeria minha atenção. Quando via alguma coisa errada, anotava na agenda para monitorar o problema.

Às 7h eu estava na minha sala, com várias anotações para discutir com o comitê executivo. Os membros desse grupo sabiam que dentro de 24 horas eu percorreria tudo de novo e que, até lá, as questões registradas – em especial as que envolviam segurança – deveriam estar resolvidas. E quase sempre estavam. Por exemplo, em pouco tempo deixei de ver bandejas do serviço de quarto nos corredores – conhecendo minha rotina, a equipe passou a recolhê-las regularmente, à meia-noite e às 5h45.

Eu visitava locais-chave ao longo do dia e, antes de ir embora, fazia o percurso completo mais uma vez. Caminhar pelo prédio era uma excelente maneira de investir meu tempo. Além de observar de perto as atividades, eu conhecia melhor todos os funcionários, que, por sua vez, se sentiam mais à vontade para me dizer o que eu precisava saber.

Mantive essa tradição em todos os cargos que ocupei e sempre exigi que os outros líderes adotassem essa prática. "Caminhe pelas áreas do Elenco e dos Convidados várias vezes por dia" é um princípio básico que enfatizei na Disney World. Recomendo que você faça o mesmo, sobretudo logo após chegar ao trabalho todos os dias. Você descobrirá falhas, medirá avanços e resolverá pequenos problemas antes que eles se agravem. Apareça sempre nas áreas de trabalho e nas salas de descanso e converse com as pessoas. Pergunte se existe alguma coisa que as esteja impedindo de alcançar um ótimo desempenho, entre procedimentos lentos, diretrizes operacionais confusas, equipamentos obsoletos, capacitação inadequada etc. Peça-lhes que digam também se há algo que você possa fazer para melhorar a atuação delas. Escute com atenção, anote tudo o que lhe disserem e aja rápido para sanar o problema.

Esse princípio fundamental pode ser adaptado a organizações de qualquer porte. Um bom exemplo é citado por Frank Richards, presidente e CEO de uma empresa sem fins lucrativos chamada America's Second Harvest, da Geórgia. Ele elogia os programas de capacitação do Disney Institute, pois, com a ajuda deles, conseguiu transformar um negócio quase falido em um empreendimento de sucesso. Frank passava 80% do tempo em sua sala e 20% em contato com a propriedade de 5.500 metros quadrados. Após aprender esse conceito no Disney Institute, ele inverteu a situação. Agora, usa 80% do seu tempo indo ao depósito e às salas dos colaboradores, visitando os departamentos, conversando com funcionários, coletando informações e identificando problemas antes que estes se transformem em crises. E até aprimorou a ideia de tomar notas: instalou quadros no fim de cada corredor do depósito nos quais escreve tudo o que merece atenção – comida derramada, engradados quebrados etc. – para que os gerentes fiquem a par dessas questões sem que ele precise procurá-los. No fim do dia, praticamente todos os itens anotados já estão resolvidos e Frank está bem mais informado do que se encontrava de manhã. Acredito que, em breve, ele não mais detectará muitos problemas nessas rondas, pois está ensinando a equipe a identificar o que deve ser observado. Assim, suas caminhadas diárias serão mais rápidas e ele terá mais tempo para fazer seu negócio crescer. Esse é o resultado de se investir tempo circulando pela empresa.

Quero destacar um ponto: faça caminhadas *frequentes* pela organização. Se as pessoas de sua equipe virem você apenas uma vez por semana ou duas vezes por mês, é provável que elas só mudem o comportamento

Estratégia nº 6 | Saiba a verdade   233

por saberem que estão sendo observadas naqueles momentos. Além disso, não se sentirão muito à vontade para informá-lo do que você precisa saber. Por outro lado, caso o encontrem com frequência, agirão sempre da mesma maneira, independentemente da sua presença. Saberão que você de fato se preocupa com elas e leva suas palavras em conta e terão confiança suficiente para lhe contar toda a verdade.

2. Adquira uma visão básica do seu negócio. Na medida do possível, observe as atividades de sua empresa como seus clientes as veem. Quando eu era responsável por alimentos e bebidas na Marriott, costumava entrar em um dos restaurantes e bares como se fosse um cliente. Na época em que me tornei gerente geral de um hotel, literalmente morei nele nos três primeiros meses e aprendi coisas que, de outra forma, jamais saberia. Por exemplo, descobri que, em determinada hora da manhã, a água quente demorava cerca de 10 minutos para chegar até o 14º andar. O diretor de engenharia não acreditou nessa informação, mas, quando lhe mostrei o registro diário de uso de água quente e fui à cobertura com ele investigar o problema, descobrimos que uma válvula fechada na linha de recirculação estava retardando a liberação de água quente. Quem sabe quantos hóspedes já haviam decidido não ficar mais em nosso hotel por causa desse problema?

Quando trabalhava na Disney World, muitas vezes eu vestia um calção, colocava um boné e levava meus netos ao

234   Criando magia

parque. Entrávamos nas filas, pedíamos informações, comíamos, bebíamos e comprávamos lembranças. Acredite: minha visão era totalmente diferente daquela que eu tinha quando estava de terno em um dia de trabalho. E minhas observações deram origem a uma série de melhorias. Ficar na fila debaixo do sol quente foi uma experiência que me fez apoiar o investimento necessário para transferir as filas para *dentro* das atrações, onde o ar-condicionado era potente. Depois que meus netos apontaram nosso erro, substituímos por batata frita as bolinhas de milho que vinham com o cachorro-quente da garotada. (Desde 2006, a Disney oferece alimentos balanceados para as crianças, incluindo mais vegetais e frutas frescas como acompanhamento.) Também aprendi que alguns brinquedos eram bastante assustadores para crianças de determinada faixa etária, então preparamos os Membros do Elenco para explicar essa situação aos pais. Meu neto Jullian foi responsável por uma nova medida em uma atração do Animal Kingdom. Ele adorava os brinquedos no estilo quermesse, como o de acertar um alvo com um jato d'água para ganhar prêmios. Porém, Jullian se chateava todas as vezes que participava dessa competição, pois um adulto sempre vencia. Ele recomendou que houvesse rodadas apenas para crianças. Desde que seguimos essa sugestão, meninos e meninas têm vibrado muito com a vitória.

Não importa se você administra uma agência imobiliária, o call center de uma empresa de tecnologia ou um grande shopping center – é possível encontrar uma forma de ter a mesma experiência que seus clientes têm com esse serviço.

3. Mantenha encontros regulares com seus colaboradores diretos. Não basta perguntar àqueles que respondem a você se está tudo bem e aceitar um "sim" como resposta. *Nunca* está tudo bem. Realize reuniões com eles periodicamente, seguindo sempre uma boa pauta. Na Disney, eu conduzia as conversas em torno de quatro pontos: pessoas, processos, projetos e lucro.

- *Pessoas*: Peça a seus funcionários diretos informações sobre os colaboradores que respondem a eles. Pergunte quem são os líderes mais promissores e como estão sendo preparados para novas tarefas. E informe-se sobre quem não está apresentando um bom desempenho e o que está sendo feito para corrigir a situação.
- *Processos*: Peça que expliquem a quais mudanças de processo estão se dedicando para melhorar o desempenho dos funcionários e a experiência dos clientes.
- *Projetos*: Peça que relatem as iniciativas em que estão trabalhando para aprimorar os produtos e serviços sob sua responsabilidade.
- *Lucro*: Peça que providenciem relatórios sobre suas responsabilidades financeiras, incluindo vendas, controles de custos e problemas na fase inicial.

A aplicação desse modelo com os profissionais que estavam sob minha supervisão direta me permitia estar sempre a par de todas as questões importantes. Certa vez, Erin Wallace me disse que desconfiava que um de seus gerentes gerais não estava tão envolvido com as atividades quanto

236   Criando magia

deveria. No entanto, ela não sabia como lidar com isso, pois não tinha fortes elementos que comprovassem o problema. Passei a prestar mais atenção no desempenho desse gerente, e com o tempo nós dois pudemos orientá-lo. Hoje ele é um líder muito bem-sucedido na Disney World.

Como eu disse, costumo me reunir com meus funcionários diretos na sala *deles*, não na minha. Experimente fazer isso. Aprendemos muito observando a organização do espaço, vendo a interação das pessoas e conversando com elas. O resultado compensa os minutos adicionais que perdemos indo até a sala de alguém. E um pouco de exercício sempre faz bem.

4. Forme grupos pequenos. Uma das maneiras mais eficazes de coletar informações é reunir os funcionários para uma conversa. Percebi que o grupo ideal tem de 10 a 12 pessoas, pois, embora concentre muitos pontos de vista, a proximidade entre os participantes é maior e todos têm tempo para falar. Ao organizar grupos assim, eu sempre dizia: "Tomo decisões durante toda a semana, mas tenho consciência de que não sei tudo o que deveria saber. Foi por isso que os chamei. Quero saber o que estão pensando. E, se não se sentirem à vontade para me contar toda a verdade aqui, vão até um cibercafé e me mandem um e-mail ou um fax anônimo".

Para incentivá-los a dizer tudo o que pensavam, eu formulava as questões deixando claro que meu objetivo era ajudá-los a trabalhar melhor, e não encontrar falhas em seu desempenho. Uma das minhas perguntas preferidas era: "O que há no trabalho de vocês que os faz pensar em se demitir?". Sejamos sinceros: até mesmo os melhores empregos têm algo de muito frustrante que leva as pessoas a pensar em ir embora. E minha pergunta os autorizava a dizer isso abertamente. Certa vez, uma executiva da Disney World (vou chamá-la de Kate) respondeu que já havia considerado a possibilidade de pedir as contas, pois percebia que as pessoas de outro setor da organização não gostavam dela nem confiavam no seu julgamento. Ter que justificar todas as suas decisões operacionais a estava deixando esgotada. Então, conversei com o gerente responsável por aquela área e lhe disse que aliviasse um pouco a pressão sobre Kate e lhe desse mais espaço para agir. Depois disso, nem tudo ficou 100%, mas a situação melhorou bastante. Um tempo depois, Kate foi promovida.

Pequenos grupos podem ser formados para uma série de propósitos, como reuniões formais, eventos sociais ou até mesmo uma refeição. Qualquer lugar serve, desde que se crie uma atmosfera que estimule a transparência e a sinceridade. Uma sugestão é pedir a alguém que tome notas, assim você pode se concentrar inteiramente em ouvir as pessoas e depois receber um registro exato do que foi dito.

Participar de encontros com pequenos grupos têm uma importância especial em épocas de mudança, como no momento em que assumimos uma nova posição. Sempre dediquei o primeiro mês em um cargo à investigação dos fatos. Listava tudo o que eu devia aprender sobre cada departamento e me inteirava rápido das coisas reunindo-me com cerca de 10 gerentes de cada vez e fazendo perguntas

238   Criando magia

como: "O que vocês desejam para seu setor neste momento?". Em um hotel, por exemplo, a equipe do serviço de bufê precisava de mais cabides para pendurar paletós e casacos dos clientes, o pessoal do restaurante necessitava de talheres novos e queria servir mais peixes frescos, enquanto o setor de manutenção solicitou a troca do carpete da recepção. Imediatamente, mandei alguém comprar cabides, encomendei talheres, solicitei ao chef que adicionasse dois pratos especiais com peixe naquele mesmo dia e encarreguei uma pessoa de se informar sobre carpetes. Ao me verem responder com tanta rapidez às solicitações de *todos*, os gerentes constataram que eu dava a cada um deles a mesma prioridade e continuaram a me manter a par do que precisavam para realizar um trabalho melhor.

5. Faça com que se sintam seguros. Quando os funcionários procurarem você para falar de um assunto delicado – um problema de saúde que interfere no desempenho ou uma reclamação sobre um colega, por exemplo –, é fundamental que os faça se sentir à vontade e seguros. Como recomendo no capítulo 3, uma boa ideia é sair de trás de sua mesa, sentar-se ao lado deles e lhes dedicar toda a atenção – não se ocupe de outras coisas nem aceite interrupções. Se queremos saber a verdade, precisamos deixar as pessoas confortáveis.

Tenha em mente que, por mais que você se esforce, alguns colaboradores sempre terão medo de dizer o que pensam. Quando percebi isso, tomei uma das melhores decisões da minha carreira: criei um endereço de e-mail e um número de caixa postal confidenciais para que qualquer pessoa da Disney World pudesse se comunicar comigo sem se identificar. Assegurei aos Membros do Elenco que a tecnologia desses dois sistemas garantia o anonimato – ninguém na organização, nem mesmo eu, seria capaz de saber quem era o remetente. Se as pessoas revelassem seus nomes, eu poderia lhes dar uma resposta. Mas, caso preferissem *não* se identificar, eu cuidaria do mesmo jeito de todos os assuntos mencionados – desde o mau funcionamento de um sinal de trânsito até questões de segurança que exigissem atenção imediata. Graças a esse recurso, a quantidade de informações reveladoras que passei a receber aumentou de forma incrível. Tenho orgulho de dizer que hoje a utilização de sistemas confidenciais de caixa postal e e-mail é uma prática comum entre os líderes da Disney.

Ainda assim, a melhor forma de fazer com que as pessoas se sintam suficientemente seguras e à vontade para dizer a verdade é estabelecer uma relação de confiança com cada uma delas. A partir daí, preserve essa confiança demonstrando que você valoriza a atitude delas. Sempre agradeça por lhe dizerem o que pensam, seja qual for a utilidade da informação que lhe derem. A resposta positiva será um incentivo para que elas continuem sendo sinceras no futuro. E, acima de tudo, não castigue o mensageiro ao receber uma má notícia. Se você fizer com que alguém se arrependa de ter dito a verdade, talvez nunca mais venha a saber de algo por meio dessa pessoa. Lembre-se da história da galinha que colocava ovos de ouro. Trate bem a galinha, não a coma no jantar nem a mate de susto.

6. Investigue a história completamente. A verdade é que as pessoas nem sempre revelam tudo o que precisamos saber. Isso não quer dizer que elas mentem, e sim que omitem detalhes importantes – ou por medo de transmitir notícias desagradáveis ou porque a verdade integral pode prejudicar a imagem delas. Em certa medida, isso faz parte do pacote. Os líderes, assim como os pais, não ficam sabendo de muitos detalhes. Não concorda? Pense na sua adolescência. Você contava tudo a seus pais? Pois é, seus filhos e seus funcionários também não – a menos que confiem 100% em você.

Embora eu tenha batalhado muito para conquistar a confiança de todos na Disney World, nem sempre ouvia a história completa. Muitas vezes, os Membros do Elenco me procuravam em particular e diziam que não estavam satisfeitos com o emprego ou com o tratamento que recebiam. Mas isso era só a manchete. Tive que aprender a sondá-los fazendo perguntas como: "Há mais alguma coisa que você queira me dizer?". Em muitas ocasiões, eles enrolavam um pouco e por fim falavam: "Bem, há, sim". Aí todos os detalhes começavam a vir à tona.

Sondar os fatos mais profundos é importante sobretudo em questões prioritárias, como segurança. Na Marriott, os relatórios regulares sobre acidentes de trabalho raramente continham todos os detalhes, então alterei as normas no hotel que gerenciei: além de redigir um relatório, todo colaborador que se envolvesse em um acidente deveria me procurar, acompanhado de seu gerente, e explicar minuciosamente o que acontecera. Eu interrogava esses funcionários como um juiz durão para me assegurar de que aquilo não se repetiria. Na maioria das vezes, a causa real do acidente era mencionada, o que nos permitia ajustar diretrizes operacionais e procedimentos de treinamento para evitar novas ocorrências. Na Disney World, instituí um processo semelhante, examinando acidentes novos todas as manhãs e monitorando-os com as equipes administrativas apropriadas. Nos 18 meses seguintes, reduzimos a frequência desse tipo de acontecimento em mais de 50%.

Se você quer saber o *resto* da história que está sendo contada por um funcionário, preste muita atenção no que está sendo revelado e no que *não* está sendo dito. A linguagem corporal, as expressões faciais e as mudanças de comportamento podem lhe dar dicas sutis do que a pessoa está realmente pensando. Tome notas detalhadas, faça perguntas minuciosas e esclarecedoras e continue sondando – de forma não ameaçadora – até chegar à verdade. Depois, concentre-se no futuro. Uma boa pergunta para concluir é: "Que medida você gostaria que eu tomasse?". Isso ressalta a sua seriedade e conduz a avanços concretos. Qualquer que seja a resposta, deixe bem claras as ações que você realizará em seguida e execute-as.

7. Responda às perguntas cabeludas. Lembre-se de que o trabalho de um líder consiste não só em *fazer perguntas* como também em *fornecer respostas*. Se quiser sinceridade, trate de demonstrar que está disposto a se pronunciar sobre questões difíceis. Certa vez, no início da minha carreira, quando eu gerenciava um restaurante muito movimentado, fui humilhado em uma reunião por

242 Criando magia

não saber responder a algumas das indagações da equipe. Desde então, não deixo de fazer o que as figuras públicas inteligentes fazem antes de uma entrevista coletiva: prever as perguntas mais complicadas, preparar as respostas e ensaiá-las mentalmente. Também aprendi algumas lições que muitas personalidades ainda não assimilaram. Veja a seguir.

- Evite usar fórmulas e clichês – suas palavras podem parecer falsas, mesmo que não seja o caso.
- Não finja saber algo que desconhece. A resposta que gera mais confiança é: "Não sei, mas em breve lhe darei uma resposta".
- Sempre diga a verdade, mesmo que isso implique admitir um erro. Como aprendemos com muitos escândalos públicos – Watergate, por exemplo –, os atos errados costumam ser perdoados, mas as tentativas de escondê-los, não.

Em 2004, em uma conferência sobre liderança organizada pela Disney University, coordenei três sessões intituladas "As 10 Principais Perguntas que Desejaríamos que Ninguém Fizesse". Compilei as 20 questões mais difíceis recebidas pelos cerca de mil líderes da Disney que compareceram ao evento e as respondi, tanto na conferência quanto no *The Main Street Diary*, para que todos na empresa aprendessem com esse intercâmbio. O mais importante não foram as minhas respostas propriamente ditas, e sim o fato de futuros líderes estarem sendo preparados para as perguntas a que um dia eles precisarão responder.

Desde então, líderes de todos os tipos de organizações que frequentam meus cursos no Disney Institute têm adaptado essas mesmas indagações às circunstâncias em que se encontram, com o objetivo de elaborar as respostas. Reproduzo algumas delas a seguir. Como você as responderia? Quais são as mais difíceis para *sua* empresa?

- Por que os profissionais na minha posição não têm um salário melhor?
- As coisas não são mais do jeito que eram. Por que mudaram e como podemos recuperar o que perdemos de bom?
- Como podemos trabalhar com alguém de quem não gostamos ou em quem não confiamos?
- Como respeitar a distribuição de horários baseada no nível hierárquico sem deixar de levar em conta as necessidades individuais dos funcionários?
- Como fazer para reter profissionais de qualidade diante da nossa necessidade de reduzir despesas com plano de saúde e outros benefícios?
- Por que o presidente da empresa ganha milhões por ano e eu não posso receber um pequeno aumento?
- A última iniciativa visando otimizar procedimentos não é apenas uma desculpa para despedir funcionários?
- A empresa manterá seu plano de aposentadoria no futuro?
- Qual é o maior obstáculo à diversidade no ambiente de trabalho?

244　Criando magia

- Como podemos aumentar nosso nível de confiança como líderes e de que maneira intensificar a confiança dentro da nossa própria equipe de liderança?
- Na condição de um profissional jovem que se preocupa com o futuro, como posso impulsionar minha carreira na empresa?
- Como responder a colaboradores diretos que me perguntam o que devem fazer para serem promovidos quando não tenho certeza de que eles estão preparados para assumir uma posição mais alta?
- Qual é a forma ideal de enfatizar a necessidade de um desempenho impecável, porém permitindo que as pessoas aprendam e cresçam com seus erros?
- Qual é a melhor maneira de lidar com a política de uma organização de grande porte?
- Como motivar os funcionários para que se comprometam plenamente com a empresa e façam esforços adicionais para atingirmos nossos objetivos?

8. Peça opiniões formais sobre você. Provavelmente, as informações que os líderes têm maior dificuldade em obter são opiniões sinceras sobre seus próprios pontos fortes e fracos. Por isso é tão importante instituir mecanismos regulares de feedback para todos os líderes da organização – em especial, você. Os comentários devem ser emitidos por mais de uma fonte. Solicite avaliações anônimas de supervisores, colegas e funcionários diretos.

Por experiência, posso dizer que é extremamente revelador nos vermos do ponto de vista de outras pessoas.

Houve um ano em que meus resultados na pesquisa de excelência do Elenco da Disney (que descrevi no capítulo 5) indicaram que eu estava favorecendo alguns colaboradores em detrimento de outros. Estarrecido ao descobrir que esse era o pensamento dos funcionários sob minha supervisão, eu os reuni e disse: "Vocês estão me dizendo algo significativo. Vamos falar sobre isso". A primeira pessoa a se manifestar declarou: "Você não pede minha opinião, Lee. Parece que só valoriza o que Erin e Karl têm a dizer e não me considera importante". Se uma opinião assim viesse de uma só pessoa, eu pensaria que era fruto de sua imaginação. No entanto, outras três se sentiam da mesma maneira. "Vocês provavelmente têm razão", respondi. "Falha minha. Vou corrigir isso." E foi o que fiz. O resultado? Uma grande melhora na dinâmica da equipe.

Repito: receber feedback é ótimo, porém de nada adianta quando não usamos as informações coletadas para fazer alguma coisa. Se eu tivesse defendido meu comportamento, desmentido aquelas preocupações ou fingido levá-las a sério sem tomar nenhuma atitude, teria perdido o respeito da equipe e me veria obrigado a trabalhar sem saber a verdade, pois eles nunca mais seriam sinceros comigo.

Frank Richards, o CEO da ONG que mencionei no início deste capítulo, levou esse conselho a sério após ouvi-lo em um seminário do Disney Institute. Ao voltar para sua organização no interior da Geórgia, ele fez várias reuniões com a equipe para levantar ideias sobre como colher opiniões úteis. O resultado foi um sistema de enquetes anuais. Agora, uma vez por ano, todos os líderes da empresa são avaliados anonimamente em relação ao tratamento, à supervisão e à atenção que dedicam aos funcionários. Houve um ano em que Frank aprendeu algo importante sobre si mesmo: os colaboradores sob sua supervisão direta disseram que ele não lhes dirigia o olhar quando conversavam. Frank sempre foi capaz de realizar várias atividades ao mesmo tempo e se sente mais produtivo quando faz isso. Porém, ao saber que essa atitude incomodava sua equipe, percebeu que nem sempre ela era adequada. "Agora, quando alguém vem falar comigo, deixo tudo de lado, desligo o computador e lhe dedico atenção total", ele conta. Essas pesquisas anuais tiveram grande importância no índice de rotatividade da empresa.

9. Avalie constantemente seus gastos. Um último conselho: saber o que se passa na sua organização também significa monitorar o uso que está sendo feito do dinheiro. Controlar as faturas para acompanhar as despesas é uma de suas tarefas mais importantes como líder.

Assim que me tornei gerente de um hotel, determinei que eu mesmo aprovaria todos os gastos em vez de permitir que os gerentes dos departamentos cuidassem disso. Assim, poderia verificar por mim mesmo quanto estávamos pagando pelos diversos produtos e serviços. Em uma ocasião, por exemplo, percebi que o preço do tomate havia subido muito. Descobri que o McDonald's começara a incluir esse vegetal nos sanduíches, alterando radicalmente o equilíbrio entre sua oferta e a demanda nos Estados Unidos e provocando um aumento de preço. Então, pedi ao chef que eliminasse o tomate de nossas saladas. A princípio ele não gostou da ideia, mas logo inventou receitas deliciosas sem essa hortaliça. Economizamos muito dinheiro, e nenhum hóspede reclamou. Mesmo que tivesse lido em um jornal que o McDonald's havia adicionado tomate aos hambúrgueres, eu não compreenderia o impacto desse fato nos meus negócios se não verificasse as faturas.

Em outra ocasião, notei despesas altas com itens que não reconheci nas faturas do departamento de manutenção. Quando disse ao supervisor do departamento que queria ver esses produtos, ele não foi capaz de apresentá-los. Acabamos descobrindo que alguns funcionários os estavam revendendo. Dificilmente teríamos identificado esse desvio se eu mesmo não estivesse rastreando as despesas.

Na maioria das vezes, um controle cuidadoso das finanças revelará gastos desnecessários ou excessivos em algum ponto da organização. Quando isso acontecer, estará em suas mãos descobrir maneiras de reduzi-los, como fiz com o tomate. Mas você não precisa se encarregar disso sozinho. Contratando e treinando bons profissionais, eles o ajudarão a superar esses desafios. Nos dias difíceis após os atentados de 11 de setembro de 2001, quando os executivos e gerentes da Walt Disney World estavam procurando desesperadamente formas de cortar despesas, pedimos ideias aos Membros do Elenco que atuavam na linha de frente. A resposta que recebemos foi extraordinária. Alguns deles apresentaram um processo para tornar os trajetos dos ônibus mais eficientes, poupando combustível e diminuindo os custos com pessoal. Outros sugeriram mudanças no setor de paisagismo, como aparar a grama com menor frequência e plantar flores somente nos locais visíveis para os Convidados. A equipe dos bares recomendou lavar e reaproveitar os bastõezinhos de plástico que são usados para mexer a bebida em vez de jogá-los fora e, ainda, cortar os limões em seis pedaços, não em quatro. Ideias como essas economizaram algumas centenas de dólares aqui e outros milhares ali, somando reduções suficientes que nos permitiram operar com plena capacidade e sem demitir ninguém.

Como você viu, o efeito de pedir a profissionais motivados que pensem em meios de cortar custos é tremendo. E não é necessário esperar por uma crise. Na Disney, implementamos a política de que os gerentes e suas equipes propusessem maneiras de reduzir de 1% a 3% de seu orçamento todo ano. A única regra era que nenhuma das decisões poderia afetar negativamente a experiência dos Convidados. Antes, as sugestões surgiam quase por acaso e com pouca frequência. Depois que exigimos dos gerentes que procurassem diminuir os custos, eles começaram a fazer isso com regularidade e sem prejudicar a satisfação dos Convidados, o que proporcionou uma enorme economia. Pense no seguinte: sei que você e sua família anseiam por descobrir formas de eliminar despesas desnecessárias, contudo suas ideias surgem por acaso – ora descobrem uma loja em promoção, ora conseguem um desconto maior no aluguel do apartamento. Mas e se vocês monitorassem todos os gastos e concordassem em economizar 100 dólares por semana do orçamento previsto? Aposto que encontrariam muitas outras oportunidades de poupar sem sentir nenhuma diferença na qualidade de vida.

A questão é: as faturas da empresa valem ouro. Afinal, elas são o registro mais confiável de suas práticas financeiras. Dedicando um tempo a examiná-las, você saberá exatamente para onde está indo o dinheiro suado que entra na organização e ficará em uma posição bem melhor para pensar em meios de cortar custos sem prejudicar a produtividade e a qualidade.

Seja qual for a área em que você atue, suas decisões só serão boas se estiverem baseadas em informações igualmente boas. Como líder, é necessário que você conheça a empresa tão bem quanto conhece sua própria casa e que conheça seus funcionários tão bem quanto conhece seus filhos. Nunca seja flagrado dizendo: "Se ao menos eu soubesse...".

COLOCANDO EM PRÁTICA

- Caminhe várias vezes ao dia pelas áreas frequentadas por funcionários e clientes — e faça isso sobretudo de manhã cedo.
- Mantenha-se à vista de colaboradores e clientes no ambiente de trabalho.
- Avalie com regularidade as atividades de sua empresa vivendo experiências tanto no papel de cliente quanto no de colaborador.

- Encontre maneiras de se relacionar bem com todos os funcionários.
- Esteja acessível e disponível 24 horas por dia e circule pela empresa.
- Reúna-se regularmente com os colaboradores que estão sob sua supervisão direta e converse sobre pessoas, processos, projetos e lucro.
- Organize reuniões frequentes para que os funcionários o mantenham informado a respeito do que está acontecendo de verdade.
- Aprenda a compreender o que as pessoas não estão lhe dizendo com todas as letras.
- Cuide de todas as ideias e preocupações que seus funcionários compartilham com você. Sempre mantenha a palavra.
- Demonstre atenção, consideração, respeito, sensibilidade e confiança.
- Peça indicadores de resultados aos gerentes e aos funcionários da linha de frente.
- Investigue profundamente até descobrir toda a verdade.

9

Estratégia nº 7
Use combustível grátis

No período em que fui diretor de alimentos e bebidas do Marriott de Chicago, o gerente do serviço de bufê sob minha supervisão era o grande comandante Eddie Towfighnia. Na época, não era incomum que o hotel servisse ao mesmo tempo, em andares diferentes, um jantar para 2 mil pessoas e outro para 5 mil. Eddie garantia que os eventos ocorressem dentro do cronograma e sem imprevistos. Possuía um talento notável para manter até 400 garçons organizados, atentos e com alto nível de eficiência. E cuidava de todos os detalhes com tamanha facilidade que dava a impressão de estar recebendo amigos em casa. Certa noite, quando os participantes de dois jantares imensos estavam entrando no hotel, percebi que Eddie era realmente indispensável. "Sem ele, eu estaria frito", pensei.

Na manhã seguinte, escrevi uma carta para ele elogiando seu talento e reconhecendo quanto eu dependia da colaboração dele. Na mensagem, destaquei: "Por favor, se alguma vez você pensar em deixar a empresa, fale comigo antes de tomar a decisão final".

Alguns meses depois, eu e minha esposa, Priscilla, recebemos de Eddie e sua esposa, Joyce, um convite para jantar na casa deles. Na chegada, fiquei surpreso ao ver minha carta numa bela moldura e pendurada em um lugar de destaque no hall. A princípio, me senti um pouco constrangido. Depois, percebi quanto essa carta deve ter sido importante para ele e quanto orgulho deve ter tido por recebê-la. Fiquei profundamente comovido.

A partir daquele dia, expressar meu reconhecimento às pessoas que trabalham comigo tornou-se uma de minhas principais prioridades. Levei uns cinco minutos para escrever aquelas palavras para Eddie. Ele se tornou um funcionário melhor por causa delas? Talvez não, mas isso porque ele já era excelente. Ainda assim, tenho certeza de que contribuíram para fazer dele um líder melhor. Por quê? Porque, sabendo quanto essa carta lhe fizera bem, Eddie ficou muito mais inclinado a expressar sua gratidão a cozinheiros, garçons e outros profissionais que o auxiliavam no serviço de bufê – o que, por sua vez, também ajudou *essas pessoas* a progredir como líderes.

*A*preço, *R*econhecimento, *E*stímulo. Essas três palavras formam a sigla ARE. Juntas, elas constituem um combustível grátis e totalmente sustentável, que gera autoconfiança e autoestima, melhora o desempenho individual e coletivo, fazendo com que as organizações trabalhem de forma transparente e harmônica. ARE é mais potente do que os combustíveis que movem motores e levam naves aos céus, pois é o que alimenta a energia e a motivação humanas. E, ao contrário do que ocorre com substâncias caras e não renováveis, como petróleo e gás, sua fonte é inesgotável. É possível gastá-lo o dia todo, em casa e no trabalho, e acordar na manhã seguinte com o tanque cheio. Aliás, quanto mais o usamos, mais temos dele, pois cada pessoa que o recebe aumenta seu estoque interno e começa a distribuir o excedente.

Há também outra diferença entre ARE e os combustíveis fósseis: em vez de o consumirmos em excesso, não o utilizamos em quantidade suficiente. Se os líderes gastassem tanto ARE quanto o resto de nós usa petróleo, o mundo seria melhor. Você acha que estou exagerando? Então tente se lembrar de quantas vezes já pensou assim: "Ai, estou recebendo tantas manifestações de valorização, estímulo e reconhecimento que não aguento mais!". Comigo, pelo menos, isso nunca aconteceu. Sempre que pergunto aos participantes de meus seminários se eles se sentem supervalorizados por conta do trabalho que realizam e pelos bons resultados que alcançam, ouço risadas por toda a sala e vejo um monte deles acenando a cabeça negativamente.

Assim como a maioria dos gerentes, só fui compreender toda a importância de ARE depois de um bom tempo de carreira. Uma experiência marcante me ensinou a lição. Em 1973, cerca de três semanas após assumir o cargo de diretor de restaurantes do Marriott da Filadélfia, eu estava enfrentando algumas questões muito difíceis. O desempenho de determinados colaboradores sob minha supervisão não andava muito bom – e um deles achava que *eu* é que deveria responder a *ele*. Além disso, programas de marketing mal planejados estavam deixando o departamento de serviço de quarto sob muita pressão. E, para piorar as coisas, eu não recebia nenhum retorno sobre meu desempenho. Não havia visto nem meu chefe nem o gerente geral sequer uma vez. Sentindo-me terrivelmente sobrecarregado e inseguro, disse a Priscilla: "Acho que aceitar esse emprego foi o pior erro da minha vida". No dia seguinte, recebi um bilhete do gerente geral, dizendo:

Prezado Lee:

Lamento por não tê-lo visto desde que você começou. Estou preso em Washington, trabalhando em alguns projetos novos. Queria lhe dizer que todos têm me falado maravilhas sobre o excelente trabalho que você vem realizando. Estamos muito felizes em tê-lo em nossa equipe. Você está fazendo uma grande diferença.

Atenciosamente, Richard

Consigo recitar essa carta palavra por palavra, pois ainda a tenho guardada. Ela significou muito para mim. Foi uma injeção de ânimo que elevou minha autoconfiança no momento em que eu mais precisava. De fato, *todos* necessitam de ARE, e não só em situações difíceis. Quem disser o contrário provavelmente deseja passar uma imagem de humildade. Não me importo em reconhecer que, qualquer que fosse o nível hierárquico em que eu estivesse, nunca deixei de me sentir muito feliz por ser apreciado, reconhecido ou estimulado por um líder. Até

Estratégia nº 7 | Use combustível grátis   255

mesmo quando eu era um dos altos executivos em uma das empresas mais famosas do mundo, recebi uma extraordinária dose de energia por meio de um bilhete de Al Weiss, meu supervisor no *Walt Disney World®* Resort, com a seguinte mensagem: "Lee, você é um ótimo parceiro. Seu trabalho é excelente, e espero que você fique comigo por mais 15 anos". Esse bilhete me encheu de alegria. Levei-o para casa e o mostrei à minha esposa e à minha sogra. No dia seguinte, disse a Al quanto eu tinha gostado daquelas palavras. Por isso afirmo que ARE é um combustível inesgotável: recebê-lo de Al fez com que eu quisesse lhe dar um pouco também.

Infelizmente, embora todos nós precisemos de ARE, não o damos em dose suficiente para aqueles que trabalham conosco. E não é porque não saibamos fazer isso – quase todo mundo é capaz de agir assim por instinto. Quando uma criança tenta encaixar um cubo em um espaço quadrado, por exemplo, dizemos: "Muito bem!". Quando ela tenta colocá-lo em um espaço redondo e não consegue, afirmamos: "Quase! Tente de novo". Sabemos muito bem que é importante estimular a confiança e a autoestima de uma criança, porém acabamos nos esquecendo de que os adultos também necessitam de incentivo. Aliás, em muitas empresas, quando alguém insere o cubo no espaço errado, os líderes, em vez de dizerem "Tudo bem, continue em frente", humilham a pessoa ou a ameaçam de demissão.

Nunca subestime o impacto emocional que um líder provoca. Ao longo dos anos em que Marsha Davis

256   Criando magia

foi minha assistente administrativa, enviei-lhe notas de agradecimento em várias ocasiões. Certo dia, descobri que ela guardava essas mensagens sob o vidro de sua mesa para que todos as vissem. Isso mostra quanto meu reconhecimento significava para ela. Nem mesmo Shakespeare seria capaz de exprimir em uma nota de agradecimento toda a retribuição que recebi de Marsha em lealdade e comprometimento. Na realidade, quando eu caminhava pela Disney World e visitava as pessoas em suas salas, de vez em quando via um bilhete enviado por mim afixado na parede. Certa noite, vivi uma situação inesquecível. Eu estava jantando no Wilderness Lodge quando o garçom tirou um bilhete da carteira e veio me mostrar − eu havia mandado aquilo para ele cinco anos antes. E posso garantir que eu não era o único líder na Disney World cujas notas de agradecimento eram apreciadas. Pelo contrário, esse tipo de mensagem era comum, pois ARE faz parte da cultura da empresa. Você também pode introduzi-lo na sua organização, independentemente do setor em que atue e do país em que esteja.

Se você não apreciar, respeitar e estimular aqueles que estão sob sua liderança, eles não se esforçarão ao máximo ou, o que é pior, podem sabotá-lo ou deixá-lo na mão. Os grandes líderes sabem disso e buscam oportunidades para distribuir o combustível grátis ARE de forma autêntica, personalizada e no momento certo. Os conselhos a seguir ajudarão você a detectar essas chances e agir.

1. Passe um tempo de qualidade com os funcionários. É impressionante quanto significa para as pessoas que seus líderes escolham estar com elas – não para controlá-las, mas para ajudá-las, conhecê-las, perguntar o que elas pensam e como se sentem e simplesmente curtir sua companhia. Os funcionários que trabalham sob a sua supervisão sabem quanto o seu tempo é valioso. Portanto, quando você fica um pouco ao lado deles, eles se consideram valorizados também.

Como mencionei no capítulo 8, durante a época em que trabalhei na Disney World, eu passava cerca de metade do tempo circulando e interagindo com Membros do Elenco. Pedia às pessoas que me acompanhassem e me mostrassem sua área e tudo de bom que estavam fazendo para os Convidados. Elas falavam com orgulho dos últimos Cinco Minutinhos que haviam criado, ofereciam-me uma prova do novo prato do cardápio ou me levavam para passear em uma atração reformada. Embora essas caminhadas consumissem horas preciosas, cada instante delas valia a pena tanto pelas informações que eu obtinha quanto pela oportunidade de distribuir ARE. Minha mensagem para elas era simples, porém profunda: "Você é importante, e eu sei disso. Sem você, não conseguiríamos".

Outra ótima maneira de estar com os colaboradores é participar de eventos organizados por eles. Muitos departamentos da Disney World promovem pequenas festas para distribuir prêmios de desempenho ou comemorar acontecimentos especiais, como aposentadoria, nascimento de filhos e promoções. Fui convidado para muitos deles e para *todas* as celebrações maiores. Eu anotava esses compromissos na agenda e comparecia sempre que possível. Mesmo que só ficasse no local por alguns minutos, mostrava aos Membros do Elenco quanto apreço tinha por eles.

Surpreendo-me ao ver quantos líderes nem pensam em comparecer a eventos assim. Aparentemente, consideram esse tipo de ocasião uma perda de tempo. Costumo dizer que os líderes fortes precisam fazer gestos pequenos que tenham um grande impacto. Por que você acha que os políticos abraçam bebês e comem comida ruim em eventos regionais? No mundo empresarial, o objetivo não é conquistar votos, e sim algo equivalente: comprometimento. Para consegui-lo, é necessário demonstrar aos funcionários que *você* está comprometido com eles. Sua presença revela que *eles* são importantes para você – e, se esse gesto motivar nem que seja uma única pessoa a trabalhar melhor, já vale a pena.

Isso serve tanto para celebrações oficiais da empresa quanto para eventos externos. Não se julgue em uma posição tão alta que não possa jogar futebol com os funcionários ou aparecer na festa de aniversário de um colaborador que você mal conhece. Devo admitir que nem sempre queria sair à noite após um dia puxado no trabalho ou ir a uma confraternização em um sábado à tarde, quando poderia ficar com minha família. No entanto, a não ser que houvesse um sério conflito de datas, eu fazia o possível para atender a todos os convites. Muitas vezes, Priscilla me acompanhava. Ao longo dos anos, compareci a muitas comemorações tarde da noite e a um bom número de cafés

Estratégia nº 7 | Use combustível grátis   259

da manhã organizados para os Membros do Elenco do terceiro turno, que trabalham das 22h às 6h. A verdade é que eu quase sempre me sentia feliz por ter ido, pois estar com as pessoas era uma experiência positiva. E elas apreciavam o fato de que eu (ou nós, quando Priscilla estava comigo) tivesse escolhido passar um tempo na companhia delas.

Moral da história: quando se é líder, estar à vista de todos é algo muito benéfico. Sempre achei que ver os funcionários com roupas informais e conhecer seus filhos e cônjuges dava um toque pessoal ao meu relacionamento com eles, o que tornava o trabalho em equipe mais fácil e prazeroso. Além disso, só por estarmos lá já distribuímos uma grande quantidade de ARE.

2. Saiba o nome dos funcionários. Quando eu circulava diariamente pela Walt Disney World, fazia o possível para chamar todos os Membros do Elenco pelo nome. Como eram muitos, comecei a gravá-los no meu BlackBerry junto com o nome de seus familiares e outros detalhes sobre cada um deles, como os cursos que estavam fazendo e seus planos para o futuro. Assim, eu refrescava a memória antes de encontrá-los. Se você acha que saber o nome dos colaboradores não é importante, pense em quando era jovem e alguém em uma posição de autoridade o chamava pelo nome. Isso me veio à mente certo dia quando fui buscar meu neto Jullian, de 13 anos, em um treino de futebol. Além de iniciante, ele é menor e mais jovem do que os colegas, pois pulou uma série na escola. Por isso, não joga tanto quanto gostaria, inclusive nos treinos. Ao entrar no carro

260 Criando magia

naquele dia, ele parecia decepcionado. "Vovô, nem toquei na bola hoje", disse. Tentei animá-lo, lembrando-o de que ele era mais novo e menor do que os outros, porém isso não ajudou. Ele disse que nem gostava tanto assim de futebol e achava que não jogaria mais no próximo ano.

No dia seguinte, quando fui apanhá-lo após o treino, um Jullian totalmente diferente entrou no meu carro. Ele estava radiante e, mais uma vez, apaixonado por futebol. Disse que participara de várias jogadas e havia se saído muito bem. Depois acrescentou, cheio de orgulho: "O treinador sabe meu nome". Ele recebera uma alta dose de reconhecimento.

Você perceberá essa mesma diferença em seus funcionários quando os reconhecer como indivíduos. Portanto, não subestime o impacto emocional de chamar alguém pelo nome. Acredite, se você disser "Oi, Paulo" e estender a mão para esse colaborador, ele se sentirá muito diferente do que se tivesse recebido apenas um aceno seu.

3. Flagre-os fazendo algo bom. Como eu disse, uma qualidade que os líderes devem possuir é a capacidade de avaliar os funcionários e lhes dar um feedback de qualidade. Infelizmente, muitos gerentes têm grande talento para enfatizar falhas ou pontos que precisam ser aprimorados, mas não são hábeis em reconhecer comportamentos que merecem incentivo. Assim como os bons pais, os grandes líderes acentuam os aspectos positivos e os destacam com frequência, pois sabem que as pessoas trabalham melhor quando estão confiantes. E nada estimula tanto a

Estratégia nº 7 | Use combustível grátis   261

autoconfiança quanto a opinião elogiosa de um supervisor. É necessário passar pelo coração para chegar ao cérebro — e ARE vai direto ao coração. A sensação é tão boa que o cérebro pensa: "Tenho que fazer isso de novo".

Portanto, desenvolva o hábito de notar as ações certas, não só as erradas. E, ao vê-las, incentive-as com rapidez – *imediatamente*, se possível –, pois, quanto menor for o intervalo entre o comportamento e o reconhecimento, mais eficaz será a mensagem. E o incentivo deve ser específico para que todos saibam o que estão fazendo da maneira correta. Um "Obrigado pela ajuda" genérico não tem tanta força quanto uma frase como: "A reunião que você organizou na sexta-feira foi ótima. Agradeço o esforço dedicado a essa tarefa". Além disso, use um estímulo adequado às circunstâncias e à pessoa. Em alguns casos, um prêmio tangível – seja um bônus em dinheiro, seja um broche – pode ser apropriado. Em outras situações, um e-mail ou um bilhete pessoal são mais indicados. Há pessoas que adoram alarde, enquanto outras fazem todo o possível para não chamar atenção. Leve isso em conta. Se você sentir que um colaborador é reservado ou tímido, não demonstre seu reconhecimento usando um microfone nem dando uma festa em homenagem a ele. Há meios mais discretos de valorizar profissionais assim.

Sempre me preocupei em reconhecer as contribuições dos Membros do Elenco de muitas maneiras. Todas as manhãs, ao chegar ao trabalho em Orlando, eu lia as cartas enviadas pelos Convidados. Quando um remetente mencionava um serviço excepcional realizado por um Membro do Elenco, eu fazia uma cópia da carta, escrevia uma mensagem de agradecimento no canto, colocava um broche de premiação dentro do envelope e enviava a correspondência para o gerente daquela pessoa. Por que não mandá-la diretamente ao interessado? Porque, por meio de seu supervisor, essa pessoa receberia um duplo reconhecimento ou até triplo, caso fosse elogiada na frente dos colegas. Pelos meus cálculos, eu despachava cerca de 700 bilhetes e broches por mês para o Elenco da linha de frente.

Com relação aos broches, criei tipos diferentes. Dois deles tinham a figura de Mickey Mouse – um com a expressão "Você criou magia" e o outro com a frase "Você é um astro da Disney". Um broche simples, concedido em reconhecimento à excelência em liderança, ostenta apenas a palavra "liderança" sobre o célebre logotipo com a carinha e as orelhas de Mickey. Quando alguém mostrava uma liderança extraordinária – por exemplo, coordenando um projeto bem-sucedido ou implementando uma mudança difícil em um processo de trabalho –, eu enviava um desses broches acompanhado de um bilhete de agradecimento escrito em um cartão personalizado. Um broche com a imagem dos Sete Anões fazendo uma pirâmide humana é concedido por excelência no cumprimento das Sete Diretrizes de Atendimento aos Convidados, que apresentei no capítulo 6. Por fim, outro broche é dado a Membros do Elenco cujas contribuições são destacadas pelo *The Main Street Diary*. O texto diz: "Parabéns! Você faz a diferença sendo uma fonte de alegria e inspiração".

Cada broche custa entre 1 e 2 dólares. No entanto, se o orgulho tem um preço, esses pequenos objetos valem

Estratégia nº 7 | Use combustível grátis   263

milhões. Além de estimularem os Membros do Elenco a repetir o tipo de desempenho que lhes garantiu o reconhecimento, os broches são lembretes visuais, para todos, do que a empresa entende por excelência. Embora os homenageados não precisem usar esses adereços nas fantasias, muitas vezes os vi fazendo isso.

A Disney tem outras formas especiais de distribuir ARE. O kit de Reconhecimento da Magia Cotidiana, por exemplo, torna mais fácil para os líderes o ato de reconhecer o bom desempenho de Membros do Elenco em meio à rotina de trabalho. Os kits contêm Notas Adesivas de Reconhecimento, Cartões e Envelopes de Agradecimento, Cartões de Elogios e outros itens para homenagear àqueles que fazem algo especial, sobretudo na área de segurança. Por seu poder de despertar o orgulho por um bom desempenho, esses objetos baratos se tornam valiosíssimos.

O que sua organização pode conceder aos funcionários que cause um impacto emocional semelhante? Um gesto tolo para você pode ter grande significado para um colaborador, que o retribuirá com lealdade, dedicação e esforço extra. Muitas pessoas ficariam extremamente felizes ao ouvir um simples "obrigado" do líder pelo telefone ou mesmo em uma mensagem na caixa postal.

Sei o que você está pensando: "Ótimo, mas e se virmos alguém fazendo algo *errado*?". A crítica construtiva também pode ser uma forma de ARE, se emitida da maneira certa e no momento oportuno. Corrigir uma pessoa de modo adequado significa transmitir a ela a seguinte mensagem: "Considero você suficientemente bom para lhe

264   Criando magia

dizer como explorar seu potencial de modo mais eficaz e fazer um trabalho ainda melhor". Isso revela que você, como líder, respeita esse profissional e deseja seu sucesso. Lembre-se apenas de ser atencioso, ter tato e demonstrar uma atitude positiva. E não custa repetir: nunca critique ninguém na frente de outras pessoas.

4. Torne o reconhecimento público. A maioria das organizações sabe que é importante prestar reconhecimento aos funcionários formalmente. Por isso celebrações anuais, cerimônias de premiação e festas são tão comuns. A Disney não é exceção. Além de distribuir prêmios individuais em várias ocasiões, a empresa homenageia *todos* os Membros do Elenco com uma comemoração anual chamada Feriado do Elenco. Não se trata de um evento promovido em uma única noite. Do fim de novembro ao início de dezembro, os Membros do Elenco, suas famílias e seus Convidados podem visitar qualquer um dos parques temáticos de graça, além de ganharem fotos da família, brindes e descontos especiais em refeições e produtos. Cada departamento tem ainda um orçamento reservado para festividades anuais, em geral realizadas no verão em Little Lake Bryan, um parque recreativo a poucos quilômetros da empresa. Com instalações para natação, canoagem e outros esportes, esse empreendimento fica aberto o ano inteiro para uso exclusivo dos Membros do Elenco da Disney e suas famílias.

Mas por que limitar as demonstrações de reconhecimento a ocasiões periódicas que podem acabar parecendo lugar-comum? Alguns funcionários merecem ser elogiados

Estratégia nº 7 | Use combustível grátis   265

na presença de colegas. Além de reforçar ações de incentivo, essa atitude motiva outros colaboradores a imitar o comportamento que está sendo destacado. E proporciona mais um benefício: permite que gerentes de todas as áreas da organização tomem conhecimento de profissionais talentosos que, de outra forma, passariam despercebidos. Na Walt Disney World, a valorização das pessoas é considerada tão importante que a empresa tem até um cargo denominado gerente de reconhecimento de Elenco.

Há diversas maneiras de destacar as contribuições excepcionais. Todo ano, por exemplo, a Disney World presta reconhecimento a nada menos do que 900 profissionais por seu desempenho, concedendo-lhes o Prêmio Parceiro em Excelência. Essa premiação é conferida somente uma vez às pessoas por seus méritos na carreira em uma destas três categorias: satisfação dos Convidados, excelência no Elenco ou operacional/financeiro. Os vencedores e seus acompanhantes são homenageados em um jantar requintado, com excelente comida e palestrantes de alto nível, como Colin Powell, ex-secretário de Estado dos Estados Unidos. Além de um broche especial, os premiados recebem uma estátua de bronze de Walt Disney e Mickey Mouse. Por que Walt e Mickey? Porque eles foram os primeiros parceiros em excelência da empresa.

Jantares de premiação são um ótimo meio de prestar reconhecimento público a funcionários, mas a distribuição de ARE de forma aberta, diante de todos, deve ser uma característica constante da vida corporativa. É nesse aspecto que a Disney World e os milhares de pessoas de outras empresas que adotaram o que aprenderam nos programas de capacitação do Disney Institute realmente se destacam. Por exemplo, já mencionei que toda edição do *The Main Street Diary* publica de oito a dez cartas de Convidados descrevendo o atendimento extraordinário que receberam de determinados Membros do Elenco. No entanto, o reconhecimento desses profissionais não termina aí. Os gerentes da Disney são incentivados a ler essas mensagens para toda a equipe durante as reuniões de abertura das atividades e a dar os broches aos premiados na frente de seus colegas. Outras cartas de Convidados são veiculadas no boletim quinzenal *Eyes & Ears*, que é distribuído para toda a empresa. Gostaria de poder reproduzir *todas* essas correspondências elogiosas, porém seria impossível, pois chegam centenas delas por semana.

Destaco ainda outro ótimo recurso de ARE usado na Disney: os cartões intitulados Fanático por Serviços Excelentes. A qualquer momento do dia, os líderes e seus colegas podem preencher um cartão desse tipo e concedê-lo a um Membro do Elenco que tenha feito algo para surpreender ou maravilhar os Convidados. Essa pessoa guarda uma cópia do cartão, que descreve em detalhes como foi seu desempenho especial, e dá o original para o líder assinar. Todo mês, alguns cartões são sorteados e uma "Patrulha de Premiação" circula pelo parque fazendo pequenos espetáculos para os Fanáticos vencedores. Essas apresentações também envolvem brindes, balões, pó mágico e fotos. Você nem imagina quanto essas pequenas comemorações significam para os homenageados e a intensidade com que elas reforçam as qualidades de excelência em desempenho que a Disney representa.

Por fim, veja um meio bastante eficaz de distribuir ARE em público: dá-lo *em particular*. Estou me contradizendo? Não. O que quero dizer é: podemos expressar reconhecimento por um profissional que nem sequer está presente apenas contando a outras pessoas que ele fez ou está fazendo um ótimo trabalho ou relatando algo especial que ele tenha realizado. Descobri esse método na Disney World quando, certo dia, Erin Wallace me disse: "Soube que você está falando bem de mim pelas minhas costas". Esse comentário chamou minha atenção. Desde então, sempre me lembro de dizer algo positivo sobre as pessoas na ausência delas. É um estímulo muito eficaz, justamente porque não costuma ficar no âmbito privado – 90% das vezes, o indivíduo elogiado fica sabendo, assim como outros que adorariam que falássemos bem deles também.

5. Inclua as famílias. Sempre que possível, faça com que cônjuges, filhos, amigos, parceiros e outras pessoas queridas dos funcionários participem das ações de reconhecimento. E, toda vez que tiver a oportunidade de expressar apreço por esses indivíduos, aproveite-a. Um sistema de apoio forte em casa contribui de forma silenciosa para o bom desempenho no trabalho. Além disso, as pessoas mais próximas de um colaborador em geral pagam caro pela dedicação dele, portanto também precisam de ARE. Na Disney, os familiares muitas vezes são convidados para os eventos em que a empresa presta reconhecimento aos Membros do Elenco.

Certa vez, foi organizada uma festa surpresa em homenagem a Frank Yiannas, diretor de segurança e saúde, que havia conquistado um prêmio nacional. A esposa, o irmão e o pai dele compareceram – e o orgulho que exibiam continha ARE suficiente para que todos ali apresentassem um desempenho de alta qualidade durante anos. O próprio Frank disse: "A presença da minha família tornou aquele momento ainda mais especial". Conheço esse sentimento. Na minha festa de aposentadoria, os executivos da Disney convidaram meus amigos mais íntimos e toda a minha família. Como meus netos, Tristan, Margot e Jullian, estavam na França e não poderiam comparecer, meus colegas prepararam um vídeo em que as crianças me parabenizavam e o exibiram na festa. Isso tornou a ocasião *muito* preciosa.

Entretanto, como eu disse, por que se limitar a momentos especiais? Por que não enviar ocasionalmente bilhetes de agradecimento aos cônjuges e a outros entes queridos dos funcionários leais? Afinal de contas, eles também investiram na sua empresa, mesmo não trabalhando para ela. Isso exige muito pouco tempo e pode ser um forte incentivo ao comprometimento dos colaboradores. E não se esqueça dos filhos deles. Não é necessário administrar um parque temático para pensar em algo para essas crianças. Vou contar uma história que chegou ao meu conhecimento por meio de meu filho, Daniel, que trabalha na Disney World. Um Membro do Elenco chamado Andy Nanasi acabara de concluir um grande projeto ao qual havia se dedicado durante um mês. Foram dias de intensa atividade e de noites em claro. No fim, ele e sua supervisora, Robin Zais, ficaram

Estratégia nº 7 | Use combustível grátis   269

"entusiasmadíssimos com o que haviam realizado", segundo o próprio Andy. Três dias depois, as filhas de Andy, de sete e nove anos, se aproximaram dele com um enorme sorriso. Contaram que tinham recebido uma carta da "tia Robin" pelo correio e queriam lê-la para ele. A mensagem dizia: "Seu pai fez um trabalho fantástico e batalhou muito por isso. Então, eu adoraria que vocês duas pegassem estes vales da sorveteria Cold Stone e o convidassem para comemorar tomando um sorvete". Nas palavras de Andy: "Aquele foi um momento de profunda emoção que me encheu de orgulho. Sem dúvida, um reconhecimento inesquecível, o melhor que já recebi de um líder". Foi mesmo uma forma brilhante de ARE, que não teria sido possível se Robin não tivesse destinado um tempo a conhecer Andy e sua família nos quatro anos em que trabalharam juntos.

6. Reconheça e incentive as boas ideias. Já enfatizei que fomentar uma cultura participativa promove a abundância de ideias úteis vindas de todos os níveis de uma organização. Reconhecer essas sugestões e mostrar que você está atento a elas já é uma forma importante de ARE. Na Disney World, onde coletar ideias de Membros do Elenco é um estilo de vida, cada departamento é incentivado a criar sua própria maneira de reconhecer essas contribuições. Phil Holmes, vice-presidente do parque temático Magic Kingdom, lançou um boletim trimestral com oito páginas em cores chamado *You Said... We Listened...* [Você disse... Nós ouvimos...]. Essa publicação é quase inteiramente constituída de sugestões dos Membros do Elenco

(Você disse) seguidas das respostas dos líderes para cada uma delas (Nós ouvimos). Uma de suas edições apresentou cerca de 60 ideias, entre elas "Você disse... a Engenharia precisa diminuir a quantidade de folhas de papel solicitadas para a Manutenção de Atrações. Nós ouvimos... e implementamos novos dispositivos portáteis de monitoramento de dados que reduziram a papelada de forma considerável". Em outro caso: "Você disse... os Convidados têm dificuldade para ler o cardápio afixado na parede do Pecos Bill Cafe. Nós ouvimos... e melhoramos o posicionamento e a iluminação do quadro em que o cardápio está".

Há algo que impeça você de criar um recurso semelhante na sua organização? Se quiser receber o apoio dos funcionários, precisará reconhecer as contribuições deles, não importa quanto pareçam insignificantes ou comuns. E nada demonstra maior apreço do que levar em conta as sugestões e as solicitações que eles fazem.

7. Dê ARE extra aos funcionários da linha de frente. Recomendo que você dê atenção especial aos colaboradores que lidam diretamente com o público. Muitas vezes, eles são deixados de lado no reconhecimento prestado pelos líderes e costumam ser aqueles mais pressionados e desvalorizados e também os mais criticados pelos clientes. Desde meu primeiro dia como gerente, jurei tratar essas pessoas com uma dose adicional de dignidade. Eu sabia por experiência própria como essas funções são desgastantes, pois já havia exercido várias delas. Como um rapaz do interior e sem curso universitário, servi mesas, arrumei camas e trabalhei em cozinhas durante muitos anos até que minha carreira decolasse – e senti na pele os métodos sutis que os líderes usam para humilhar funcionários com esse perfil. Sei também que os profissionais maltratados não são os mais comprometidos. Talvez dediquem apenas 50% de seu esforço ao trabalho ou, o que é pior, tentem se vingar, fofocando, pedindo demissão de repente, processando a empresa ou até mesmo roubando.

Na Disney, todas as pessoas em todos os níveis da organização são tratadas como peças fundamentais – tanto faz se estão varrendo calçadas, servindo mesas ou vendendo lembranças. "Você é a Disney", eu costumava lhes dizer quando dava minhas voltas – e elas acreditavam, pois eu acreditava. E insisti para que os outros líderes transmitissem a mesma mensagem. Os que seguiram meu conselho passaram a lidar com uma rotatividade muito menor, registraram uma redução na incidência de faltas e obtiveram muito mais comprometimento e lealdade. E tudo isso proporciona resultados mensuráveis para a empresa.

Portanto, trate os funcionários da linha de frente com o mesmo respeito (ou até mais) que você dedica àqueles que se encontram em posições mais altas. E aja assim inclusive quando for necessário discipliná-los ou demiti-los. Seja exigente e diga-lhes o que tiver que ser dito, mas esses colaboradores sempre devem saber que você está do lado deles e aprecia sua contribuição para a empresa.

8. Transforme ARE em uma parte natural da sua rotina. Como expliquei antes, os grandes líderes são ambientalistas. Para atrair e manter os melhores funcionários, é preciso criar um ambiente ideal para eles − e posso garantir que reconhecimento, apreço e estímulo são tão importantes para um local de trabalho saudável quanto ar e água puros são fundamentais para as boas condições de vida no nosso planeta. Portanto, não seja mesquinho. Não há desculpa para você não distribuir doses generosas de ARE. Já ouvi todo tipo de pretexto por parte de quem se recusa a fazer isso, acredite, mas nenhum deles faz sentido. Alguns líderes dizem que não se sentem à vontade expressando gratidão cara a cara, pois esse tipo de gesto emotivo os deixa constrangidos. Se esse for o seu caso, utilize bilhetes, broches, certificados, publicações e outros métodos que não envolvam contato direto com o colaborador. Minha experiência, porém, diz que há uma boa chance de que, depois, ao perceber os resultados de ARE, você queira ter o prazer de distribuí-lo pessoalmente.

Outros gerentes temem que os funcionários fiquem presunçosos e trabalhem com menor empenho se receberem muitos elogios. Bobagem. Hoje em dia, a cenoura é um motivador muito mais eficiente do que a vara. Como digo em minhas palestras para executivos, se você acredita que as pirâmides do Egito não teriam sido erguidas se os egípcios não explorassem os escravos, pense bem. Talvez esses monumentos tivessem sido concluídos até mais depressa, com custos mais baixos e menos percalços se o tratamento dispensado aos trabalhadores tivesse sido melhor. Outra desculpa que costumo ouvir é: "E se eu elogiar um colaborador por seu trabalho e

Estratégia nº 7 | Use combustível grátis   273

depois sua eficiência cair e eu precisar demiti-lo? Esse reconhecimento pode acabar sendo usado contra mim em um processo". Mais uma bobagem. Caso você só faça críticas negativas, a pessoa também pode usar *esse* fato contra você ou simplesmente pedir demissão por se sentir desmotivada. O meio ideal de impedir quedas de desempenho é, antes de tudo, dar muito ARE. É assim que um bom profissional fica ainda melhor.

Lembre-se: se broches, prêmios e celebrações especiais são excelentes, a distribuição de ARE comum todos os dias é igualmente poderosa – e, em vários aspectos, até mais. Basta ter em mente as Quatro Expectativas de Todos os Funcionários ao interagir com eles:

- Faça-os se sentir especiais.
- Trate-os como indivíduos.
- Respeite-os.
- Torne-os profissionais capacitados.

Se conseguir incorporar essas diretrizes ao seu comportamento natural, você transformará todo o universo do trabalho em algo especial e será reconhecido como um líder que valoriza os funcionários e serve de inspiração para eles. Para se lembrar de fazer isso, anote na agenda ou empregue qualquer outro método de monitoramento de sua lista de afazeres. Eu escrevia todos os dias na minha agenda o nome das pessoas que mereciam um elogio, incluindo não só aquelas que estavam trabalhando bem ou haviam feito algo excepcional como também as que precisavam de apoio extra por motivos como lesões físicas, filhos com problemas na escola ou perda de um ente querido. Não se esqueça de que, para alguns, um local de trabalho caloroso pode ser um refúgio.

9. Cuidado com o linguajar. As palavras fazem diferença. No ambiente de trabalho, use palavras que transmitam o apreço e o respeito que você tem pelos funcionários. Certa vez, participei de um seminário sobre liderança com Frances Hesselbein, presidente do Conselho Diretivo do Leader to Leader Institute e autora do prefácio deste livro. Reconhecida como uma das líderes mais eficazes do mundo, ela me fez rir ao perguntar: "Quando foi a última vez que você ouviu alguém dizer 'Não vejo a hora de ser um subordinado'?". Na opinião dela, termos como "subordinado" – que pode suscitar conceitos negativos, como "inferior", "menor" e "mais baixo" – estão se tornando obsoletos e devem ser substituídos por outros como "associado", "parceiro" e "membro da equipe".

Não subestime o poder da escolha das palavras. A língua evolui lentamente e, às vezes, é difícil substituir termos e expressões familiares sem que soe estranho. Mas, se você encontrar substitutos para opções pouco estimulantes e usar uma linguagem que capte o espírito da sua organização, como a Disney fez com "Elenco" e "palco", seus funcionários se sentirão muito mais respeitados, apreciados e valorizados.

Bill Marriott me ensinou muito sobre o poder de ARE quando pedi demissão de sua empresa para ir trabalhar na Disney. Ele me telefonou e disse quanto eu era valioso para a organização. Explicou que não gostaria que eu saísse; mas, já que eu *estava* fazendo isso, queria me desejar tudo de bom. Nunca me esqueci de sua gentileza e atenção. Esse homem administrava uma empresa multibilionária e reservou alguns minutos para me ligar e desejar tudo de bom. Esse é apenas um dos motivos pelos quais eu o considero um dos maiores líderes de negócios dos Estados Unidos.

Graças aos ensinamentos que recebi de pessoas como Bill, calculo que eu tenha motivado pessoalmente com ARE de 7 a 8 mil Membros do Elenco da Disney por ano – e o resultado foi espetacular, pois todos eles se sentiram estimulados a atingir um nível mais alto de desempenho. Lembre-se: isso é contagiante. Toda pessoa a quem você der ARE terá um estoque maior dessa energia para transmitir a colegas, parceiros e clientes. Além de ser um combustível grátis, ele é o principal ingrediente para criar uma cultura de magia.

COLOCANDO EM PRÁTICA

- Dedique tempo de qualidade aos funcionários que estão sob sua supervisão direta.
- Participe de eventos dos colaboradores e mantenha-se à vista de todos.
- Faça questão de se lembrar do nome das pessoas e dizer "obrigado".

- Sirva de modelo, de forma ativa e flagrante, de um desempenho excelente.
- Cumprimente todos os funcionários que encontrar.
- Tenha consciência do impacto de sua presença e de suas interações com os colaboradores.
- Descubra formas de celebrar as realizações e as vitórias pessoais dos funcionários e não se esqueça de incluir os familiares, amigos e entes queridos.
- Leve sempre broches de reconhecimento no bolso para distribuir.
- Faça com que todos os colaboradores saibam exatamente o que estão fazendo de certo.
- Sempre observe o desempenho — seja positivo, seja negativo — e dê um feedback imediato.
- Ensine, na prática, aos colaboradores a melhor forma de realizar as tarefas.
- Não tolere uma atuação fraca nem ignore problemas de desempenho.
- Preste reconhecimento, tanto de forma pública quanto particular, a melhoras e excelência na execução das tarefas.
- Treine suas equipes para identificar o que deve ser considerado um desempenho excelente.
- Use a agenda para se lembrar de distribuir ARE ao longo do dia.
- Crie um linguajar inspirador, que transmita respeito pelas pessoas.

10

Estratégia nº 8
Mantenha-se na dianteira

A versão escrita das Estratégias dos Grandes Líderes da Disney começa com esta afirmação: "Em tempos de mudanças drásticas, são os aprendizes que herdam o futuro. Os já instruídos geralmente se encontram preparados para viver em um mundo que não existe mais". Em outras palavras, os grandes líderes precisam ser aprendizes durante toda a vida.

No mundo atual, em permanente transformação, é crucial manter-se atualizado. Seja qual for sua área ou seu segmento de atuação, se você não estiver a par das novidades – desde desenvolvimentos sociais e culturais, passando por inovações tecnológicas e até notícias internacionais –, seus concorrentes o ultrapassarão, seus clientes o abandonarão e você não conseguirá cumprir suas responsabilidades como líder.

No setor de hospitalidade, por exemplo, os hotéis que não atenderem às necessidades da era digital, disponibilizando acesso à internet sem fio em todos os quartos, logo perderão grande parte dos clientes e uma parcela significativa da receita. E os restaurantes que não reagirem com rapidez às preocupações atuais com saúde e nutrição, oferecendo pratos com baixo teor de gordura e ingredientes não alergênicos, também ficarão para trás num piscar de olhos. Um dos motivos pelos quais os restaurantes do *Walt Disney World*® Resort mantêm uma reputação mundial de qualidade é a permanente atualização dos chefs com relação às tendências nutricionais e de paladar, o que lhes permite realizar mudanças nos cardápios nos momentos certos. Lembro-me, por exemplo, de duas situações que deixaram os Convidados muito felizes: quando viram que havíamos incluído sushi e deliciosos pratos vegetarianos em nossos cardápios e quando introduzimos opções mais saudáveis para as refeições das crianças. Não faz muito tempo, a Disney anunciou uma iniciativa na qual eu estive envolvido antes de sair da empresa: o estabelecimento de novas diretrizes nutricionais impondo limites de calorias, gorduras e açúcares – e, em seguida, a eliminação das gorduras trans – para todas as refeições servidas nos parques temáticos.

O fato é que, para ser um grande líder, você tem que estar afinado com o progresso e jamais se tornar um dinossauro ultrapassado. Isso implica correr atrás de conhecimentos, prestar atenção em tudo o que acontece à sua volta e expandir de forma permanente seu modelo de referência para que possa melhorar seus negócios empregando meios novos e mais eficientes de fazer as coisas. Em outras palavras, você tem que se manter sempre na dianteira. Veja a seguir como fazer isso.

1. Absorva conhecimentos como uma esponja.
Quando perguntaram ao célebre especialista em investimentos Warren Buffett o que ele faz em um dia de trabalho comum, ele respondeu que passa a maior parte do tempo lendo, não só relatórios empresariais e revistas de negócios como também jornais, livros e publicações de diversos gêneros. Por quê? Porque suas decisões sobre opções de investimento não se baseiam apenas em notícias e dados sobre negócios e finanças, mas em todo tipo de informação. E isso faz sentido. Sempre observei que os grandes líderes se mantêm a par do que acontece tanto em seu ramo de atuação quanto em um universo mais amplo.

De fato, estudos científicos corroboram essa observação. Um tempo atrás, li em um artigo que as pessoas que têm uma grande quantidade de conhecimentos e experiências alcançam muito mais sucesso na vida. Também vi em um estudo que aqueles que leem por prazer tendem a ser mais bem-sucedidos, pois a leitura os torna mais criativos. Ao mesmo tempo, há pesquisas [com dados referentes aos Estados Unidos] que considero alarmantes: só 19% dos adultos leem jornal diariamente, e o homem americano típico lê apenas um livro como lazer a cada três anos.

Portanto, se quer obter vantagem competitiva, leia muito. Adquira publicações de sua área, é claro, mas não se restrinja a elas: inclua um jornal, revistas de interesse geral, livros de ficção e não ficção, blogs e artigos veiculados na internet sobre assuntos de seu interesse particular. Caso sinta uma vontade instintiva de se aprofundar mais em um tema, faça isso. Você se surpreenderá ao perceber que informações aparentemente não relacionadas ao seu trabalho podem estimular sua mente e ajudá-lo a tomar decisões melhores. Parece ter dado certo para Warren Buffett.

E não fique só na palavra escrita. Aproveite todo tipo de recurso para se informar, como filmes, música, rádio e televisão. Ouvir rádio enquanto se arruma de manhã o deixa um passo à frente antes mesmo de começar o dia. À noite, assistir a noticiários ou a outros programas informativos na televisão lhe dará no que pensar a respeito antes de dormir. E, quando estiver circulando – fazendo compras, viajando a negócios, de férias ou passeando com a família –, mantenha os ouvidos e os olhos bem abertos a todo tipo de experiência. Você nunca sabe de onde pode surgir sua próxima grande ideia. Aprendi a me fazer a seguinte pergunta toda vez que algo atrai minha atenção no dia a dia: "Se eu adaptasse um pouquinho essa novidade, poderia aplicá-la de forma eficaz na empresa ou em alguma área da minha vida?".

Por exemplo, alguns anos atrás, quando vi pela primeira vez dispositivos de monitoramento remoto sem fio sendo usados para acelerar o recebimento de carros alugados no aeroporto, pensei: "Por que não utilizamos essa tecnologia nos nossos resorts?". Mais ou menos na mesma época, Al Weiss vinha nos desafiando a descobrir um jeito de eliminar um dos inconvenientes sobre os quais os Convidados se queixavam: o processo de check-in na recepção dos hotéis. Ao ver aqueles aparelhos sem fio, pensei: "Por que não fazemos o check-in enquanto os Convidados ainda estão no ônibus, vindo do aeroporto? Assim, no instante em que

Estratégia nº 8 | Mantenha-se na dianteira   281

chegam, já podem ir direto para os quartos". A ideia está sendo elaborada e, quando o novo serviço estiver totalmente implantado, melhorará a experiência que os Convidados têm na Disney e permitirá uma grande redução dos custos com atendimento nos balcões – e esse dinheiro poderá ser investido em mais comodidades para os hóspedes.

Outro exemplo de adaptação criativa e original de uma inovação tecnológica é o programa *Magical Express*, da Disney, que eliminou uma grande chateação das viagens de férias: lidar com a bagagem. Por meio desse programa, os Convidados que fazem reservas nos hotéis da empresa recebem em casa, pelo correio, etiquetas com códigos de barra para a bagagem. Depois de despacharem as malas no aeroporto, não as veem mais até entrarem no quarto do hotel. Em sua chegada a Orlando, em vez de irem até a esteira das malas, eles seguem diretamente para o Centro de Boas-Vindas da Disney, onde são recebidos e encaminhados para o hotel em um confortável ônibus. No fim da estada, o serviço é retomado. As pessoas podem despachar a bagagem e receber os cartões de embarque antes mesmo de deixarem o hotel. Qual é o custo desse serviço exclusivo? Nenhum. Os Convidados não pagam nada, e para a empresa o retorno do investimento é incalculável.

Melhorias como essas são possíveis somente quando os líderes estão abertos a novos conhecimentos. No entanto, muitos deles só se sentem motivados a aprender nas épocas em que os negócios estão em declínio ou após um desastre. Quando tudo está indo bem, eles se acomodam e começam a ficar para trás na curva de aprendizado. Portanto, use o cérebro como esponja, tanto nos tempos de bonança quanto nas fases difíceis – e todos os dias, não apenas quando for necessário saber algo específico.

2. Preencha lacunas em seu conhecimento. São poucos os líderes que nascem com o conjunto completo de talentos e aptidões necessários para alcançar o sucesso. Os mais espertos, porém, conhecem as próprias limitações e se esforçam para superá-las. Um dos hábitos descritos por Stephen R. Covey em *Os 7 hábitos das pessoas altamente eficazes* é "afiar a serra". Com isso, ele quer dizer: se você deseja melhorar seu desempenho, tem que atualizar suas aptidões e seus conhecimentos com regularidade, assim como uma pessoa deve afiar a serra quando está cortando lenha. Sua serra está bem amolada? Quando foi a última vez que a afiou? Lembre-se de que não adianta fazer isso só uma vez, a menos que você não tenha a intenção de usá-la de novo. Esse processo deve ser permanente. Caso seus conhecimentos não estejam em dia ou você não venha se saindo tão bem em um aspecto do trabalho quanto deveria, isso significa que a serra precisa ser amolada mais vezes. É provável que você tenha identificado agora mesmo seus pontos fracos ou aquilo em que necessita se aprimorar. Se ainda não conseguiu descobrir quais são eles, pergunte a seu supervisor, a um colega de confiança, a um amigo ou mesmo a seu parceiro ou cônjuge. E peça-lhe que diga a verdade.

Um ótimo jeito de saber o que você precisa aprender ou aperfeiçoar é examinar suas aptidões em termos das quatro áreas de competência que apresentei no capítulo 5:

Estratégia nº 8 | Mantenha-se na dianteira   283

- *Competência técnica*: você está expandindo e refinando sua base de conhecimentos técnicos?
- *Competência administrativa*: você está aprimorando regularmente sua capacidade de controlar e organizar o ambiente de trabalho para obter o máximo de eficiência?
- *Competência tecnológica*: você está atualizado em relação à adaptação de tecnologias para realizar seu trabalho de modo mais rápido ou econômico ou para aumentar a satisfação de clientes e funcionários?
- *Competência como líder*: você continua aprendendo sobre a arte de liderar outras pessoas?

Após identificar as lacunas no seu repertório, tome medidas imediatas para preenchê-las e dedique-se a isso de forma enérgica, metódica e diligente. Ignore aquela voz na sua cabeça que tenta convencê-lo de que é possível ir tocando as coisas assim mesmo ou que já é tarde demais e você nunca vai recuperar o prejuízo. De cachorros velhos eu não entendo, porém posso assegurar que líderes experientes aprendem novos truques, sim, e aqueles que criam magia estão sempre atentos a novidades que lhes deem um diferencial. Tenha em mente que as aptidões mais importantes são difíceis a princípio, mas depois se tornam fáceis. Então não tenha medo do desafio.

Vou dar um exemplo pessoal. Eu tinha verdadeiro pavor de falar em público. Na faculdade, abandonei uma cadeira de oratória antes da minha primeira apresentação prática, pois estava com tanto medo que não conseguia parar de tremer. Após esse incidente traumático, tirei da cabeça qualquer ideia de me expor diante de uma plateia. Então, em 1979, quando eu tinha 35 anos e era um dos executivos da Marriott, o diretor de marketing me pediu que desse uma palestra de 30 minutos em uma convenção. Respondi: "É claro, sem problema". Mas *havia* um problema. Eu passara tantos anos evitando esse tipo de apresentação que não sabia como proceder. Escrevi em um bloco de notas o que queria dizer e li o texto para a plateia, palavra por palavra. A certa altura, olhei para as pessoas e vi claramente em seus olhos o que estavam pensando: "Pare! Pare de falar e de nos castigar assim!".

Prossegui mais um pouco e, quando finalmente saí do palco, sob alguns aplausos educados, senti uma dor no estômago que ainda retorna quando me lembro daquele dia. Por mim, nunca mais falaria em público; no entanto, eu sabia que deveria aprender a fazer isso de forma eficiente se quisesse progredir na carreira. É impossível liderar quando não se consegue ficar diante de um grupo e discursar de um modo que inspire as pessoas a fazer o que precisa ser feito.

Assim, tomei a decisão de adquirir esse conhecimento. Para minha sorte, o sogro de Bill Marriott, Royal Garff, que ensinava oratória na Universidade de Utah, se dispôs a passar um tempo me orientando. Ele me forneceu alguns dos melhores conselhos que recebi na carreira: (1) não dê palestras, conte histórias; (2) empregue exemplos pessoais – podem ser sobre a família, o cachorro ou a bicicleta perdida; (3) nunca deixe que outra pessoa escreva o texto de sua apresentação; e (4) jamais escolha um tema que não seja apaixonante para você. Com essas orientações em mente, comecei a treinar com meus funcionários e, após um tempo, já me sentia à vontade falando para grupos pequenos nas organizações beneficentes com as quais estava envolvido. Por fim, criei coragem para, mais uma vez, discursar diante de empresários. Foi um grande sucesso. Falei sobre liderança e gerenciamento de tempo, assuntos que adoro, e ilustrei meus argumentos com exemplos pessoais e histórias familiares.

Com o tempo, fui me sentindo mais à vontade quando falava em público, algo que muita gente teme mais do que a morte, como já tinha sido meu caso. A diferença é que não dá para aprender a evitar a morte, mas dá para aprender a ser um bom orador. Hoje em dia, apresento palestras semanais para centenas de pessoas e mal dou conta de atender os pedidos que recebo. Mesmo assim, minha capacitação continua. Observo oradores de alto nível e aprendo com eles. Muitas vezes, colho material para palestras me enfronhando em assuntos e pontos de vista novos. Em 2008, por exemplo, participei de um seminário de três dias no Disney Institute sobre como melhorar os serviços prestados em instituições de saúde. Sei tanto sobre esse tema agora que posso falar para profissionais de saúde com confiança e autoridade.

Isso me traz à mente outro conselho importante: não estude apenas as questões relacionadas ao seu cargo atual. Aprenda o máximo possível sobre todo o negócio e o setor em que você atua. Talvez nem todas as informações sejam necessárias hoje, porém ter um conhecimento abrangente o ajudará a alcançar posições de liderança mais altas. Além disso, quando você *de fato* avançar e aumentar seu raio de influência, estará mais apto a liderar, ensinar e ser um parceiro para seus colegas. No meu caso, sempre trabalhei com operações, mas fiz questão de me instruir sobre vendas, marketing, finanças e todos os outros aspectos dos negócios para que eu pudesse treinar melhor os profissionais e ajudar outros departamentos a cumprir suas responsabilidades. E, às vezes, o que eu aprendia proporcionava benefícios tanto para a empresa quanto para minha família.

Certa vez, por exemplo, quando senti necessidade de compreender os chefs que trabalhavam para mim, me inscrevi em um curso de culinária francesa. Durante 12 semanas, dediquei parte de meus domingos a esse objetivo e, em casa, treinava o que aprendia nas aulas. Essa experiência produziu dois resultados: fiquei sabendo do que os chefs precisavam para realizar bem o seu trabalho e passei a criar deliciosas refeições para minha família (embora depois eu tenha parado de cozinhar para não matá-los com tanto creme e manteiga).

3. Domine as tarefas básicas de administração. Esse é um campo de conhecimento que todo líder ou aspirante a líder deve estudar. Mesmo que suas responsabilidades não incluam gerenciar orçamentos nem justificar um balanço financeiro para os acionistas, é provável que um dia isso seja necessário. E, qualquer que seja seu cargo, conhecer os negócios por dentro o tornará um líder muito melhor.

Estratégia nº 8 | Mantenha-se na dianteira   287

Você sabe qual é o plano estratégico de sua unidade de negócios? Já leu o relatório anual da empresa? Sabe como interpretar demonstrativos orçamentários? Está familiarizado com os indicadores que orientam seu negócio e com os que norteiam as decisões administrativas? Está ciente do que sua divisão ou seu departamento precisa para gerar lucro e de que maneira suas finanças se relacionam com a empresa como um todo? Se não, vá descobrir. Caso não compreenda alguma coisa, pergunte a alguém.

Além disso, não se limite à sua empresa. Estude todo o setor, assim como a economia nacional e global. Se você nunca teve aulas básicas de economia, inscreva-se em um curso de extensão universitária. Adquira conhecimentos sobre finanças. Aprenda sobre administração de recursos humanos e entenda como essa atividade se relaciona com seu setor. Leia todos os dias as seções de negócios e finanças dos jornais. Assine revistas dessa área.

4. Aprenda com os melhores. Descubra quem são os melhores naquilo que você e sua equipe fazem e estude-os. Se, por exemplo, você sentir dificuldade em estimular seus colaboradores, encontre profissionais que tenham ótima reputação como motivadores e observe-os em ação. Converse com eles e descubra como criam sua própria magia. E não pesquise só em lugares óbvios. Não se prenda a seu tipo de negócio e setor: vá além. Se você administra um supermercado, pode ter uma ideia para um display de alimentos visitando uma sofisticada loja de departamentos.

Ou, se sua loja é de roupas ou ferramentas, vá a uma delicatéssen e levante ideias de apresentação de mercadorias.

Enfim, independentemente de sua área de atuação, se você busca excelência, precisa saber que aparência, gosto, som e sensação ela tem. Observando os melhores entre os melhores e aprendendo com eles, você aprimorará suas atividades o tempo todo. Quando eu trabalhava na Marriott, a empresa estava em um período de crescimento, construindo hotéis maiores e entrando no segmento de convenções, bufê e reuniões de negócios. Na época, nossa principal concorrente era a Hyatt, conhecida por fornecer os melhores serviços de bufê e convenções. Então, visitei muitos hotéis dessa rede para entender como eles operavam. Enquanto caminhava nesses estabelecimentos, eu coletava páginas de informações sobre absolutamente tudo: dos rechôs de prata e os tipos de piso ao comportamento dos garçons.

Em seguida, procurei o homem que me ensinara a aprender com os melhores, Eugene Scanlan, meu ex-supervisor em outro excelente hotel, o Waldorf-Astoria. Foi ele que certa vez me enviou a seis delicatéssens para provar *pastrami*, carne vermelha em conserva, salada de repolho, salada de batata e picles para que eu ajudasse o Waldorf a melhorar a qualidade desses itens. Dessa vez, pedi a Gene que me orientasse na escolha de todo o equipamento que deveria ser comprado para o novo J. W. Marriott em Washington, D. C. A convite dele, passei dois dias no Waldorf examinando os detalhes. A cada hora eu aprendia mais sobre produtos de alta qualidade.

Mas meu trabalho ainda não tinha terminado. De posse daquelas informações, eu precisava determinar a melhor forma de adaptá-las às necessidades específicas da Marriott. Passei quase um ano escolhendo os itens a ser adquiridos. Cheguei a visitar fabricantes em lugares tão distantes quanto a Coreia para saber o que as melhores empresas do mundo estavam usando e como adequar aquelas mercadorias aos nossos objetivos. No fim daquele ano, eu havia me tornado especialista em produtos para bufês. Como resultado, o hotel de Washington foi inaugurado com enorme sucesso e eu tive o prazer de assistir, orgulhoso, a muitos lindos casamentos e a elegantes recepções de negócios.

Dali para a frente, em toda a minha carreira, sempre recomendei aos gerentes que visitassem as melhores empresas relacionadas à sua área de interesse e procurassem uma forma melhor de realizar as atividades. Quando eu estava na Disney World, por exemplo, soube que o Ritz-Carlton implementara um serviço excelente de manobrista, então pedi a alguns gerentes que fossem lá aprender. Eles nem precisaram passar a noite. Apenas deixaram o carro com os manobristas, tomaram algo no bar, usaram o banheiro e ficaram um tempo no lobby observando os procedimentos de check-in e check-out. E, de fato, voltaram com novas ideias para aplicar em seus setores, e não só com relação ao estacionamento. Eles retornaram motivados.

É claro que podemos ter ideias novas lendo revistas especializadas, participando de conferências e coisas do gênero – e, sem dúvida, devemos fazer tudo isso sempre que possível. No entanto, nada substitui uma experiência pessoal, talvez porque nossa cabeça funcione de um modo diferente quando estamos imersos em um ambiente real. Sempre constatei que a forma ideal de estimular a criatividade é sentir na pele as melhores experiências. Portanto, ao ver algo interessante, não importa quanto aquilo pareça estar fora da sua área de atuação, pergunte-se: "Como posso adaptar essa ideia à minha empresa?".

5. Aprenda com os concorrentes. Você e sua organização podem ser bons, mas os concorrentes também são. Se esse não for o caso, aprenda com eles o que *não* fazer. Portanto, fique de olho em *todos* os que competem com seu negócio. Certo dia, quando eu estava caminhando em um grande hotel de convenções em Orlando, encontrei o gerente geral, um conhecido de muitos anos. Ele me perguntou o que eu estava fazendo ali. Respondi que tinha ido ver o que meus concorrentes andavam fazendo. Ele ficou assombrado, porém mais assombrado fiquei eu ao saber que ele nunca havia pisado em um hotel da Disney durante todos os anos em que trabalhara como gerente naquela região. Pensei: "Que oportunidade desperdiçada! A falta de curiosidade dele nos dá uma vantagem". Algumas semanas depois, fui convidado para um jantar da United Way naquele mesmo hotel. Aceitei de cara, pois seria uma ótima chance de observar a concorrência em ação. De fato, notei algo assim que cheguei. Em todas as entradas para o salão de jantar havia dois ou três funcionários recebendo os convidados e perguntando se tinham um pedido especial com relação à comida. Outros garçons já estavam em torno das mesas, puxando cadeiras e acomodando as pessoas. Na maioria dos jantares, os colaboradores permanecem na cozinha quando os convidados chegam. Fiquei tão impressionado com essa ideia simples que a adotei assim que voltei para a Disney, adicionando um toque pessoal: no fim de nossos eventos, os atendentes ficariam novamente próximo às portas, agradecendo aos Convidados e despedindo-se deles.

6. Mantenha-se em contato com seus colegas. Certa vez, alguém me aconselhou a encontrar um bom advogado e um bom médico bem antes de precisar deles, pois, quando isso acontecesse, eles cuidariam muito melhor de mim se já tivéssemos um bom relacionamento pessoal. Segui o conselho e há 29 anos faço meu check-up anual com o dr. Robert Blee em Washington, D. C. Estamos envelhecendo juntos e com saúde, pois confio nele e é com muito prazer que pago uma passagem aérea para vê-lo uma vez por ano. Ele sabe tudo sobre mim, desde o histórico clínico da minha família até meu peso exato em 1980, e dedica todo o tempo necessário a me dar novas sugestões para manter a boa saúde. O dr. Blee tem muitas ideias, pois é um profissional inteligente e sempre a par dos avanços em sua área.

Sinto a mesma coisa em relação a meus colegas de profissão. Aliás, tenho certeza de que a principal razão para o grande sucesso da minha nova empresa de palestras e consultoria é o sólido relacionamento que mantive ao longo da carreira com uma rede de pessoas do setor de hospitalidade. Quando iniciei esse empreendimento ao me aposentar da Disney, havia mais de 1.200 contatos no meu banco de dados. E não eram indivíduos que eu tinha visto apenas uma vez. A maior parte desses profissionais havia se encontrado comigo algumas vezes, e eu já tinha até feito favores para alguns deles. Então, ficaram felizes quando se viram em condições de me ajudar com ideias e conselhos para que meu novo projeto decolasse. E as informações que continuam a me fornecer são de enorme utilidade. Esse é o poder dos relacionamentos.

Cultivar relações de trabalho é como frequentar para sempre uma universidade com um corpo docente brilhante ao qual sempre poderemos recorrer. Considere uma necessidade profissional a formação de bons relacionamentos com o maior número possível de pessoas que atuam na sua área. Preserve esses contatos à medida que você – e cada um deles – passa de uma posição ou empresa para outra. É muito fácil encontrar pretextos para não irmos a uma conferência ou feira de negócios: estamos ocupados, queremos passar mais tempo com a família, as viagens são cansativas etc. Muitos líderes preferem enviar representantes de níveis hierárquicos mais baixos a esses eventos a reservar tempo para comparecer, o que pode ser um grave erro. Além de perderem oportunidades de aprendizado, eles deixam de se encontrar com pessoas com as quais poderiam aprender no futuro.

Durante meus anos na Disney World, sempre que sabia de uma conferência ou uma convenção interessante que aconteceria em Orlando ou em outros locais acessíveis, eu anotava a data na agenda e, com meses de antecedência, tentava me organizar para comparecer. Invariavelmente, no dia do evento sentia necessidade de cancelar a ida por estar muito ocupado. Mas, depois, quase sempre ficava feliz por ter seguido em frente, pois isso reforçava os relacionamentos existentes e adicionava alguns nomes à minha lista de contatos. Veja agora duas dicas que podem ajudar você a vencer o impulso de querer faltar a essas ocasiões: anote as datas na agenda e compre passagens aéreas sem direito a reembolso.

7. Estude sua base de clientes. Sabe qual é a pergunta feita com maior frequência na Walt Disney World? Não, não é "Onde há um banheiro por aqui?" nem "Como eu chego ao Magic Kingdom?". É: "Quando é o desfile das três horas?". Exatamente: "Quando é o desfile das três horas?". Não é uma pegadinha, como "De que cor é o cavalo branco de Napoleão?". O que a pessoa está querendo saber é: quando o desfile das três horas vai passar pelo ponto em que ela está. Como os líderes e Membros do Elenco da Disney conhecem muito bem seus Convidados, todos eles estão preparados para essa pergunta e ninguém ri quando a ouve. Em vez disso, respondem algo como: "O desfile passa por aqui às 15h12. Se vocês ficarem bem ali, seus filhos terão uma ótima visão da Cinderela".

É óbvio que os líderes têm que conhecer seus clientes. Mas *o que* precisam saber a respeito deles nem sempre é óbvio. É nesse aspecto que as enquetes e outros tipos de pesquisas de mercado são essenciais. Porém, isso não basta. Seus clientes são pessoas, e é necessário descobrir o que as atrai. Na Disney, chamamos isso de "Convidadologia" [do inglês *Guestology*]. Trata-se do estudo daquilo de que os Convidados gostam e não gostam, querem e não querem. Como mencionei em capítulos anteriores, essas informações são apuradas de diversas maneiras. Questionários são distribuídos tanto nos estabelecimentos da Disney quanto pela internet. Coletam-se comentários por toda a propriedade. Enquanto interagem com os Convidados, Membros do Elenco fazem levantamentos de opinião e relatam fatos significativos aos gerentes. E não é só isso. A Disney estuda dados estatísticos sobre preferências e padrões referentes a fluxo de pessoas, uso de meios de transporte, taxas de ocupação e outros fatores importantes para a aplicação eficaz dos recursos. Além disso, especialistas realizam pesquisas direcionadas com grupos de oito a dez Convidados voluntários, colhendo informações sobre questões específicas que estejam sob avaliação, como as refeições infantis e o sistema FASTPASS®. Entrevistas pessoais são conduzidas no lobby dos hotéis e nas saídas dos parques, com tópicos sobre a experiência que os Convidados tiveram naquele dia – assim, os problemas podem ser sanados antes de o sol nascer na manhã seguinte. Se, por exemplo, uma porcentagem considerável de Convidados disser que os banheiros não estavam tão limpos quanto deveriam ou que o check-in no resort demorou demais, essas observações são encaminhadas diretamente aos gerentes responsáveis

Estratégia nº 8 | Mantenha-se na dianteira   295

para que eles tomem medidas corretivas imediatas. No total, ouve-se mais de 1 milhão de pessoas por ano. Com base nos resultados, efetuam-se melhorias contínuas nos serviços.

E não se deixe enganar pelo termo Convidadologia. Não é necessário administrar um hotel ou um resort para realizar esse tipo de estudo. O objetivo é levantar informações precisas e confiáveis com a finalidade de oferecer produtos e serviços melhores, algo que todas as empresas devem fazer. Então, tire proveito de todos os métodos disponíveis para coletar dados sobre sua base de clientes. E não se esqueça de garantir o acesso de todos na organização aos resultados de suas pesquisas.

8. Siga os indicadores. Na Walt Disney World, a Convidadologia combina dados demográficos e psicográficos. O primeiro fornece fatos mensuráveis sobre os clientes, como procedência, meios de transporte que utilizam, tamanho da família etc. O segundo diz quem são realmente essas pessoas. Na Disney, a segmentação psicográfica é o graal das pesquisas. Esse estudo é dividido em quatro partes, os chamados pontos cardeais: necessidades, desejos, estereótipos e emoções. Do que as pessoas que planejam uma viagem para a Disney World estão precisando? De férias. O que elas desejam? Muitas coisas, é claro; mas, acima de tudo, querem diversão, passeios sem chateações e lembranças para a vida toda. Que estereótipos ou noções preconcebidas os Convidados trazem consigo? As pesquisas revelam tanto imagens positivas – como instalações limpas, funcionários amáveis e dias repletos de diversão – quanto ideias negativas, como filas longas e preços altos. Que emoções os Convidados sentem quando estão na Disney World? Entre as respostas comuns estão animação, sensações eletrizantes e cansaço no fim do dia.

Quais são as necessidades, os desejos, os estereótipos e as emoções que *seus* clientes evocam nas interações que estabelecem com sua empresa? Se você quer se destacar da concorrência, recomendo que invista o tempo e os recursos necessários para descobrir. Seja qual for seu ramo de atuação, é possível identificar os dados referentes aos quatro pontos cardeais. Na área da saúde, por exemplo, a necessidade básica é o atendimento médico; o desejo é provavelmente curar-se e ter uma experiência livre de dor; os estereótipos negativos que precisam ser eliminados incluem um ambiente frio e pouco acolhedor e o risco de erro médico; e as emoções são esperança e medo do desconhecido e da dor, entre outras. Detectando os quatro pontos cardeais, você obterá uma compreensão abrangente de seu público e poderá otimizar os métodos de contratação e capacitação, bem como os processos e sistemas, com o objetivo de superar as expectativas.

9. Expanda seus horizontes. Em novembro de 1985, fui promovido a vice-presidente de planejamento de alimentos e bebidas de toda a rede Marriott Hotels and Resorts. Uma de minhas atribuições nesse cargo era visitar instalações da empresa no mundo todo. As experiências com as viagens produziram em mim impressões fortes, que mudaram meu modo de ver o mundo de forma geral e meu trabalho em particular. Quando estive no México para estudar dois projetos de hotéis, passei mais de três dias sendo ciceroneado por um homem que não falava uma palavra sequer em inglês. Como na época eu só sabia umas três palavras em espanhol, quase não conseguimos nos comunicar. Acabamos fazendo amizade mostrando fotos de nossos filhos um ao outro e conseguimos cumprir a tarefa de examinar hotéis e restaurantes concorrentes para que eu soubesse quais eram os produtos e serviços de importância no México. E passamos dias ótimos juntos. Foi uma lição que comecei a aplicar em todas as situações de negócios a partir de então: se procurarmos bem, sempre existe algo em comum.

Aprendi muitas outras lições nos anos em que rodei o mundo pela Marriott. Talvez a contribuição mais importante para meu currículo tenha sido a exposição à diversidade de etnias, culturas e religiões. Logo descobri que os seres humanos são basicamente iguais em qualquer lugar: todos nós tentamos conquistar boas condições de vida e melhorar a situação de nossa família e todos sentimos orgulho de nossa cultura e de nosso país. Podemos ler tudo sobre uma característica que temos em comum, a humanidade, e nos sentir arrebatados por ela, mas vivenciá-la de forma concreta transporta esse conhecimento do cérebro para o coração e o sangue. Essa experiência fez com que eu mudasse, pelo resto da minha carreira, a maneira como abordo a diversidade no ambiente de trabalho.

Nas minhas viagens, também adquiri conhecimentos específicos sobre a área em que atuo, o que me preparou para o cargo que assumiria em seguida, o de gerente geral de um hotel. Eu nunca administrara um hotel antes, mas já tinha perdido a conta de quantos havia conhecido como hóspede, incluindo alguns dos que oferecem os melhores serviços de hotelaria do mundo. Esse tipo de coisa não se aprende em sala de aula. Consequentemente, logo implementei mudanças que sabia, por experiência própria, que seriam apreciadas pelos clientes. Passei a manter a academia de ginástica aberta 24 horas por dia porque, algumas vezes, como já acontecera comigo, os hóspedes só conseguem se exercitar muito cedo ou bem tarde. Instalei um balcão para venda de itens diversos em um dos cantos da recepção para evitar outro problema que eu também já enfrentara: não conseguir comprar algo porque as lojas estavam fechadas. Coloquei cafeteiras nos quartos e criei um bufê expresso de café da manhã, pois sabia que quem viaja a negócios costuma iniciar o dia com pressa. Também providenciei tábuas de passar em tamanho grande — quem já passou roupa naquelas tábuas minúsculas tem ideia de quanto isso é irritante. Hoje em dia, essas comodidades são comuns nos hotéis, no entanto eram raridade quando as adotei há mais de 20 anos.

Esta é a vantagem de expandirmos nosso universo de referência: ficamos mais atentos a métodos melhores de fazer as coisas. Mas você não tem necessariamente que viajar pelo mundo para ampliar sua visão. Isso pode ser feito onde você mora, desde que se proponha a tentar novas experiências e a explorar lugares desconhecidos. Vá para o trabalho percorrendo caminhos diferentes para ver outros bairros. Leve sua família a um tipo de restaurante que vocês não conhecem e peça algo que nunca tenham provado. Assista a outros canais de TV, de preferência aqueles que exibem uma programação diferente da que você está acostumado a acompanhar. Alugue filmes ambientados em outros países. Se tiver filhos, escute um pouco a música de que eles gostam e folheie seus livros. Quando foi a última vez que você visitou um museu? Fiquei muito tempo sem fazer esse programa, e, quando Priscilla me arrastou para a inauguração de uma exposição, a última coisa que eu pretendia fazer ali era ter ideias para aplicar no trabalho. Contudo, ver as obras expostas me fez pensar em formas muito mais atraentes de apresentar bufês e arranjos de mesa na Disney World. Por exemplo, em um restaurante, eliminamos os rechôs e passamos a preparar os alimentos na frente dos Convidados, em fogões de mesa feitos de tijolos e outros materiais rústicos. De onde tirei essa ideia que foi um sucesso? De uma pintura que retratava um caubói cozinhando a céu aberto.

Portanto, aonde quer que você vá e o que quer que faça, *fique atento*. Há muitas maneiras de coletar informações além de registrar números e ler relatórios. Ter ideias brilhantes é como sair para pescar: quanto mais ampla for sua rede, mais chances você terá de pegar peixes grandes. Então expanda seus horizontes e mantenha olhos e ouvidos bem abertos. Você logo encontrará inspiração por toda parte – no metrô, em parques, em cabeleireiros e até mesmo na oficina mecânica.

10. Faça com que sua equipe se destaque. Você não é o único que precisa estar sempre na dianteira da curva de aprendizado. Como vimos, uma das responsabilidades cruciais de um líder é incentivar a capacitação constante dos membros da equipe. Portanto, estimule seus colaboradores a obter mais do que o treinamento usual necessário para a carreira de cada um deles. Envie-os a conferências e seminários, recomende livros, indique lugares e pessoas que devem conhecer e transmita-lhes o hábito de observar o ambiente à sua volta o tempo todo. Você mesmo pode acompanhá-los a alguns locais, assim como o vice-presidente sênior de operações da Disney, Don Robinson, fez em uma ocasião. Ele levou vários gerentes gerais para alguns dos melhores hotéis da Ásia para que eles tivessem a oportunidade de ver por si mesmos o padrão mais alto de serviço na condição de hóspedes. Com isso, o grupo voltou para Orlando com uma noção bem mais ampla do que é possível alcançar.

Deixe claro aos profissionais que estão sob sua supervisão direta que uma das responsabilidades que eles têm é o aprendizado e encontre formas de fazer com que tenham acesso a grandes ideias e a exemplos concretos do que é excelência. Esse conceito, que faz parte da cultura da Disney, deu origem a algumas sugestões extraordinariamente lucrativas, como a do intercâmbio de broches, por exemplo. Em 1998, George Kalogridis, então vice-presidente do Epcot, foi à Olimpíada de Inverno em Nagano, no Japão, acompanhado de dois colegas, para assistir a uma exibição que talvez pudesse ser adaptada para a Disney World. A delegação da Disney gostou da apresentação, porém o que mais chamou a atenção de todos foi ver centenas de pessoas trocando broches da Olimpíada. Havia ali representantes de empresas de todos os cantos do planeta, e muitos deles não falavam a língua uns dos outros. Ainda assim, conseguiam se comunicar muito bem por meio de expressões faciais e gestos. E eles não trocavam somente broches oficiais do evento, mas também os de organizações como IBM, Coca-Cola e Kodak.

O tempo passou. Quando, no ano seguinte, as celebrações do novo milênio tiveram início no Epcot, nossas lojas estavam repletas de broches da Disney. Naquele ano, foram arrecadados cerca de 3 milhões de dólares com a venda desses adereços. E era só o começo. Ao perceber a popularidade dos broches, passei a fazer minhas andanças pela Disney World usando uma fita no pescoço cheia deles. Em pouco tempo, um monte de gente estava fazendo isso, inclusive Convidados. Essa ideia simples que aqueles atentos executivos trouxeram da Olimpíada se tornou parte de nossa cultura. Extremamente populares entre Convidados, Membros do Elenco e acionistas da Disney, os broches geram vendas de milhões de dólares todo ano e, de fato, parecem ter vindo para ficar. Aliás, foi o fenômeno da troca desses objetos que me levou a criar broches especiais de reconhecimento para os Membros do Elenco. Isso mostra como uma grande ideia dá origem a outras.

Considerando as rápidas transformações do mundo de hoje, é importante que os líderes permaneçam atualizados em relação a novas informações e tendências culturais e que mantenham a mente, os olhos e os ouvidos abertos a maneiras diferentes de fazer as coisas. Costuma-se dizer que não é fácil romper com o passado. Pois bem, ficar atento aos avanços e assimilá-los é igualmente difícil. Mas também é algo revigorante. Além disso, não temos opção – se não nos posicionarmos sempre na dianteira, ficaremos para trás e, se formos *muito* para trás, acabaremos tão perdidos que ninguém nos encontrará.

COLOCANDO EM PRÁTICA

- Mantenha-se a par das tendências do mercado e das empresas. Acompanhe também as mudanças culturais e os movimentos sociais.
- Descubra quais são os serviços e os produtos de ponta.
- Observe o que houver de melhor. Depois, reflita sobre essa experiência e aja com base no que concluiu.
- Faça "excursões às melhores práticas" para aprender diretamente com as empresas de excelente reputação.
- Acompanhe as transformações no seu mercado comparecendo aos principais eventos, lendo as publicações mais importantes e conhecendo as pessoas-chave.

- Estabeleça sólidos relacionamentos profissionais – conheça os especialistas e esteja sempre em contato com eles.
- Aplique sua versão da Convidadologia desenvolvendo métodos para saber o que motiva os clientes.
- Pergunte constantemente aos funcionários como a empresa pode melhorar.
- Expanda seu universo de referência experimentando algo novo sempre que tiver oportunidade.
- Procure por ideias na internet.
- Solicite com regularidade todas as informações possíveis sobre os serviços e os produtos que seus concorrentes oferecem.
- Estimule os membros de sua equipe a manter olhos e ouvidos abertos – no trabalho e fora dele – e reconheça publicamente as contribuições deles.

11

Estratégia nº 9
Cuidado com aquilo que você diz e faz

Certa manhã, bem no começo da minha carreira como executivo, eu estava saindo para o trabalho quando Priscilla me disse: "Lee, cuidado com o que você disser e fizer hoje. Todos estão observando e julgando você". Esse comentário me causou um grande impacto, e desse dia em diante segui o conselho dela. Todas as manhãs eu ia para o trabalho, estacionava o carro, respirava fundo e me esforçava para me comportar profissionalmente o dia inteiro. E venho citando as palavras de Priscilla desde então. Na realidade, acho que essa é a melhor orientação que pode ser dada a um líder.

Assim como os pais, cujas palavras e atos funcionam como lições para os filhos, os líderes devem ser um modelo permanente de comportamento adequado. Gostemos ou não, estamos sendo observados e julgados o tempo todo e estamos sempre ensinando. Isso não acontece apenas quando damos palestras e conduzimos reuniões, mas também quando andamos pelos corredores, saímos do estacionamento ou falamos pelo celular com nossos filhos. É por isso que devemos nos comportar de modo impecável a todo momento. Sempre digo a outros líderes: "Quando chegar ao trabalho, imagine uma grande cortina vermelha se abrindo. Agora você está no palco!". Portanto, comporte-se profissionalmente, e, assim como na Broadway, sua temporada será duradoura e bem-sucedida; adote uma conduta antiprofissional, e sua carreira afundará.

Há uma diferença crucial entre ser um profissional e *ser* profissional. Como assim? Todos os médicos, advogados e presidentes de empresas, por exemplo, são profissionais, porém muitos deles agem de maneira *anti*profissional, enquanto um número imenso de auxiliares de escritório, recepcionistas e motoristas de caminhão são profissionais. Em outras palavras, o profissionalismo não está relacionado ao tipo de trabalho que uma pessoa realiza nem ao seu cargo ou título. E também não é uma questão de competência. É possível que alguém tenha um bom desempenho e, mesmo assim, não seja profissional. Como você verá, o autêntico profissionalismo envolve sobretudo atitude e comportamento, além da imagem que projetamos no mundo.

No fim das contas, todas as histórias sobre você já se espalharam pela empresa. Se você é um líder, os casos contados a seu respeito têm grande importância, pois eles interferem na sua reputação. E, como minha mãe dizia: "Proteja sua reputação — é a única que você tem". Se ela for manchada, sua credibilidade desaparecerá, e, sem essa qualidade, você deixará de ter aquilo de que os líderes mais dependem: a confiança dos profissionais que estão sob sua direção. Lembre-se ainda de que você passa uma impressão diferente a cada pessoa que conhece. Empenhe--se em garantir que todas elas sejam positivas.

É por meio de suas ações que os verdadeiros profissionais mostram que são confiáveis. Por isso é importante que você mesmo conte sua história. Do contrário, aqueles à sua volta inventarão outras versões. Um modo de pensar em sua imagem profissional é: se você fosse uma marca, que produto ou serviço preferiria ser? Eu sempre quis ser como o Lexus – um carro confiável, robusto, eficiente e com um desempenho de alto nível, ainda que já tenha rodado muitos quilômetros. Até porque continuo dirigindo o meu, que é de 1993, pois nunca me deu problemas.

O que sua marca transmite? Excelência? Integridade? Confiabilidade? Os profissionais representam essas qualidades e muito mais, personificando-as a cada minuto de suas horas de trabalho. Veja a seguir algumas orientações para se tornar um profissional completo.

1. Demonstre paixão pela sua missão. A paixão talvez contribua mais para a grandeza de um líder do que qualquer outra característica. Ela é a força motriz que nos faz chegar muito mais longe do que jamais imaginaríamos. A paixão enche o corpo de energia, deixa a mente concentrada e incendeia o coração. E é contagiante. As pessoas seguem os líderes que demonstram paixão porque o propósito deles também as impulsiona. Afinal de contas, não é possível liderar se ninguém nos acompanhar. Portanto, se você não for em busca de seus objetivos com muito entusiasmo, ninguém desejará se unir à sua marcha.

Tenho orgulho de dizer que, depois que as Estratégias dos Grandes Líderes entraram em vigor no *Walt Disney World*® Resort, começamos a ver paixão diariamente no rosto de todos os funcionários – de Membros do Elenco da linha de frente até os mais altos executivos. Eles deixaram de apenas gostar de seu trabalho e passaram a *amá-lo*. Mais do que cumprir bem as tarefas, querem se empenhar nisso. Todos dão enorme importância ao que fazem – e isso representa comprometimento com o desempenho e a excelência.

Os verdadeiros profissionais amam tanto o que fazem que acordam de manhã inspirados pelo trabalho que os espera e ansiosos por enfrentar os desafios daquele dia. O entusiasmo, o otimismo e o orgulho com que prestam sua contribuição à empresa e à comunidade motivam todos os outros colaboradores a atingir um nível de excelência que, muitas vezes, nem sabiam que seriam capazes de alcançar. A regra básica para os líderes que se perguntam se estão no cargo ideal é: observe se você se sente tão estimulado a ir para o trabalho de manhã quanto se sente ao voltar para casa à noite. Caso não esteja motivado a iniciar novos projetos nem a adotar iniciativas ousadas e passe a sair cada vez mais cedo da empresa, talvez seja hora de refletir sobre sua situação. Examinando minha carreira, percebo que eu só procurava um emprego diferente quando começava a notar que estava perdendo a paixão. E afirmo com total sinceridade que, enquanto trabalhei na Disney World, ficava feliz em acordar às 5h sabendo que dedicaria todo o meu dia a criar magia.

Ao mesmo tempo, os profissionais compreendem o risco do desgaste e do desequilíbrio, por isso ficam no trabalho exatamente o tempo necessário para cumprir suas responsabilidades de forma eficiente – nem um minuto a mais nem a menos. Muita gente se refere à sua vida profissional e à sua vida pessoal, mas na realidade só temos uma vida. E os melhores líderes têm paixão por tudo o que se relaciona a ela.

2. Faça o que for preciso para realizar o trabalho. Um profissional comprometido faz todo o necessário para executar bem suas tarefas. Isso pode incluir trabalhar em um sábado ou um domingo ou ficar até tarde na empresa. Em uma crise, pode significar trabalhar dia e noite, sete dias por semana. Basicamente, corresponde a estar presente onde e quando sua liderança, experiência e conhecimento forem imprescindíveis. Além disso, implica dedicar tempo ao aperfeiçoamento, à realização de pesquisas, a viagens e a todos os esforços adicionais que mencionei nos capítulos anteriores para se manter atualizado, desenvolver relacionamentos e estar sempre na dianteira. E, no caso dos líderes, também significa inspirar outras pessoas a agir da mesma forma. Lembre-se de que aqueles que você lidera estão sempre atentos e, se o virem fazer o que estiver ao seu alcance para executar o trabalho, seguirão seu exemplo.

Quando me tornei gerente geral do Marriott de Springfield, aprendi rapidamente que, quando a maioria de nossos hóspedes estava em uma viagem de negócios, tínhamos mais problemas de manhã cedo e à noite, pois quase todos eles saíam do hotel antes das 9h e retornavam entre as 16h e as 20h. Passei então a chegar ao trabalho antes que a maior parte deles acordasse, pois assim cuidaria dos incidentes matinais. Porém, como eu não podia trabalhar de manhã cedo e à noite, precisava contar com líderes experientes durante as horas cruciais do período noturno. Logo ficou claro que uma das gerentes, Doreen Robinson, seria a pessoa ideal. Após observar seu trabalho com muita atenção, constatei que ela conhecia melhor os clientes e o hotel do que todos ali, inclusive eu.

A questão é que Doreen preferia trabalhar de dia. Eu poderia conseguir alguém entre os outros candidatos razoáveis que havia no hotel ou mesmo recrutar um funcionário de outro Marriott, no entanto meu cérebro e minha intuição estavam decididos: ela seria a pessoa perfeita. Eu não dispunha de dinheiro para atraí-la com um salário maior nem podia criar um cargo com um título de mais prestígio. Mas podia apelar para seu profissionalismo. Disse-lhe que eu era o gerente geral durante o dia e precisava que ela exercesse funções equivalentes às minhas na parte da noite. Reconheci que a mudança de horário seria um sacrifício para Doreen, mas prometi que aquela situação duraria apenas alguns meses, pois treinaríamos gerentes do período noturno para lidar com responsabilidades maiores. Destaquei ainda que essa experiência seria um valioso aprendizado para ela, assim como eu cumprira escalas diferentes no começo da carreira, e que, a longo prazo, isso poderia ser mais importante do que qualquer tipo de compensação.

Não precisei me esforçar muito para convencê-la. Sendo uma profissional plenamente capaz, Doreen reconheceu que trabalhar no período noturno seria uma contribuição valiosa para os objetivos que havíamos traçado para o hotel e que também seria benéfico para sua carreira. Ela atendeu a todas as expectativas e eu pude dormir em paz, confiando 100% em sua responsabilidade e em seu total comprometimento com a empresa. Esse sacrifício temporário acabou gerando bons frutos para Doreen, que foi promovida a diretora de recursos humanos. Esse cargo deixou sua vida mais equilibrada e permitiu que ela usasse seu grande talento para lidar com as pessoas, o que agradou a todos os funcionários do hotel.

3. Estabeleça padrões altos de desempenho. As pessoas profissionais ampliam continuamente o nível de exigência e ajudam aquelas sob sua direção a superá-lo. E não é só isso. Ao definirem expectativas cada vez mais altas, estimulam os colaboradores a fixar níveis ainda mais elevados para si próprios. No entanto, ao mesmo tempo, são realistas: estabelecem padrões rigorosos, porém alcançáveis, e fazem com que os funcionários prestem contas de seu desempenho e resultados. Então, como mencionei antes, explique a cada pessoa qual é sua responsabilidade, seu nível de autoridade e pelo que ela responderá.

Estratégia nº 9 | Cuidado com aquilo que você diz e faz   311

Diga a todos os membros da equipe o que acontecerá se não atingirem os padrões esperados e esteja preparado para ajudar quem não estiver conseguindo.

Ainda me lembro das primeiras lições que aprendi com Alice e J. Willard Marriott, os cofundadores da Marriott Corporation. Em uma ocasião, a sra. Marriott me advertiu: "Lee, se você não melhorar a comida deste restaurante, vou retirar meu nome dele". Mas, além de dizer isso, ela dedicou tempo a me ensinar a preparar um bom *chili*, pois se importava muito com a empresa.

Esse também era o caso de seu marido, J. Willard. Um dia, em 1975, ele apontou para meu crachá, que tinha a inscrição "Lee Cockerell, gerente de restaurante", e perguntou:

— Cockerell, você é o gerente daqui?

— Sim, senhor — respondi.

— Então por que não corta o cabelo para parecer um gerente?

Foi meu último dia com o cabelo comprido, como se usava nos anos 1970. Aprendi que modismos e profissionalismo nem sempre combinam. No entanto, constatei algo ainda mais importante: aquele casal gostava tanto da empresa e de mim que era totalmente transparente em relação a seus padrões, como fazem os bons líderes.

Além disso, os líderes profissionais servem de modelo, estabelecendo padrões elevados para *si mesmos* e assumindo publicamente a responsabilidade de segui-los. Já mencionei que, quando era gerente de um hotel, eu colava adesivos dourados nos cardápios do restaurante, informando

312   Criando magia

os hóspedes de que eles poderiam falar comigo em caso de queixas. Isso não só me ajudou a ficar a par de todos os problemas que vinham ocorrendo nos restaurantes como melhorou de forma extraordinária a qualidade do serviço de modo geral. Por quê? Porque, ao ver o nível de exigência que eu estabelecera para mim, a equipe também se tornou mais rigorosa. Da mesma maneira, enviei uma mensagem aos funcionários do hotel dizendo que eles poderiam me telefonar a qualquer hora do dia ou da noite caso houvesse algum problema de segurança que os gerentes não estivessem solucionando. Nunca recebi nenhuma ligação porque aquele aviso, por si só, elevou o nível dos padrões de segurança. Além disso, os gerentes passaram a dar mais atenção às preocupações manifestadas pelos colaboradores.

4. Tenha uma atitude positiva. Um verdadeiro profissional não resmunga, não se queixa nem inventa desculpas. Nunca o vemos desanimado, pessimista nem desesperançado. Não que ele se negue a perceber quando as coisas não andam bem, mas está sempre com os pés no chão e, por mais que seja visionário, suas metas e expectativas se baseiam em fatos. Mesmo quando há desafios a superar, sua atitude é positiva, e ele nunca deixa de procurar soluções para problemas que levariam outros a desistir. Se quer ver o autêntico profissionalismo em ação, observe alguns dos melhores treinadores esportivos quando seus times estão perdendo por uma grande desvantagem. Eles caminham pela lateral do campo incentivando os jogadores e levantando seu moral, tentam novas estratégias e jogadas

Estratégia nº 9 | Cuidado com aquilo que você diz e faz   313

e jamais permitem que os atletas saiam de cena sem terem mostrado toda a sua garra.

Como líder, é importante que você demonstre o tempo todo uma atitude positiva, pois isso dá o tom para a equipe e a organização. Aprendi a jamais subestimar o imenso poder de um sorriso – você não imagina o efeito que essa expressão exerce nas pessoas que nos veem como líderes. É claro que, em meio a um dia de trabalho complicado, nem sempre é fácil nos lembrarmos de sorrir. Porém, pense na mensagem que alguém transmite ao andar pela empresa com o semblante carregado, a cara fechada ou o olhar fixo no chão. Assim como os pais excelentes, os grandes líderes não deixam transparecer os sinais de um dia difícil. Além de manchar sua reputação, essa atitude gera apreensão e medo entre os funcionários em vez de otimismo.

Para transmitirmos uma atitude positiva, não basta nos preocuparmos com nossas expressões faciais e nosso comportamento. Temos também que demonstrar entusiasmo e otimismo quando conversamos com as pessoas. Os profissionais jamais se referem aos colegas e à empresa de modo negativo e tampouco se deixam envolver em fofocas. Onde quer que você trabalhe, haverá problemas de processos, falhas estruturais e limitações humanas. Não deixe de identificar essas questões, falar sobre elas e fazer as recomendações adequadas para corrigi-las, mas *jamais* fique parado resmungando nem se queixe com quem não tem nada a ver com a situação. Apenas tome as medidas necessárias, sempre com uma postura animadora. Garanto a você que os outros o observarão e seguirão seu exemplo quando estiverem

314 Criando magia

lidando com seus próprios desafios. Assim como a paixão pelo seu trabalho, a atitude positiva também é contagiante.

5. Apresente-se e comporte-se como um profissional. Todos os tipos de negócios e ambientes de trabalho têm um código relativo à aparência, seja uma regra explícita, seja um aspecto cultural implícito. Na Disney World, por exemplo, os Membros do Elenco sabem antes mesmo de seu primeiro dia na empresa que devem respeitar padrões de apresentação pessoal, referentes não só às roupas como também a cabelo, tatuagens, piercings etc. Os verdadeiros profissionais não só adotam os costumes do ambiente em que estão como também demonstram um cuidado impecável.

Contudo, para ser visto como profissional, não basta se vestir como um − é preciso prestar muita atenção em todo o seu comportamento, incluindo a postura, as expressões faciais e os modos. Seu temperamento também deve estar sob controle. Nunca perca a cabeça nem a linha − quando algo der errado, busque outras formas de expressar sua frustração. Como Priscilla me disse sabiamente, estamos sendo observados o tempo todo. Portanto, o espetáculo tem que continuar, não importa como você esteja se sentindo. Sua apresentação deve ser excelente sempre, assim as pessoas vão querer ficar perto de você, segui-lo e aprender com seu exemplo.

6. Seja profissional em tempo integral − mesmo quando a cortina baixar. Os verdadeiros profissionais fazem as coisas certas do jeito certo, mesmo quando ninguém está vendo, ou seja, o tempo todo. Você não pode ser profissional em apenas parte do tempo — não deve agir somente quando for o centro das atenções.

Aprendi isso quando trabalhava no Marriott da Filadélfia. De tempos em tempos, executivos da sede da empresa – incluindo o CEO, Bill Marriott – avisavam com pouca antecedência que iriam nos visitar. Sempre que isso acontecia, toda a minha equipe dava início a um corre-corre, tentando deixar tudo pronto para a inspeção. Senti que, além de ser uma perda de tempo, essa atitude era desonesta e pouco profissional. Por que tínhamos que nos preparar para uma visita especial se, na realidade, o lugar deveria estar *sempre* organizado? Afinal de contas, Bill Marriott fazia essas aparições-surpresa justamente com esse objetivo; ele queria que as áreas do hotel que os hóspedes nunca viam estivessem tão limpas e arrumadas quanto as áreas públicas. Então, mudei as diretrizes: a manutenção deveria ser tão boa a ponto de termos prazer em mostrar cada canto para qualquer pessoa, a qualquer momento. Desde então, o hotel passou a exibir sempre a mesma aparência que ostentava nas ocasiões em que esperávamos um carro cheio de altos executivos.

Lembre-se de que as pessoas que você lidera não observam somente seus atos — elas veem também sua área de trabalho e o julgam com base nisso. Tente fazer um exercício que o Disney Institute utiliza nos programas de capacitação e que pode ser aplicado a qualquer tipo de organização. Feche os olhos e imagine estar chegando à sua empresa como se você fosse um visitante ou um cliente.

Diante dessa cena, o que você vê? A área está limpa e receptiva? Os funcionários aparentam estar concentrados ou distraídos? Motivados ou entediados? Vibrantes ou indiferentes? Não se esqueça de que os profissionais estão sempre atentos a transmitir a melhor mensagem possível, não só por meio da aparência e do comportamento, como também do ambiente. As coisas falam por si mesmas.

7. Responsabilize-se e aja como se fosse o dono. Os autênticos profissionais sempre se consideram responsáveis pelo que acontece em sua organização, ainda que a questão não seja de sua estrita competência. Na Disney, essa atitude faz parte da cultura da empresa desde que Walt criou seu primeiro parque temático. Por exemplo, todas as pessoas, desde vendedores de lembrancinhas até os altos executivos, sabem que manter impecável cada centímetro dos parques faz parte de seu trabalho. Por isso, os Membros do Elenco recolhem lixo do chão com tanta frequência que essa ação até ganhou um apelido: Pazinha da Disney. E nunca vou me esquecer de como fiquei feliz ao ouvir uma das camareiras chamar de "meus quartos" os cômodos que havia arrumado para Convidados que estavam por chegar. Como profissional, ela se orgulhava de ter se encarregado da limpeza e da organização daqueles quartos como se fossem dela. Portanto, independentemente de seu cargo, aja como se você fosse o proprietário com relação a tudo o que se refere à sua organização e ensine sua equipe a fazer o mesmo.

Estratégia nº 9 | Cuidado com aquilo que você diz e faz 317

8. Não perca o senso de humor. Sabendo que, ao contrário da tensão, a alegria faz aflorar o que há de melhor nas pessoas, os profissionais tentam levantar o astral do ambiente de trabalho. São concentrados, mas não sisudos; determinados na busca de resultados, porém não carrancudos. Embora executem seu trabalho com o máximo de atenção e rigor, não levam a *si próprios* a sério demais. Plenamente confiantes e confortáveis na posição que ocupam, não precisam se dar ares de importância nem botar banca para demonstrar superioridade. Sentem prazer em ver as pessoas se divertir, desde que isso não interfira na realização das tarefas.

Portanto, utilize o humor para tornar o ambiente de trabalho mais agradável e quebrar a monotonia. Invente surpresas. Conte piadas. Pode acreditar, eu trabalhei no "lugar mais feliz da Terra", mas nem sempre administrar uma operação daquele porte é engraçado. Nos bastidores, a Disney World pode ser fria como qualquer complexo de escritórios ou instalação industrial se os líderes não considerarem o alto-astral uma prioridade. De vez em quando, Cinderela, Mickey Mouse ou outro personagem aparece de surpresa em uma oficina ou em um call center apenas para fazer com que os Membros do Elenco deem um sorriso. Às vezes, um executivo anda pelas áreas de trabalho vestido de George Washington em um feriado cívico ou de Papai Noel no Natal, arrancando risadas. Eu sempre disse a nossos líderes: "Se não estivermos nos divertindo, nosso desempenho não será o melhor".

Leve suas responsabilidades a sério, porém não tanto a ponto de tornar o trabalho penoso. Não se deixe contaminar pela visão ultrapassada de que os gerentes devem tratar os funcionários como escravos para obrigá-los a ter um bom desempenho. Isso não é verdade. As pessoas serão muito mais produtivas se você criar um ambiente que lhes permita terminar o dia com um sorriso no rosto e talvez uma história engraçada para contar à família. Certo dia, perguntei a Rilous Carter, um dos executivos da Disney, que motivo o faria sair da empresa. Ele respondeu: "Se eu deixar de me divertir". Ele não é o único que pensa assim.

9. Seja um ótimo parceiro. Os profissionais sabem que a capacidade de ser um grande parceiro é uma das principais diferenças entre aqueles que obtêm ótimos resultados e os que falham, e entre os líderes que deixam legados positivos e os que deixam para trás apenas suspiros de alívio. Nem todos têm talento natural para serem bons parceiros, mas os verdadeiros profissionais fazem questão de cultivar as aptidões que menciono a seguir.

Para começar, os profissionais estão disponíveis quando seus parceiros precisam vê-los. Não levam muito tempo para responder a perguntas, ligações e e-mails. Aceitam opiniões e críticas construtivas — e são humildes a ponto de pedir ajuda quando necessitam. Compartilham generosamente seu tempo e seu conhecimento. E o mais importante: cumprem todos os compromissos que assumem.

O trabalho ao lado de Al Weiss durante 13 anos na Disney me ensinou o verdadeiro significado de parceria profissional. De imediato percebi que ele era um parceiro de confiança e acho que Al também me viu assim. Um dos

Estratégia nº 9 | Cuidado com aquilo que você diz e faz   319

principais motivos para termos nos dado tão bem é que um mantinha o outro sempre informado sobre tudo, fosse algo bom ou ruim. Para isso, nos valíamos de encontros pessoais, e-mails, mensagens telefônicas e bilhetes que, de vez em quando, eu passava por baixo da porta da sala dele. Mas o que realmente fazia de Al um excelente parceiro era que, como todos os verdadeiros profissionais, ele respeitava os colegas e se preocupava com cada um deles em um nível pessoal. Constatei que ele era esse tipo de parceiro logo no início, quando, um dia, disse-lhe que gostaria de cancelar uma reunião porque minha esposa estava doente e eu precisava pegar nossa neta na escola. Al respondeu que ficaria muito bravo comigo se eu *não* cancelasse a reunião e fosse para casa, pois Priscilla também era minha parceira.

Os verdadeiros profissionais evitam ainda a tentação comum de competir com os parceiros e buscam colaborar com eles. Esforçam-se para criar um relacionamento harmonioso, sem confrontos. Aprendi essa lição do jeito mais difícil no início da minha carreira na Marriott. Deixei de receber uma promoção para vice-presidente de alimentos e bebidas porque havia transformado três vice-presidentes em meus adversários — e os votos deles fizeram a diferença. Essa decepção foi um grande choque que me fez acordar. Felizmente, consegui juntar coragem e profissionalismo para melhorar meu relacionamento com aqueles executivos. Do contrário, minha vida profissional poderia ter tomado um rumo diferente. A partir de então, passei a me esforçar para não criar animosidades com mais ninguém, mesmo sendo obrigado a trabalhar em parceria com pessoas em quem eu não confiava ou por quem não sentia admiração.

É claro que conflitos e diferenças de opinião são inevitáveis no trabalho. Os profissionais ficam atentos aos sinais e agem rápido para resolver as tensões e restaurar a confiança por meio de soluções que satisfaçam todos os envolvidos. Eles também escolhem as batalhas com sabedoria — não perdem tempo com desavenças sem importância e assim poupam energia para problemas que tenham consequências relevantes. Lembro-me de quando um alto executivo me chamou para conversar e disse que estava chateado porque uma decisão que eu tomara interferia na área sob sua responsabilidade. Embora eu tenha explicado em detalhes minhas razões para criar aquela medida, ele continuou discordando. Porém, sabiamente, afirmou que me concederia o benefício da dúvida e manteria a decisão. Ele poderia ter exercido sua autoridade e adotado uma resolução contrária à minha, mas não fez isso. Por quê? Porque ao longo do tempo havíamos estabelecido uma parceria sólida, baseada na confiança, e ele colocou nosso relacionamento profissional e os interesses da empresa acima de seu ego. É assim que os profissionais se comportam.

10. Não perca a modéstia. Sempre adorei ser líder. Gosto de exercer influência sobre as pessoas e de usar minha autoridade para obter bons resultados. Contudo, durante minha trajetória, aprendi que os grandes líderes são também ótimos seguidores — eles sabem quando indicar o caminho e quando seguir alguém. Não importa em que nível estejam na hierarquia da empresa, os verdadeiros profissionais sempre respeitam quem possui mais autoridade e responsabilidade do que eles, assim como todos os que têm menos. Trabalham em favor da equipe e sabem colocar os objetivos do grupo acima de seus desejos pessoais.

Certa vez, participei de um seminário sobre liderança com Jim Collins, autor de *Empresas feitas para vencer*, cujos estudos e textos exerceram um tremendo impacto no pensamento de líderes empresariais. Jim disse que um dos principais traços comportamentais dos melhores líderes é a modéstia. Em suas pesquisas, descobriu que os grandes líderes – os de nível 5, como os chama – são ambiciosos no sentido do trabalho que desempenham, não de ganhos pessoais. Preocupam-se muito mais com sua missão e com os colegas do que consigo mesmos e suas finanças.

Em outras palavras, os profissionais nunca permitem que o ego interfira no que é melhor para a organização. Gostar de estar no controle não significa que você *tenha* sempre que estar no comando, assim como apreciar fazer as coisas do seu jeito não quer dizer que *tenha* que executar tudo à sua maneira. Os verdadeiros profissionais possuem uma balança interna que lhes permite encontrar o equilíbrio entre grande autoconfiança e modéstia. Eles projetam força e determinação sem cruzar o limite da arrogância e da superioridade. Para ser profissional, é preciso desenvolver esse mecanismo de estabilidade. Do contrário, você não saberá quando se impor e quando ceder a vez aos outros.

Em uma crise, às vezes o líder tem que assumir o comando e lançar mão de estratégias de controle. Porém, o pior que você pode fazer em épocas difíceis é mandar apenas pelo prazer de mandar, sobretudo quando há outras pessoas competentes que detêm conhecimentos que lhe faltam. Os profissionais se preocupam mais com os resultados do que com sua imagem. Ironicamente, é por saberem ser modestos que acabam conquistando ainda mais admiração como grandes líderes. Na Disney, após os atentados de 11 de setembro de 2001, cedi espaço para que Karl Holz e Erin Wallace assumissem os papéis principais e dirigissem o espetáculo. Como diretor de operações da Disney World, eu ocupava uma posição superior à deles na hierarquia da empresa; no entanto, eles tinham a experiência de que precisávamos na época. Como profissional, minha tarefa consistiu em lhes dar autonomia para que fizessem o melhor possível. Acredito que nós três lideramos de forma excelente as equipes em momentos muito difíceis porque nos considerávamos parceiros, e não um "chefe" e seus "subordinados".

A modéstia é um ingrediente-chave do profissionalismo, mas nem sempre os líderes sabem lidar bem com ela – pelo menos, não no trabalho. Em casa, os mais sortudos têm alguém como minha esposa para lembrá-los dos limites da autoridade. De vez em quando, Priscilla me fazia recordar: "Aqui dentro você não é um vice-presidente executivo". Porém, na empresa, onde somos reconhecidos como líderes, precisamos manter o ego sob vigilância. Experimente repetir meu mantra: "Não sou tão bom quanto penso". Aprendi essa frase com Kevin Myers, que dirige todas as operações de resorts da Disney e é um dos executivos mais discretos e eficazes com quem já trabalhei. Um dos motivos para sua atuação brilhante é que ele é modesto o bastante para nunca ficar satisfeito com suas realizações — Myers está permanentemente à procura de novas maneiras de melhorar os resorts.

Nem todo profissional é um líder, assim como nem todo líder é um autêntico profissional. Mas, se você quer ser um *grande* líder, deve se apresentar e se comportar profissionalmente a cada instante do dia. Deixe-se guiar pelas sábias palavras de minha esposa, como eu fiz. Aja como se você estivesse sempre em um palco, pois, de certa maneira, está.

COLOCANDO EM PRÁTICA

- Demonstre sempre paixão e comprometimento.
- Sinta-se entusiasmado por ir trabalhar e compartilhe essa empolgação com seus funcionários.
- Passe o tempo adequado no trabalho, fazendo as coisas certas e da forma certa.
- Mantenha uma atitude positiva que seja contagiante.
- Crie parcerias fortes e esteja sempre disponível quando seus colegas precisarem de você.
- Estabeleça padrões elevados e cumpra todos os que lhe disserem respeito.

- Cause boa impressão por meio de seu comportamento, de sua aparência e de seu ambiente de trabalho.
- Descubra formas de quebrar a monotonia e a rotina dos funcionários.
- Esforce-se para transformar adversários em parceiros e sempre dê o primeiro passo.
- Ao resolver problemas, priorize a colaboração, não o conflito.
- Saiba quando passar o comando para outras pessoas.
- Seja um modelo de profissionalismo. E lembre-se: você está sempre no palco.

12

Estratégia nº 10
Desenvolva o caráter

Meu sogro, Charles N. Payne, foi contra-almirante da Marinha dos Estados Unidos. Quando lhe perguntei em que momento ele soube que estava disposto a morrer pelo país, ele respondeu que foi no dia de seu alistamento, quando jurou defender a Constituição americana. Depois disse algo de que nunca me esqueci: "Lee, você tem que decidir quais são seus valores antes que um incidente ocorra, porque assim estará pronto para reagir da maneira apropriada". Percebi que isso valia para os líderes em todas as áreas. Como líderes, todos os dias nos vemos diante de decisões morais e éticas difíceis. Precisamos saber no que acreditamos e estar preparados para agir do modo certo.

Este capítulo é sobre caráter. Há muitas acepções para essa palavra; mas, quando afirmamos que alguém tem caráter, normalmente queremos dizer que essa pessoa possui um forte senso de moral e ética. Os grandes líderes não apresentam apenas as habilidades, as atitudes e os comportamentos sobre os quais já falei — eles têm também um caráter impecável. Em que você acredita? Quais são seus

326

valores fundamentais? Até onde se permite ir? Para ser um grande líder, você precisa saber as respostas para essas perguntas e transmiti-las àqueles que estão sob sua direção, reforçando-as a cada palavra que disser e a cada atitude que tomar. Frances Hesselbein diz em um de seus livros: "Liderança não se trata de um modo de agir, e sim de uma maneira de ser".

Penso que deveria haver um código universal de ética para líderes de negócios, como há para advogados e médicos. Não estou falando de regras óbvias, como não maquiar a contabilidade ou não mentir para os acionistas; afinal, há leis para esse tipo de coisa. Refiro-me a princípios de comportamento profissional, o equivalente corporativo ao juramento de Hipócrates, começando com "Não causarei o mal", pois os gerentes que humilham e maltratam os funcionários ou abusam deles prejudicam a empresa e a sociedade como um todo. Porém, já que não podemos contar com isso, cada um de nós deve definir seus próprios valores. Os tópicos a seguir ajudarão você a identificar os seus.

1. Preveja dilemas éticos. Em 1972, lembrei-me do conselho de meu sogro quando um dia meu caráter como executivo foi colocado à prova pela primeira vez. Havia pouco tempo que eu estava ocupando o cargo de gerente executivo adjunto do Hilton Hotel em Tarrytown, Nova York, quando o proprietário de uma companhia de táxis entrou no meu escritório e me entregou um envelope. Havia nele dez notas de 100 dólares. "Tudo o que você

Estratégia nº 10 | Desenvolva o caráter 327

precisa fazer para ficar com este envelope é permitir que apenas os meus carros esperem pelos clientes em frente ao hotel", ele disse. Meu estômago começou a se revirar, minha temperatura subiu alguns graus e meu rosto enrubesceu. Era a primeira vez na vida que eu via mil dólares de uma vez, e certamente seriam muito úteis; afinal, Priscilla e eu estávamos em uma situação financeira difícil e lutando para criar nosso filho de dois anos de idade. Naquele período, mil dólares eram uma bolada. No entanto, embora eu necessitasse do dinheiro, não tinha dúvidas sobre o que devia fazer. Devolvi o envelope na hora. Na época eu já sabia quais eram meus valores e que limites não iria ultrapassar.

Fiquei feliz por já ter princípios éticos bem claros antes de receber aquela proposta. Defina você também seus valores, pois é apenas uma questão de tempo até que se veja em uma posição em que precisará fazer uma escolha difícil, seja nos negócios, seja na vida pessoal. A primeira página dos jornais está cheia de matérias cujos protagonistas não se prepararam com antecedência para esse momento. Um modo de estabelecer quais são seus princípios éticos é perguntar-se que atitude você tomaria em uma série de situações delicadas. Por exemplo:

- O que você faria se tivesse a oportunidade de se apropriar de um pouco de dinheiro ou de algum produto de sua empresa sem que ninguém percebesse, sabendo que outras pessoas também fazem isso?

- O que você faria se seu chefe o mandasse maquiar o balanço da empresa para fazer com que a lucratividade parecesse maior?
- O que você faria se um colega lhe pedisse um favor para um amigo ou parente e isso fosse contra a política da empresa?
- O que você faria se soubesse que um colega tem problemas com drogas?
- O que você faria se soubesse que seus colegas estão abusando dos descontos para funcionários ou enviando itens pessoais usando o serviço de expedição da empresa?

Faça-se perguntas desse tipo ou outras que possam ser pertinentes aos seus negócios ou à sua organização. Prever dilemas morais e éticos e saber como reagir a eles deixará você preparado para tomar a atitude certa quando a situação ocorrer.

2. Viva segundo seus valores. Os grandes líderes sabem quais são seus valores, e é por eles que norteiam cada uma de suas decisões. No *Walt Disney World*® Resort, os Membros do Elenco devem seguir sete valores essenciais, e todos os líderes se esforçam para torná-los realidade. São eles:

- *Sinceridade. Lidar uns com os outros de forma honesta.* A sinceridade é uma peça-chave para se construir confiança. Aplica-se tanto à ética dos negócios quanto ao modo como os integrantes de uma equipe ou empresa lidam uns com os outros. A franqueza é um conceito complexo, pois há diversas maneiras de ocultar a verdade completa, mas nem todas elas podem ser consideradas desonestas. No exercício da liderança, porém, o conceito de sinceridade é simples: basta ser transparente e leal com *todas as pessoas*. Então, substitua a pergunta "E se eu contar a verdade para os membros da minha equipe e eles não gostarem?" por: "E se eu não for totalmente sincero e eles descobrirem?".

- *Integridade. Agir de maneira coerente com as próprias palavras e crenças.* Uma das piores coisas que um líder pode fazer é explicar para as pessoas a importância de uma coisa e depois fazer o oposto. Seus princípios, sua moral e seus valores não podem ser da boca para fora — você tem que viver diariamente de acordo com eles. Lembre-se: os líderes não se limitam a pregar a retidão de caráter, eles a praticam.

- *Respeito. Tratar as pessoas com atenção e consideração.* Assim como todo mundo, você quer ser respeitado. Portanto, pense no que o respeito significa para você, e saberá como agir em relação aos outros. Na Disney World, os Membros do Elenco devem demonstrar respeito por todos aqueles com quem interagem, independentemente de cor, religião, cultura, sexo, orientação sexual ou qualquer outra coisa. Da mesma forma que todos os valores positivos, as recompensas do respeito se revelam nos resultados financeiros da empresa. Trate as pessoas com atenção e consideração, e elas estarão dispostas a dar o melhor de si; desrespeite-as, e elas o sabotarão sempre que possível.

- *Coragem. Buscar, com energia e perseverança, aquilo em que se acredita.* A maioria das organizações não cultiva o tipo apropriado de coragem. Ao contrário, muitas delas fazem com que os funcionários se sintam inseguros a ponto de terem medo de dizer a verdade. De fato, o temor de se manifestar quando as coisas não estão certas é um dos maiores problemas que as empresas enfrentam. Pense em quantas pessoas na Enron sabiam o que andava acontecendo de errado mas ficaram caladas, ou naquelas que ficam em silêncio quando alguém na empresa faz um comentário impróprio ou ofensivo. Ter coragem de se expressar com franqueza pode não fazer de você a pessoa mais popular, mas irá recompensá-lo com respeito e, o mais importante, respeito *próprio*.

  Além disso, o preço que se paga por sufocar a coragem é alto, porque isso suprime também ideias novas e audaciosas e riscos criativos. Lembre-se: cada uma das pessoas em sua empresa está a par de algo que você precisa saber, e algumas delas podem ter medo de lhe contar. Se você fizer com que elas se sintam seguras dizendo a verdade, obterá melhores resultados nos negócios.

Estratégia nº 10 | Desenvolva o caráter   331

- *Abertura. Compartilhar informações livremente.* Ao garantir que todos tenham acesso às informações, você transmite a mensagem de que eles são importantes (lembre-se do capítulo 3) e de que estão convidados a participar desse processo. É por isso que os líderes da Disney estão sempre recebendo dos Membros do Elenco ideias que eles nunca teriam sozinhos. Se você não der o exemplo de abertura, não será considerado confiável; se não despertar confiança, não terá credibilidade; sem credibilidade, não terá influência – e será um líder apenas no título.

- *Diversidade. Buscar, valorizar e respeitar as diferenças entre os colegas do Elenco.* No capítulo 3, falei sobre a sigla RAVE ["vibre", em inglês], que significa respeitar (*respect*), apreciar (*appreciate*) e valorizar todas as pessoas (*value everyone*). Ela representa a cultura da diversidade na Disney World. Quando se trata desse assunto, o objetivo deve ser a inclusão completa e total. Recomendo que você releia o capítulo 3 em intervalos regulares, pois, no momento em que compreender de fato a importância da diversidade, o resultado de seus negócios atingirá um patamar acima de suas maiores expectativas.

- *Equilíbrio. Procurar ter estabilidade e vitalidade.* Minha sogra, cujo nome, Sunshine ["luz do sol"], reflete sua filosofia de vida, certa vez me disse: "Lee, se os garotos como você tirassem um cochilo todos os dias, trabalhariam melhor". Por "garotos", ela se referia a mim e a outros altos executivos, enquanto "cochilos" correspondia à sua maneira simples de dizer repouso e lazer. Ela estava coberta de razão. A Disney acredita com tanta convicção que funcionários com uma vida equilibrada trabalham melhor que esse se tornou um dos valores essenciais da empresa. Sempre quisemos pessoas que fossem felizes em casa e no trabalho e saudáveis de corpo e mente, pois é isso que fortalece as organizações. Crie um ambiente em que um pai possa sair do trabalho para ver o filho em uma apresentação da escola ou em que uma mãe receba ajuda para resolver um problema com a creche das crianças — sua recompensa será 100 vezes maior. Do contrário, você perderá pessoas competentes, sobretudo as que têm filhos e consciência de quais são suas maiores responsabilidades como líderes. Mesmo que elas não se demitam, você deixará de contar com seu comprometimento.

Esses sete valores essenciais da Disney geram como recompensa: excelência nos serviços, lealdade dos Membros do Elenco e bons resultados financeiros. Mas quero acrescentar mais um à lista, pois acho que ele também deveria ser considerado essencial em todas as organizações: *divirta--se*. Grande parte de nós passa mais tempo no trabalho do que em casa, portanto nem tudo deve ser esforço e luta. Acredito que uma parcela das responsabilidades de um líder é fazer uso de sua autoridade e seu poder hierárquico para tornar a atividade profissional agradável. Se você desenvolver uma cultura voltada para a inclusão e a diversão, com um conjunto forte de valores, sua empresa se unirá para enfrentar os problemas, alcançando retornos financeiros sólidos sem perder a alegria.

3. Treine o caráter, não só as aptidões técnicas. É imprescindível que, antes de qualquer coisa, você, como líder, solidifique seu caráter e conheça seus valores. A tarefa seguinte é ajudar todos na equipe a fazer o mesmo. Lembre-se de que você está formando futuros líderes, não abelhas. Portanto, tem que ensiná-los não apenas a usar programas de computador e lidar com reclamações de clientes como também a desenvolver traços de caráter e valores que eles devem empregar no trabalho, como gentileza, cortesia e confiabilidade. Aqueles que estão sob sua direção precisam entender que vão passar por dois tipos muito diferentes, mas igualmente importantes, de capacitação: o que trata das aptidões técnicas específicas e o que se refere a preceitos éticos. E não se esqueça de que, ao treinar seus colaboradores para cultivar bons princípios, a parte mais importante é que você, o líder, *viva* segundo esses conceitos. Como disse Albert Einstein: "Dar o exemplo não é a melhor maneira de influenciar os outros. É a única". Então, não ensine seus valores apenas da boca para fora — aja de acordo com eles de modo explícito e coerente todos os dias.

Na Disney World, eu sempre testemunhava como era importante para o sucesso da empresa treinarmos o caráter das pessoas. Nunca me esquecerei, por exemplo, da ocasião em que um homem sofreu um ataque cardíaco em um dos resorts. Por sorte, um Membro do Elenco que trabalhava no atendimento aos clientes de uma lanchonete sabia como proceder em casos como aquele. Ele digitou imediatamente o número da emergência e começou a fazer a ressuscitação cardiopulmonar (RCP). Graças a isso, o estado do Convidado logo se estabilizou e ele foi encaminhado para um hospital. O fato de alguém da equipe Disney ter conseguido salvar a vida daquela pessoa evidencia a eficácia envolvendo segurança e saúde. Mas impressionante *mesmo* foi ver aquele Membro do Elenco ir ao hospital mais tarde para saber como estavam o paciente e sua esposa. E a história não acabou aí: depois que o Convidado recebeu alta, o Membro do Elenco manteve contato com o casal todos os dias durante o resto da visita deles e, meses depois, enviou-lhes um cartão de Natal. Isso prova o valor do desenvolvimento do caráter.

Vou contar também outra história em que um Membro do Elenco demonstrou ter verdadeiro caráter. Em lugares tão grandes quanto as propriedades da Disney, é inevitável que os Convidados percam coisas, como bonés, blocos de autógrafos, câmeras e carteiras cheias de dinheiro. Nesse caso específico, ocorrido na Disneylândia, em Anaheim, o que se perdeu foi um dente. Um garotinho estava no parque com a mãe quando seu dente caiu. Ela o apanhou e foi lavá-lo em um bebedouro, porém o dente escorregou da mão dela e desceu pelo ralo. O menino ficou inconsolável, pois a fada do dente não iria mais visitá-lo naquela noite

Estratégia nº 10 | Desenvolva o caráter 335

para trocar seu dentinho por uma moeda ou um presente, como reza a lenda. Acontece que um Membro do Elenco que havia testemunhado tudo acionou uma equipe do departamento de manutenção, que se encarregou de abrir o ralo. Ainda assim, o dente não foi encontrado. Então os integrantes daquele grupo pediram à mãe e ao filho que os encontrassem às 17h no Serviço de Atendimento aos Convidados, próximo à saída do parque. Na hora marcada, eles entregaram o dente em uma caixa com um lindo embrulho e disseram ao menino que a fada Sininho o havia achado. Na verdade, a equipe de manutenção fizera um dente falso na oficina, mas ele parecia verdadeiro o suficiente para enganar a criança, que àquela altura estava eufórica. É desnecessário dizer que fabricar dentes não era parte do trabalho daquelas pessoas, mas os profissionais de caráter estão sempre dispostos a realizar um esforço adicional. Por estarem inteiramente comprometidos com a empresa, eles fazem o que é preciso.

Como se diz a todos os Membros do Elenco, não é com mágica que a Disney faz um bom trabalho — é o modo como o Elenco trabalha que faz a magia da empresa. Os Membros do Elenco que acabei de mencionar criaram magia na vida daqueles Convidados. E não pense que eles não levarão isso em conta quando planejarem as próximas férias ou recomendarem um destino a um amigo.

4. Ensine seus valores. Dependendo da cultura da empresa em que estão, alguns líderes listam seus valores por escrito e os ensinam aos colaboradores de forma direta,

336   Criando magia

enquanto outros transmitem seus princípios sobretudo por meio do exemplo e da interação diária. Qualquer que seja seu método, faça com que todas as pessoas na organização conheçam esses preceitos e se orientem por eles. Vou citar o exemplo de duas empresas — uma de grande e outra de pequeno porte — que se inspiraram na Disney para ensinar seus valores aos funcionários e desenvolver uma cultura corporativa a partir deles.

Após participarem de um programa de capacitação do Disney Institute, executivos da Guardian Industries, a fabricante multinacional que apresentei no capítulo 5, ficaram intrigados com a ideia de criar uma cultura corporativa em vez de deixá-la surgir ao acaso. É claro que, como toda organização, essa empresa já tinha uma cultura — seus valores e suas normas —, porém eram conceitos implícitos, não declarados, que os funcionários mais antigos conheciam. No entanto, como a empresa vinha crescendo em ritmo acelerado e fazendo novas contratações, os líderes estavam preocupados em preservar a cultura da companhia. Eles queriam ter certeza de que esses princípios seriam assimilados pelas novas gerações de colaboradores e mantidos de forma coerente em todas as unidades da Guardian no mundo. Após a experiência no Disney Institute, os principais executivos da empresa elaboraram um documento descrevendo seis valores que consideravam fundamentais. Embora esses conceitos não estejam afixados em nenhuma das fábricas da organização nem constem de seu site, eles são ensinados por meio de exemplos, e sua essência é passada a todos, começando pelos candidatos a emprego que participam do processo de entrevistas. "Podemos ensinar as pessoas a fabricar vidro e outros produtos, mas não a ter caráter", diz um dos executivos. Ainda assim, é possível servir de modelo. Quando os líderes agem de acordo com os princípios corporativos, eles os transmitem para os funcionários, mesmo que estes últimos nunca tenham visto um registro escrito desses valores. Por fim, a Guardian desenvolveu uma cultura vibrante — voltada para a inclusão e com um grande propósito —, que é a mesma em suas fábricas em todo o mundo, apesar das diferenças de línguas e costumes.

Outra organização inspirada pela Disney a formalizar seus princípios essenciais e ensiná-los aos funcionários foi a America's Second Harvest, da Geórgia, a pequena ONG que mencionei no capítulo 8. Quando o CEO, Frank Richards, aprendeu no Disney Institute que as ações de um líder sempre dizem muito a respeito de seus valores, ele se sentiu motivado a enunciar os conceitos que norteiam sua empresa e fez com que todos os colaboradores os assinassem. Com a contribuição de todos, Frank e sua equipe de líderes formularam uma declaração contendo afirmações concisas sobre a cultura, a missão, a visão, a imagem e o papel da America's Second Harvest que todos os funcionários devem compreender e acatar. Esse documento é mostrado aos voluntários e aos candidatos a emprego para que saibam o que se espera deles. Além disso, fica exposto em salas de descanso e consta dos folhetos da empresa. Frank e outros líderes reforçam constantemente esses preceitos e os mencionam nas reuniões de equipe sempre que tomam decisões.

Esses são dois exemplos bem distintos de como organizações de grande e de pequeno portes podem articular e transmitir os valores que consideram fundamentais. Talvez você prefira empregar métodos diferentes dos que apresentei aqui, tudo bem. O que interessa é analisar quais princípios são essenciais, formulá-los claramente e ensiná-los às pessoas que estão sob sua liderança.

Perto do fim de sua vida, ninguém se importará com os títulos que você teve, o dinheiro que ganhou nem quanto se considerava importante. Se você realmente se preocupa com seu legado – e de fato deve refletir sobre isso, caso queira ser um grande líder –, analise muito bem seus valores e os princípios nos quais eles se baseiam. Tendo um caráter forte e agindo de acordo com aquilo em que acredita, será lembrado como um líder que valia a pena seguir.

Justiça, honestidade, respeito pelos outros, cooperação, integridade, coragem, atenção – essas virtudes e outras semelhantes são o que lhe garantem autoridade moral, que é o tipo mais forte e duradouro de autoridade que um líder pode ter. Caso a possua, as pessoas confiarão e acreditarão em você e, assim, conseguirá realizar tudo aquilo que deseja.

COLOCANDO EM PRÁTICA

- Saiba quais são seus princípios e viva de acordo com eles.

- Grave isto: as pessoas não se comprometerão com você até que tenham certeza de que você está comprometido com elas.
- Sempre diga a verdade, pois distorções e manipulações geram desconfiança.
- Seja gentil, sensível e respeite todo mundo, até mesmo quando estiver instruindo e orientando os membros de sua equipe com o objetivo de melhorar o desempenho deles. Um líder forte é exigente, não insensível.
- Nunca humilhe ninguém. Você não tem esse direito.
- Jamais faça algo para ferir a autoestima ou a autoconfiança de alguém. Você também não tem esse direito.
- Demonstre que possui coragem para defender o que é certo em todas as esferas de sua vida.
- Não faça nada ilegal nem quase ilegal — e jamais solicite algo do gênero a seus funcionários.
- Seja sincero com todas as pessoas e estimule-as a agir dessa mesma forma com você.
- Crie um ambiente de trabalho com diversidade e respeite as diferenças de todos à sua volta.
- Reserve tempo para relaxar e se divertir e incentive sua equipe a fazer o mesmo.
- Assegure-se de que todos os que estão sob sua direção saibam quais são os valores da empresa e ensine-os a segui-los.
- Lembre-se de que sua influência como líder se baseia na força de seu caráter e que, se ele não for suficientemente forte, seu legado também não será.

13

A liderança do futuro

Gostemos ou não, cada um de nós é um líder. Não importa se somos o CEO de uma corporação multinacional, um gerente de primeira viagem ou um colaborador que trabalha apenas meio expediente. Você pode ser um grande líder, um líder razoável ou ter ainda muito que aprender. De qualquer modo, se leu este livro até aqui, possui coração de líder e potencial para se tornar ainda melhor do que é hoje. Então, é fundamental que se lembre disto: ao longo de sua vida profissional e pessoal, todas as suas escolhas são muito importantes. Você tem a oportunidade de fazer uma diferença significativa tanto no sucesso da sua empresa quanto na vida de outros seres humanos. Como eu disse no capítulo 1, liderança é bem mais do que um papel ou um título — ela é uma grande *responsabilidade*.

E essa responsabilidade nunca foi tão séria quanto nos dias de hoje. Jamais vivemos num mundo tão complexo, imprevisível e interconectado como este. A consequência desse fato é que suas decisões e seu comportamento afetam muitas vidas. Além disso, o que a liderança requer agora é diferente do que exigia no passado. Um dos motivos é que as pessoas que estão sob sua direção (e sobretudo as que você comandará no futuro) são mais capacitadas, já viajaram mais e estão muito mais ligadas às redes mundiais de informação. Elas constituem também um universo mais diversificado, composto por homens e mulheres e representado por uma grande variedade de raças, religiões, nacionalidades e grupos étnicos.

A atual geração de adolescentes e jovens dará início à vida profissional e avançará na carreira com expectativas, necessidades e vontades diferentes das que os pais deles tinham. Um emprego para toda a vida na mesma empresa não faz parte dos planos deles. Além disso, eles querem ambientes flexíveis e não autoritários, nos quais sejam respeitados como indivíduos e tenham liberdade para desenvolver todo o seu potencial. Desejam um trabalho significativo, desafios interessantes e uma vida equilibrada. Esperam estar envolvidos com o que fazem e ser apreciados desde seu primeiro dia na empresa. E não aceitam o tipo de tratamento desrespeitoso que muitos profissionais da minha idade receberam no início da carreira. Esses jovens não querem ser considerados "subordinados" por seus supostos "superiores" — o objetivo deles é trabalhar com líderes modestos que priorizam o desempenho, não a hierarquia.

Eles também são mais criativos e produtivos. Na época em que eu estava escrevendo este capítulo, li um artigo intitulado "Como as empresas podem incentivar a

342 Criando magia

inovação".[3] Citando especialistas em negócios e economia, o texto destaca a criatividade e a inovação como as chaves para a competitividade. Um desses especialistas, Richard Florida, autor de *A ascensão da classe criativa*, comenta: "Estamos passando de uma economia industrial para uma economia criativa, e as pessoas criativas contribuem com um estímulo fundamental para o crescimento econômico". O artigo cita uma pesquisa segundo a qual 88% dos funcionários americanos consideram-se criativos, mas menos de dois terços deles acham que estão fazendo uso dessa qualidade profissionalmente. Agora o mais interessante: cerca de 30% dos entrevistados aceitariam salários mais baixos para trabalhar em empresas que valorizassem sua criatividade, e 20% estariam dispostos a se mudar para outras cidades a fim de ingressar nessas organizações. Pessoas com esse perfil – e há mais delas a cada dia que passa – não tomam decisões relacionadas ao emprego levando em conta apenas o aspecto financeiro. Elas consideram também seus interesses, valores e, o mais importante, o tratamento que recebem no local de trabalho.

Profissionais desse tipo não são obcecados pela ideia de se tornar "o chefe", como acontecia antes. Muitos jovens que estão ingressando no mercado de trabalho cresceram em lares em que os pais davam atenção exclusiva à carreira. Eles viram as consequências de uma vida desequilibrada – falta de tempo para as pessoas queridas,

---

3. Marilyn Gardner, "How Companies Can Encourage Innovation", *Christian Science Monitor*, 15 out. 2007.

divórcios traumáticos, doenças causadas por estresse etc. – e não pretendem cometer os mesmos erros. Querem trabalhar duro e alcançar um desempenho excelente, mas não estão dispostos a abrir mão da própria vida em favor do emprego nem da empresa.

Portanto, as organizações cujos líderes souberem como atrair, capacitar e manter os colaboradores inteligentes, ativos e criativos serão as vencedoras do futuro – e o futuro está logo ali. Os tempos estão realmente mudando, e, se você não se adaptar a essas transformações, aqueles que estão sob sua direção vão começar a debandar. Entretanto, caso coloque em prática as estratégias e os princípios apresentados neste livro, garanto que sua equipe o recompensará com lealdade e excelência, fazendo com que seus negócios voem alto.

Não se esqueça, contudo, de que a cultura organizacional não muda da noite para o dia. Criar um ambiente inteiramente voltado para as pessoas e baseado no respeito aos indivíduos pode levar muito tempo. Como líder, é preciso ter não só grande visão e capacidade de execução, como também paciência, persistência e força de vontade. No *Walt Disney World*® Resort, observamos que cerca de 20% dos integrantes de uma empresa são agentes ativos de mudanças, 30% resistem a elas e 50% têm potencial para apoiar ambos os lados, dependendo de como são liderados. Meu conselho é que você faça desse último grupo o seu alvo principal. É claro que é necessário capacitar e guiar os três, mas dedique àqueles que estão em cima do muro o máximo de seu tempo e de sua energia. Depois que estiver claro que você está comprometido com eles, eles se comprometerão com você e com a empresa. Isso os posicionará na direção certa para que também se tornem líderes fortes.

O fato de que a mudança leva tempo não é desculpa para adiá-la. É preciso entrar em ação – não amanhã nem hoje, mas *ontem*. Afinal, o tempo voa, então não desperdice nem um segundo. Como líder, você terá muitas escolhas difíceis a fazer, e esse processo começa já. Ao tomar decisões, considere o impacto que elas podem exercer sobre cada um dos componentes do que a Disney chama de "banco de três pernas": Convidados (clientes), Membros do Elenco (funcionários) e resultados financeiros. Ao refletir sobre os efeitos que suas escolhas podem produzir nessas três pernas, você estará levando em consideração os interesses de todos. Depois de fazer isso, tome a decisão e vá em frente.

Acima de tudo, nunca incorra no mesmo erro que tantos líderes cometem: subestimar o efeito que você exerce sobre as pessoas. Tudo o que dizemos e fazemos conta, talvez mais do que imaginamos. Lembre-se das sábias palavras da minha esposa, Priscilla: tome cuidado com o que você diz e faz, pois todos estão sempre observando e julgando você. As pessoas não se mostrarão comprometidas com sua liderança enquanto não confiarem em você como profissional competente e não o admirarem por sua integridade. Conquiste a confiança e o respeito de sua equipe, e lhe asseguro que você também criará magia em sua organização, em sua carreira e em sua vida pessoal.

Apêndice
O Disney Institute

Neste livro, descrevi os princípios de liderança que fazem da Disney uma das empresas mais bem administradas do mundo. Porém, há muitas coisas que um livro não tem como ensinar. Para descobrir verdadeiramente toda a administração que existe por trás da magia, nada melhor do que um dos programas oferecidos pelo Disney Institute.

Desde 1986, os programas de desenvolvimento profissional desse instituto têm recebido milhões de participantes do mundo inteiro que atuam em praticamente todos os ramos de atividades, incluindo mais da metade das 100 empresas mais lucrativas dos Estados Unidos e as principais organizações da Europa continental, do Reino Unido, da Ásia e da América Latina, além de agências governamentais, ONGs e outras instituições. O Disney Institute oferece uma grande variedade de programas educacionais em várias localidades, incluindo o *Walt Disney World*® Resort, na Flórida, a Disneylândia, no sul da Califórnia, e um número cada vez maior de locais em outros países. Os programas são vivenciados de forma concreta pelos participantes, que têm a oportunidade de observar os princípios sendo aplicados na própria Disney. Contudo, sempre que é mais adequado, eles são realizados nas instalações das empresas. Há muitos cursos livres ao longo do ano, abertos a pessoas de uma grande variedade de organizações – para participar, basta se inscrever. Os programas também podem ser personalizados para companhias ou setores específicos.

O Disney Institute encaminha, ainda, palestrantes (eu sou um deles) para conferências e outros eventos e promove oficinas especiais em diversos locais. Independentemente da empresa e do formato do programa, a Disney proporciona capacitação naquilo que faz de melhor, abordando tópicos como Excelência em Liderança, Serviços de Qualidade, Lealdade, Gestão de Pessoal e Criatividade Organizacional.

Cursos livres de imersão são oferecidos ao longo do ano para indivíduos e pequenos grupos. Palestras, oficinas de três horas de duração e programas de capacitação de equipes estão entre as opções que podem ser planejadas diretamente com os representantes do instituto. Todos os programas combinam magistralmente um excelente conteúdo e o renomado talento da Disney para contar histórias, proporcionando uma experiência eficaz de desenvolvimento.

Completamente diferentes de outros cursos de desenvolvimento profissional, os programas do Disney Institute conferem aos participantes a oportunidade de aprender a aplicar as melhores práticas que a própria Disney utiliza.

Os resorts e parques temáticos da empresa se transformam em laboratórios vivos onde professores capacitados transportam os alunos da sala de aula para o mundo real, revelando tanto o palco quanto os bastidores e lhes permitindo ver de perto como a Disney cria magia. Os participantes começam a encarar seus negócios sob outra luz e voltam para suas organizações inspirados e capacitados a implementar práticas inovadoras. Posso garantir que, seja você o mais novo integrante da equipe de gerência ou o executivo mais experiente de sua empresa, passará a olhar para sua organização de uma forma inteiramente nova e estará mais preparado para liderá-la e fazê-la alcançar resultados muito melhores.

Para mais informações, ligue para 321-939-4600 (número dos Estados Unidos) ou acesse o site do Disney Institute: www.disneyinstitute.com.

Para saber mais

Os princípios, as estratégias e as técnicas que Lee aborda neste livro fazem parte de palestras e seminários que ele promove em todo o mundo. Os eventos são sempre elaborados sob medida para as organizações envolvidas. Veja a seguir exemplos de suas apresentações mais conhecidas.

A magia do atendimento

Aprenda a aplicar as 39 regras essenciais para garantir serviços excepcionais a seus clientes, pacientes, passageiros, hóspedes etc.

Você também pode criar magia!

Os grandes líderes sabem o que sua equipe deseja e como propiciar isso. A recompensa são empresas saudáveis, excelentes resultados e, sim, uma experiência mágica para seus clientes.

Criando magia: 10 estratégias de liderança resultantes de uma vida na Disney

Seminário baseado em *Criando magia*.

Gerenciamento de tempo/vida

Aprenda a ter um controle maior de todos os aspectos da sua vida por meio de um método simples para planejar e cumprir tarefas. Lee oferece esse seminário há mais de 30 anos e já ajudou mais de 100 mil participantes, com extraordinário sucesso.

Um dia de aprendizado!

Dê a Lee um dia para apresentar três seminários aos líderes da sua empresa e melhorar expressivamente seu talento e desempenho como gerentes, pais, cidadãos e líderes em todos os aspectos.

Criando magia: 10 estratégias de liderança resultantes de uma vida na Disney

A vida é sua: gerenciamento de tempo/vida
Você também pode criar magia!

Esses seminários são baseados nos princípios ensinados no mundialmente renomado Disney Institute.

Para mais informações e contato, visite o site:
www.LeeCockerell.com